입재집

이 책은 2019~2020년도 정부(교육부)의 재원으로 한국고전번역원의 지원을 받아 수행된 '권역별거점연구소협동번역사업'의 결과물임.

This work was supported by Institute for the Translation of Korean Classics - Grant funded by the Korean Government.

한국고전번역원 한국문집번역총서 / 경북대학교 영남문화연구원

입재집 12

정종로 지음 김승호 이미진 옮김
鄭宗魯

立齋集

일러두기

1. 이 책의 번역 대본은 한국고전번역원에서 간행한 한국문집총간 제253~254집에 실린 《입재집(立齋集)》으로 하였다. 번역 대본의 원문 텍스트와 원문 이미지는 한국고전종합DB(http://db.itkc.or.kr)에서 확인할 수 있다.
2. 내용이 간단한 역주는 간주(間註)로, 긴 역주는 각주(脚註)로 처리하였다.
3. 한자는 필요한 경우 이해를 돕기 위하여 넣었으며, 운문(韻文)은 원문을 병기하였다.
4. 맞춤법과 띄어쓰기는 한글 맞춤법과 표준어 규정을 따랐다.
5. 이 책에서 사용한 부호는 다음과 같다.

   ( ) : 번역문과 음이 같은 한자를 묶는다.

   〔 〕: 번역문과 뜻은 같으나 음이 다른 한자를 묶는다.

   " " : 대화 등의 인용문을 묶는다.

   ' ' : " " 안의 재인용 또는 강조 문구를 묶는다.

   「 」: ' ' 안의 재인용을 묶는다.

   『 』: 「 」 안의 재인용을 묶는다.

   《 》: 책명 및 각주의 전거(典據)를 묶는다.

   〈 〉: 책의 편명 및 운문·산문의 제목을 묶는다.

   □ : 글자의 자리를 비워둠을 나타낸다.

   ▨ : 마멸 또는 삭제된 원문 글자의 자리를 나타낸다.

차례

입재집 제47권

행장行狀

입재집 제48권

가장家狀

입재집 별집 제1권

시詩

입재집 별집 제2권

서書

입재집

제47권

행장
行狀

행장 行狀

성균 진사 일묵재 김공 행장
成均進士一默齋金公行狀

일묵재(一默齋) 김공은 휘(諱)는 광두(光斗), 자는 여우(汝遇), 성은 김씨로 신라 알지왕(閼智王)을 시조로 한다. 고려에 휘 조(祚)가 비로소 상산(商山)을 본관으로 삼았고, 시중(侍中) 보문각직제학(寶文閣直提學)을 지냈으니, 이분이 공의 11대조이다. 시중은 문과 출신으로 군수를 지낸 휘 고(固)를 낳았고, 고는 문과 출신으로 정랑(正郞)을 지낸 휘 순경(純卿)을 낳았으며, 순경은 생원 출신으로 낭장(郎將)을 지낸 휘 귀(龜)를 낳았고, 귀는 문과 출신으로 사복시 정(司僕寺正)을 지낸 휘 경신(敬臣)을 낳았다. 경신은 생원 출신으로 현감(縣監)을 지낸 휘 약(若)을 낳았으니 공에게 5대조가 된다. 고조 휘 아무개는 현감을 지냈고, 증조 휘 유(洧)는 감찰(監察)을 지냈으며, 조부 휘 국량(國良)은 무과 출신으로 군수를 지냈고, 부친 휘 인(仁)은 문학으로 당시에 추중받았다. 모친은 상산 김씨(商山金氏)이니, 공의 집안과 본관은 같지만 근원은 다르다. 학생(學生) 사숙(嗣叔)의 따님이며, 부제학 상직(尙直)의 7대손이다.

공은 가정(嘉靖) 임술년(1562, 명종17) 12월 17일에 태어났다. 어릴 적부터 뛰어난 재주와 지극한 성품을 지녔고, 겨우 6, 7세의 나이에 문장과 시를 지을 수 있었다. 10세에 부친상을 당했을 때 슬퍼하다 몸을 훼손하면서 상례를 치른 것이 어른과 다를 바 없었으니 사람들이 모두 이 점을 훌륭하게 여겼다. 공이 스승에게 학업을 익힐 때, 모친이 매우 엄격하게 학업을 감독하였고 또한 글을 이해할 줄 알았다. 날마다 노비로 하여금 공부하러 가게 하였는데, 공이 집으로 돌아와 글을 읽다가 혹 제대로 이해하지 못하면 곧장 노비를 매질하여 다시 가서 수업받도록 하였으니, 이로써 공의 문장과 행실이 일찍이 성취될 수 있었다. 20세에 모친상을 당하였을 때 상장례(喪葬禮)를 치르는 절도가 한결같이 예제를 준수하였고, 여묘살이하고 죽을 먹으며 삼년상을 마쳤다.

임진왜란이 발생했을 때 왜구가 상주를 함락하자 사람들은 모두 조수(鳥獸)처럼 달아났지만, 공은 나의 선조 문장공(文莊公) 정경세(鄭經世), 이월간(李月澗)·이창석(李蒼石) 형제,[1] 전사서(全沙西),[2] 조검간(趙黔澗),[3] 송우곡(宋愚谷),[4] 강남계(康南溪),[5]

1 이월간(李月澗)·이창석(李蒼石) 형제 : 월간 이전(李坱, 1558~1648)과 창석 이준(李埈, 1560~1635)을 말한다. 이들은 모두 상주 출신으로, 본관이 흥양(興陽)이다.

2 전사서(全沙西) : 전식(全湜, 1563~1642)을 말한다. 본관은 옥천(沃川), 자는 정원(淨遠), 사서는 그 호이다. 임진왜란 때 의병을 모아 왜적을 토벌하여 많은 전과를 올렸다.

3 조검간(趙黔澗) : 조정(趙靖, 1555~1636)을 말한다. 본관은 풍양, 자는 안중(安中), 검간은 그 호이다. 정구(鄭逑)와 김성일(金誠一)의 문인이다.

4 송우곡(宋愚谷) : 송량(宋亮, 1534~1618)을 말한다. 본관은 여산(礪山), 자는

채별좌(蔡別座)[6] 등 여러 선배들과 함창(咸昌) 황령사(黃嶺寺)에서 창의하여 병사를 모집해서 적을 토벌하였다. 난이 겨우 평정될 무렵, 공은 송령(松嶺) 아래에 집을 지었는데, 집이 좁고 작아 쓸쓸하였지만 이를 마음에 두지 않고 오직 성현의 경전에 잠심하였다. 심회를 읊조린 시에 도를 즐기면서 밖의 영화를 사모하지 않는 어휘가 있었다. 책상자를 짊어지고 서애(西厓) 유 선생(柳先生 유성룡)의 문하를 왕래하면서 배우기를 청하고 의문점을 여쭈었다.

병오년(1606, 선조39)에 비로소 진사시에 입격하였는데, 공은 부모가 모두 돌아가심을 애통해하였기에 연회 자리를 마련하여 손님을 초청하지는 않았다. 이듬해 가을, 병들어 누워 지내다가 무신년(1608) 정월 18일에 이르러 집에서 돌아가셨으니 향년 47세이다. 사람들은 모두 하늘이 공에게 수명을 더 빌려주지 않았다고 탄식하였다. 그해 3월 모갑(某甲)에 상주 동쪽 중방(中坊) 기슭에 장사 지냈고, 59년 뒤 병오년(1666, 현종7)에 흑오산(黑烏山) 유향(酉向) 언덕으로 이장하였다.

공은 큰 키에다 너른 이마에 풍채가 훤칠하였으며, 기개가 크고 뜻이 강개하였다. 기절(氣節)을 숭상하고 언론을 좋아하여 의리와 이익을 통렬하게 분변하였으며, 가슴속이 확 트여 꾸밈과 모

경명(景明), 우곡은 그 호이다.

5 강남계(康南溪) : 강응철(康應哲, 1562~1635)을 말한다. 본관은 재령(載寧), 자는 명보(明甫), 남계는 그 호이다.

6 채별좌(蔡別座) : 채유희(蔡有喜, 1558~1593)를 말한다. 본관은 인천(仁川), 자는 중구(仲懼), 호는 난헌(蘭軒)으로, 채수(蔡壽)의 증손자이다.

남이 없었으니, 논하는 이들이 모두 위대한 사람이며 큰 덕을 지닌 어른이라 칭송하였다.

계사년(1593, 선조26)에 나라에서 기근을 구제하였는데, 이때 존재(存齋) 곽준(郭䞭)[7] 공이 둔전(屯田)의 일을 관장하면서 감진어사(監賑御使)을 겸하고 있었다. 상주에 이르러 공을 한번 보고는 즉시 예우하면서, "저의 사표(師表)이십니다. 이와 같은 분이 시건만 예상(翳桑)[8]에서 곤액을 당하고 계신단 말입니까."라고 하고는 식구 수를 헤아려 식량을 주었다. 이후 곽준이 다시 상주에 이르렀을 때, 공이 병들어 누워 지내고 있기에 고을에서 공에게 주는 식량을 거두었다는 소식을 듣고 깜짝 놀라면서, "범인 수천 명을 살리는 것이 어찌 이 한 명을 살리는 것과 같겠는가."라고 하고는 따로 음식을 주어 구제해 주었다. 그런 뒤 돌아가 관찰사인 자신의 맏형과 참봉인 동생에게 "난리 이후 혼인할 만한 자는 오직 상산(商山) 김 아무개뿐이다."라고 하였다. 그리하여 공의 딸은 곽월(郭越)[9]의 손부(孫婦)가 되었고, 공의 아들은 곽근(郭赾)[10]의 사위가 되었다.

7 존재(存齋) 곽준(郭䞭) : 1551~1597. 본관은 현풍(玄風), 자는 양정(養靜), 호는 존재이며, 시호는 충렬(忠烈)이다.

8 예상(翳桑) : 굶주리다 죽는 상황을 비유한다. 춘추 시대 진(晉)나라의 영첩(靈輒)이 예상이라는 곳에서 굶주리고 있었는데, 수산(首山)에서 사냥하던 조선자(趙宣子)가 발견하여 구제해 주었다는 고사에서 유래하였다. 《春秋左氏傳 宣公2年》

9 곽월(郭越) : 1518~1586. 본관은 현풍(玄風), 자는 시정(時靜), 호는 정재(定齋)로, 의병장 곽재우(郭再祐)의 부친이자 곽준의 형이다.

10 곽근(郭赾) : 1554~?. 자는 치정(穉靜), 호는 성재(省齋)로, 곽준의 아우이다.

공은 평생토록 타인의 어려움을 급선무로 여기는 의리를 지니고 있었다. 난이 발생했을 초기에 갈 곳을 잃은 사람 여러 명이 공의 전답(田畓) 덕분에 살 수 있었다. 그 후 살 터를 잡게 된 사람들이 전답을 돌려주었지만 공이 사양하며 받지 않았다. 공의 바른 기상은 남보다 뛰어났다. 도남서원(道南書院)이 건립되려 할 때, 당시 오래된 부도(浮屠)와 석탑(石塔)이 근방에 있었기에 이를 가져다 주춧돌과 섬돌로 삼고자 하는 여러 사람들의 의논이 있었다. 부도와 석탑을 허물 때에 비바람이 몰아쳐 문득 괴이한 일이 일어났고, 이 같은 일이 두세 차례 발생했다. 역부들은 두려워 감히 가까이 가지 못하였지만, 공이 웃으며 가서 감독하여 무너뜨리자 마침내 요상한 이변이 일어나지 않았다. 일찍이 어떤 어르신이 공의 필체가 뛰어나다는 이유로 자신의 선조의 신주(神主)를 개제(改題)해 달라고 요청한 일이 있었다. 그 선조는 바로 연산군 때의 간사한 소인이었는데, 공이 먹을 갈 때서야 비로소 이를 알아채고는 갑자기 심기가 불편하다는 이유로 사양하였으니, 악을 미워한 강개함이 이와 같았다.

공은 어릴 때부터 배우는 것을 좋아하였으니, 고을 내 당시의 제현들이 공과 서로 허여하여 도의(道義)의 교제를 맺었다. 나의 선조는 공을 정직하고 신실한 벗이라 일컬었고, 말을 삼가는 데에 유념했던 점을 가상히 여겨 그를 위해 〈일묵재기(一默齋記)〉[11]를 지었으며, 또 《심경(心經)》 한 질을 주고는 강마하여 학문의 궁극에 도달하기를 기대하였다.

11 일묵재기(一默齋記) : 정경세(鄭經世)의 《우복집(愚伏集)》 권15에 수록되어 있다.

공이 돌아가신 뒤 장례를 치르려 할 적에, 집안사람들이 역병을 앓고 있었던 터라 장례를 제대로 치를 수 없었다. 창석(蒼石) 선생이 고을의 한 선배와 연명(聯名)하여 고을 원에게 청원해서 관의 협조를 받아 장례를 모실 수 있었고, 또 제현들이 함께 뇌문(誄文)을 지어 공을 애도하였다. 그 후 거의 200여 년 뒤 금상 병오년(1786, 정조10)에 이르러 고을 인사들이 효곡서원(孝谷書院)[12]에 공을 제향하였다. 공은 남다른 자질과 탁월한 행의(行義)로 또한 사우들에게 기대를 입은 것이 이와 같았으니, 공의(公議)는 오래되어도 사라지지 않을 것이 분명하다. 다만 공의 유문이 모두 다 사라진 데다, 공 또한 평소 시에 뛰어나 대가들의 추중을 받았음에도 아울러 전하는 것이 없으니 애석하도다.

공의 배위(配位)는 감천 문씨(甘泉文氏)이니, 장령(掌令) 관(瓘)의 증손녀이다. 유한(幽閒)하고 명숙(明淑)하여 군자의 배필이 되는 덕에 어긋남이 없었다. 공보다 3년 먼저 태어났고, 공보다 23년 뒤에 돌아가셨으니 향년 72세이며, 공의 묘소에 부장(附葬)하였다. 5남 1녀를 두었으니, 아들은 기(基)·기(墍)·숙(塾)·보(堡)·승(塍)이고, 딸은 곽창후(郭昌後)에게 시집갔다. 기(基)는 나의 선조에게 배울 때 학문에 독실하다고 칭송받았고, 인천(仁川) 채유부(蔡有孚)의 따님에게 장가들어 2녀를 두었다. 그 뒤에 진주(晉州) 강여부(姜汝艀)의 따님에게 장가들어 2남 3녀를 낳았으니, 아들은 진수(震鐩)·진익(震釴)이고, 딸은 변유량(邊有

12 효곡서원(孝谷書院) : 현재 경북 상주 공성면 소곡리에 위치하고 있으며, 송량(宋亮), 김충(金沖), 고인계(高仁繼), 김광두(金光斗) 등을 배향하고 있다.

亮)·진사(進士) 왕각(王恪)·남천각(南天覺)에게 각각 시집갔다. 기(墍)는 3남 3녀를 낳았으니, 아들은 진경(震鏡)·진병(震鉼)·진흠(震欽)이고, 딸은 송의(宋顗)·채형징(蔡亨徵)·강한주(姜漢柱)에게 각각 시집갔다. 기의 측실은 2남 1녀를 낳았으니, 아들은 진갑(震鉀)·진봉(震鋒)이고, 딸은 송지분(宋之分)에게 시집갔다. 숙(塾)은 아우 승(塍)의 아들 진감(震鑑)을 후사로 삼았다. 보(堡)는 호가 무민(无悶)이니 또한 나의 선조에게 배웠고, 효우(孝友)가 돈독하고 지극하였다. 6남 2녀를 낳았으니, 아들은 진약(震鑰)·진용(震鏞)·진옥(震鈺)·진협(震鋏)·진류(震鏐)·진상(震鏛)이고, 딸은 채극철(蔡克哲)·이남(李枏)에게 각각 시집갔다. 승(塍)은 6남 5녀를 낳았으니, 아들은 후사로 나간 진감(震鑑)과 진박(震鑮)·진전(震銓)·진선(震銑)·진순(震錞)·진일(震鎰)이고, 딸은 정소(鄭韶)·김후(金垕)·이선(李樥)·김중현(金重鉉)·한익삼(韓益三)에게 각각 시집갔다. 곽창후는 4남 4녀를 낳았으니, 아들은 태원(泰元)·태형(泰亨)·태재(泰載)·태도(泰道)이고, 딸은 호군(護軍) 박숭문(朴崇文)·참봉(參奉) 서수겸(徐守謙)·진사(進士) 곽진인(郭振仁)·하달한(河達漢)에게 각각 시집갔다. 내외 증현손은 3백 명이라 다 기록하지 않는다.

공의 현손 상흠(相欽) 씨가 공의 가장(家狀)과 청대(淸臺) 권희정공(權僖靖公 권상일(權相一))이 쓴 묘갈문을 가지고 와 나에게 보여 주며 말하기를, "우리 선조의 행장 작성하는 일을 옛날 그대의 선조 문장공 선생께서 일찍이 마음은 먹었지만 시행하지 못하여 존왕부(尊王府) 침랑공[13]께서 매번 이 점을 한스럽게 여기셨으니, 나의 무민공(无悶公)이 문장공 선생에 대해 쓴 제문과 가장

(家狀) 발문(跋文)을 살펴보면 징험할 수 있고, 이제 행장 짓는 일은 오직 우리 그대의 책무이니 어찌 힘쓰시지 않겠습니까."라고 하였다. 나는 글을 쓸 적임자가 아니고 글재주가 없다는 이유로 고사하였지만 상흠 씨의 요청이 더욱 정성스러웠고, 또 선대의 정의(情誼)가 매우 두터웠음을 생각해 보니 그만둘 수 없는 점이 있었다. 마침내 절하고 받아서 공경히 읽어 본 뒤 삼가 가장에 근거하여 이상과 같이 차례대로 기술한다.

13 존왕부(尊王府) 침랑공 : 정주원(鄭冑源, 1686~1756)을 말한다. 자는 원보(元甫), 호는 엽동(燁洞)이다. 정경세의 현손이며, 참봉을 지냈다.

현령 하공 행장
縣令河公行狀

공의 휘(諱)는 응도(應圖), 자는 원룡(元龍), 성은 하씨(河氏), 본관은 진주(晉州)이니, 고려 중정대부(中正大夫) 사직(司直) 진(珎)이 그 시조이다. 8대를 지나 원정공(元正公) 즙(楫)과 진산부원군(晉山府院君) 윤원(允源) 부자가 모두 고려의 명신(名臣)이 되었고, 또 5대를 지나 현감 휘 맹산(孟山)이 있었으니 곧 공의 고조이다. 이분이 충순위(忠順衛) 휘 윤형(允亨)을 낳았고, 윤형은 중추부사(中樞府事) 휘 승호(承灝)를 낳았으며, 승호는 부장(部將) 휘 박(泊)을 낳았다. 박은 찰방(察訪)을 지낸 진양(晉陽) 강봉광(姜奉光)의 따님에게 장가들어, 가정(嘉靖) 경자년(1540, 중종35) 3월 19일에 진주 신풍리(新豐里)에서 공을 낳았다.

공은 자태가 명수(明秀)하고 모습이 걸탁(傑卓)하였다. 어린 시절 여러 아이들과 노닐 때 마치 여러 마리의 닭 가운데 봉황이 서 있는 듯하였다. 고을의 장로들이 공과 말할 때에 응대가 경민(警敏)한 것을 보고는 혀를 내두르며, 반드시 훌륭한 사람이 될 것이라고 하였다. 7세에 처음 학업에 나아가 진퇴(進退)하고 주선함에 모두 《소학》의 법도를 준수하였고 14, 15세에 이미 사서오경을 섭렵하여 그 대의를 이해하였다.

16세에 남명(南冥) 조식(曺植) 선생에게 배우기를 청하니, 조선생이 뛰어난 인재로 중히 여겨 매우 절실하게 이끌고 가르쳤다. 이에 성리설을 듣게 되었는데, 이를 흔연(欣然)히 즐거워하였으며, 해마다 끊이지 않고 선생을 찾아가 강론하였으니, 산천재(山天齋)・남계서원(濫溪書院)・지곡사(智谷寺)・단속사(斷俗寺) 및 임갈천(林葛川)의 정사(精舍)[14] 등은 모두 공이 선생을 좇아 종유하던 곳이다. 조식 선생은 또 일찍이 손수 기록한 〈사상례(士喪禮)〉 한 책을 공에게 건네주며, "내가 죽으면 이것으로 상을 치르라."라고 하였다. 선생이 병이 위독해지자 또 거듭 이 말씀을 하였으니, 공이 마침내 〈사상례〉의 내용을 오직 삼가 준행하였다. 이후 선생을 제향하기 위해 문하의 제공들과 함께 덕천서원(德川書院)을 건립하였는데, 서원 부지 수백 무(畝)를 모두 공이 가진 전답으로 쓰도록 허락했다. 직접 일을 감독하며 게을리하지 않았고 스승의 은혜를 존숭하며 보답하는 정성을 극진히 하였다. 부친 부장공(部將公)의 상을 당하였을 때에도 조 선생이 건네준 〈사상례〉로 상을 치렀고, 여묘살이하며 삼년상을 마쳤다. 이보다 앞서 공은 선친의 명으로 사람의 도리를 실천하고 남은 힘으로 과거 공부를 하여, 계유년(1573, 선조6) 진사시에 입격하였지만, 삼년상을 마친 즉시 모친에게 말씀드린 뒤 과거 공부를 그만두고 밭 갈고 고기 잡으면서 모친을 봉양하였다. 당시 사람들이 모두 "마땅히 하효자처럼 부모를 섬겨야 한다."라고 하였다.

공이 함께 교제한 벗 덕계(德溪) 오건(吳健), 수우당(守愚堂) 최영경(崔永慶), 한강(寒岡) 정구(鄭逑), 동강(東岡) 김우옹(金宇

14 임갈천(林葛川)의 정사(精舍) : 임훈(林薰, 1500~1584)의 갈천서당(葛川書堂)을 말한다. 임훈의 본관은 은진(恩津), 자는 중성(仲成), 갈천은 그 호이다. 갈천서당은 임훈을 추모하기 위해 지은 곳으로, 현재 거창 북삼면에 자리하고 있다.

顒), 대소헌(大笑軒) 조종도(趙宗道), 각재(覺齋) 하항(河沆), 죽각(竹閣) 이광우(李光友), 조계(潮溪) 유종지(柳宗智) 같은 이들은 모두 당시 명현이었으며, 가는 곳마다 서로 널리 학문을 하면서 예를 행하였다. 무자년(1588)에 이르러 최영경, 하항, 유종지 등 3인과 함께 이운당(李雲塘)[15]에게 가서 병세를 여쭈었는데, 운당이 "내가 먼저 떠나는 것을 슬퍼하지 말라. 몇 년이 지나면 도리어 나를 부러워할 것이니, 재앙을 면할 수 있는 자는 오직 신도반(申屠蟠)[16]과 곽임종(郭林宗)[17]의 무리일 것이다."라고 하였으니, 이는 공을 지목한 것이었다. 기축년(1589) 옥사가 일어나자 그 말이 과연 징험되었으니, 조계는 이미 무고를 받아 죽었고 수우당 또한 막 구금되어 있을 때 공이 연원(延原) 이광정(李光庭)에게 편지를 보내 그의 원통함을 하소연하였다. 경인년(1590)에

15 이운당(李雲塘) : 이염(李琰, 1538~1588)을 말한다. 본관은 고성(固城), 자는 옥오(玉吾), 운당은 그 호이며, 이암(李嵒)의 후손이다. 조식(曺植)의 제자이기도 하다. 18세 때 삼각산에 들어가 독서를 하던 중 문정왕후가 그곳에 있는 100필(疋)의 금단(錦緞)을 내려 기복을 하였는데, 이염이 그 비단을 모두 불태워 왕후의 노여움을 사 극형에 처해지게 되었으나, 명종의 두둔을 받고 형을 면하게 된 일이 있었다. 진주의 정강서원(鼎岡書院)에 제향되었다.

16 신도반(申屠蟠) : 후한(後漢)의 은사(隱士)로서, 당고(黨錮)의 화(禍)를 예견하고 산림으로 들어가 자취를 감추었는데, 대장군 하진(何進)과 동탁(董卓) 등의 초빙에 응하지 않고 절개를 지키면서 천수를 누렸다. 《後漢書 卷53 申屠蟠列傳》

17 곽임종(郭林宗) : 후한(後漢)의 고사(高士) 곽태(郭泰)로서, 임종은 그 자이다. 환제(桓帝) 때 당고(黨錮)의 사건이 일어나 천하의 명현이라고 하는 사람들이 모두 구당(鉤黨)으로 지목받고 멸절당하는 상황에서 벼슬길에 나아가지 않고 환관들의 중상을 면함으로써 끝까지 화를 당하지 않았다. 《後漢書 卷68 郭泰列傳》

또 연원 이광정, 월사(月沙) 이정귀(李廷龜)와 편지를 주고받으며 상의하면서 수우당이 신원되어 구제되기를 기약하였지만 뜻대로 되지 않았다. 수우당은 결국 옥중에서 죽었으니 공이 몸소 염빈을 살피고 널을 고향으로 모셔 왔다.

임진년(1592) 정월에 모친상을 당하여 시묘살이하면서 부친상 때처럼 예제를 지켰다. 4월 왜구가 대거 침입하여 노략질하자, 공은 모친의 궤연을 받들고 두류산(頭流山)으로 들어가 피난하였다. 이듬해 진주의 성곽이 함락되었는데, 이때에 망우당(忘憂堂) 곽공(郭公)의 병사만이 유독 온전하였다. 조대소(趙大笑 조종도(趙宗道))가 말하기를, "내 친구 하원룡은 한 방면을 충분히 감당해 낼 수 있으리라."라고 하면서 공에게 편지를 보내 일어나 함께 일할 것을 권하였지만, 공은 나갈 수 없는 의리로써 사양하였다. 삼년상을 마친 뒤 조정에서 공의 이름을 듣고 천거하여, 4월에 금화사 별좌(禁火司別座)에 제수되었고, 11월에 소촌 승(召村丞)에 제수되었는데, 을미년(1595) 정월에 사직하고 고향으로 돌아왔다.

병신년(1596)에 진주 목사 나정언(羅廷彦)이 정개산성(鼎盖山城)을 축조할 때 공을 별장(別將)으로 삼아 일을 맡아 다스리도록 하였고, 체찰사(體察使) 이완평(李完平)[18] 또한 공에게 이 일

18 이완평(李完平) : 완평 부원군(完平府院君) 이원익(李元翼, 1547~1634)을 말한다. 본관은 전주(全州), 자는 공려(公勵), 호는 오리(梧里)이다. 태종의 아들 익녕군(益寧君) 이치(李䄔)의 4세손으로, 1569년(선조2) 문과에 급제한 후 형조 좌랑·정언·지의금부사·이조 판서·우의정·영의정 등 요직을 두루 역임하였다. 임진왜란이 일어났을 때 이조 판서로 평안도 도순찰사가 되어 내려갔고, 평양이 함락된 후에는 정주로 가서 군졸을 모집하고 관찰사 겸 순찰사가 되어 왜병 토벌에 공을 세웠

을 맡겼다. 성 축조가 끝나기도 전에 조정에서 공을 장원서 별좌(掌苑署別座)에 제수하였으니, 이때가 정유년(1597) 5월이다. 7월에 또 사근 승(沙斤丞)에 제수되었는데, 공의 행차가 이르기도 전에 체찰사가 진주성이 함락된 이후 수습하기 매우 어려운 상황을 보고 "공에게 난국을 진정시키고 어루만질 재주가 있다."라고 하면서 조정에 요청하여 공을 판관(判官)으로 옮겨 배수하였다. 공은 명을 받고 즉시 영장(營將) 강덕룡(姜德龍)[19]과 함께 왜적의 침입을 방비하는 일을 도모하였는데, 이를 시행하기도 전에 횃불을 든 왜적이 마구 들이닥치니 많은 이들이 놀라며 모두 흩어졌다. 또 새로 부임한 목사 이현(李玹)과 다시 사람을 불러 모으는 일을 도모하였지만, 또다시 가왜(假倭)[20]에게 침략당하여 결국 삼가(三嘉)에 가서 병사(兵使) 김응서(金應瑞)에게 의지하였다. 무술년(1598) 4월 어사(御史) 이시언(李時彦)이 공을 차관(差官)으로 초빙하였으니, 이때부터 형편에 따라 벼슬자리를 옮겨 다니느라 일정한 곳이 없었다.

다. 1595년 우의정 겸 사도 도체찰사(四道都體察使)로 임명되었으며, 영남에 독부(督府)를 개설하고 왜적 토벌에 힘썼다. 저서에 《오리집(梧里集)》이 있다.

19 강덕룡(姜德龍) : 1560~1627. 본관은 진주(晉州), 자는 여중(汝中), 호는 매촌(梅村)이다. 1583년(선조16) 무과에 급제하여 함창 현감, 장기 현감을 지냈다. 제1차 진주성 전투 때 왜병 격퇴에 공을 세웠고, 경상 우병사(慶尙右兵使) 정기룡을 도와 성주(星州)의 화원현(花園縣), 고령(高靈)의 안림역(安林驛), 삼가(三嘉) 등지의 전투에 참전하여 승리를 거두었다.

20 가왜(假倭) : 왜구(倭寇)를 가장하여 중국이나 조선 해변을 약탈하던 가짜 왜구를 말한다. 당시 해변에 살던 불한당이 간혹 무리를 지어 가왜구(假倭寇) 행세를 하였다.

기해년(1599) 5월에 능성 현령(綾城縣令)에 제수되었다. 공은 마음을 다해 직분을 수행하여 고아와 홀아비를 어루만졌다. 포악하고 교활한 이들을 공격하면서도 뜻이 흔들리지 않았지만, 무고에 얽힌 것 때문에 암행어사가 계문(啓文)을 올려 파직시키니, 경내에 있던 이들이 모두 눈물로 전송하였다. 공이 타고 가던 말이 역마(驛馬)와 교미하다가 망아지를 낳으니, 공이 말하기를, "이것은 곧 국마(國馬)가 낳은 것이라 내가 감히 사적으로 소유할 수 있는 것이 아니다."라고 하고는 말을 버리고 돌아가니, 당시 의논이 이를 유독(留犢)[21]의 고사에 비견하였다. 이후 이완평이 암행어사가 그릇되이 올린 계문을 임금 앞에서 아뢰어 그를 수용할 것을 요청하니 임금이 그렇다고 여겼다.

계묘년(1603) 5월에 특별히 예산 현감(禮山縣監)에 제수되었다. 공은 능성 현령에서 파직되어 고향에 돌아온 후로, 시대와 뜻이 부합되지 않는다는 것을 알고 다시는 당세에 대한 생각을 두지 않았지만, 이때에 이르러 성군의 보살핌에 감격하여 힘써 직분에 나아갔다. 얼마 있지 않아 수군(水軍)이 충정(充定)되지 못했던 일을 병부(兵部)에서 잘못 입계(入啓)한 일로 갑진년(1604) 3월에 심문을 받았다. 원정(原情)을 올려 석방되었는데 그대로 머

21 유독(留犢) : 후한(後漢) 시묘(時苗)의 고사로, 청렴한 지방관을 일컬을 때 사용하는 말이다. 그가 수춘 영(壽春令)으로 부임할 때 누런 암소가 끄는 허름한 수레를 타고 갔는데 그사이 암소가 송아지 한 마리를 낳았다. 고을을 떠나올 때 그 송아지를 남겨 두면서 "내가 올 때는 본래 이 송아지가 없었으니 이 송아지는 회남(淮南)에서 낳은 것이다.〔令來時, 本無此犢, 犢是淮南所生有也.〕"라고 하였다. 《古今事文類聚 外集 卷14 縣官部 縣尹 壽春留犢》

물라는 명이 있었다.

공은 스스로 산림에서 지내던 몸이 한 번 관직에 나간 뒤로 번번이 법망에 걸려든다고 여기고는, 결국 관직에 나가는 것을 달갑게 여기지 않고 영구히 고향으로 돌아가 '영무성(寧無成)'[22]이라는 석 자로 집에 편액하였으니, 이는 '의를 잃은 채 나아가 관직을 얻기보다 차라리 물러나 지조를 지키면서 이루는 바 없는 것이 더 낫다.'라는 뜻이었다. 명(銘)을 지어 스스로 다음과 같이 경계하였다.

함부로 말하지 않음[23]은 성으로 들어가는 시작이고	不妄語入誠之始
스스로 속이지 않음[24]은 경에 거처하는 문이라네	毋自欺居敬之門
경을 행하고 성을 행한다면	敬之誠之
성현이 되는 데에 무엇이 어려우리	聖賢何難

22 영무성(寧無成) : 《이정유서(二程遺書)》 권24 〈추덕구본(鄒德久本)〉에 "공명이 필히 성공하기 위해 유장을 취했으나, 성인은 성공하지 못할지언정 이런 일은 하지 않는다.〔孔明必求有成而取劉璋, 聖人寧無成耳, 此不可爲也.〕"에서 나온 말이다.

23 함부로 말하지 않음 : 《심경부주(心經附注)》 유안세(劉安世)가 사마온공을 만나 뵈었을 때, 사마온공은 마음을 다하고 몸을 행하는 요점으로서 종신토록 행할 만한 성(誠)을 실천하기 위해 가장 먼저 '함부로 말하지 않는 것〔不妄語〕'부터 시작해야 한다고 말하였다.

24 스스로 속이지 않음 : 《대학장구》 전 6장에, "이른바 그 뜻을 성실히 한다는 것은 스스로 속이지 않는 것이니, 악을 미워하기를 악취를 미워하는 것과 같이 하며, 선을 좋아하기를 미인을 좋아하는 것과 같이 해야 하니, 이것을 자겸이라 이른다.〔所謂誠其意者, 毋自欺也, 如惡惡臭, 如好好色, 此之謂自慊, 故君子必愼其獨也.〕"라고 하였다.

아, 소자들이여 嗚呼小子
마음에 성경(誠敬)을 일삼지 않겠는가 不事心官
온 몸이 기쁘게 따라서 百體喜從
고요하고 편안할 수 있다네 靜而能安
대도가 여기에 있으니 大道在是
이를 바란다면 안연이 될 수 있네 希之則顔
낮과 밤으로 공경히 마주 대하며 日夕對越
마음에 새겨서 잃지 않으리라[25] 服膺不失

공은 오직 선조를 계승하고 현인을 존숭하는 일에 마음을 다하였다. 세보(世譜)를 손질하고 선대의 유문을 합쳐서 세고(世藁)를 만들었고, 한강(寒岡) 선생과 함께 서계서원(西溪書院)을 창건하여 덕계(德溪) 우건(吳健)를 제향하였으며, 덕천서원이 병화로 소실되자 제현들과 중건을 도모하여 수우당을 배향하였다. 무신년(1608)에 마침내 덕산(德山) 대법촌(大法村)에 거처를 정하였으니, 선영의 땅에 의지하려는 목적을 겸한 것이었다. 경술년(1610, 광해군2) 2월 초이튿날 덕산정사(德山精舍)에서 세상을 떠났다.

공이 오랫동안 질병을 앓고 있을 때에도 배우러 오는 이가 있으면 오히려 가르침을 게을리하지 않았다. 임종 시에 안팎의 사람들에게 안정(安靜)할 것을 경계하면서, "나는 조화(造化 죽음)의

25 마음에 새겨서 잃지 않으리라 : 《중용장구》 제8장에, "안회(顔回)의 사람됨으로 말하면, 중용의 길을 택하여 행하면서 어떤 한 가지 선을 얻으면 가슴에 새겨서 잃어버리지 않았다.〔回之爲人也, 擇乎中庸, 得一善, 則拳拳服膺而弗失之矣.〕"라고 하였다.

도를 한번 보고자 한다."라 하고는 마침내 자리를 바로 하고 편안하게 세상을 떠나셨으니, 향년 71세이다. 윤3월 14일에 덕산(德山)의 뒤쪽 기슭 부장공의 묘소 왼쪽 태좌(兌座) 등성에 장사 지냈으며, 숙종 무술년(1718, 숙종44)에 고을 사람들이 대각서원(大覺書院)에 공을 제향하였다.

배위(配位)는 밀양 손씨(密陽孫氏)이니, 교위(校尉) 영(翎)의 따님이다. 2남을 낳았으니, 홍로(弘魯)·홍진(弘晉)이다. 홍로의 1남은 신기(愼機)이고, 3녀는 강의(姜檥)·이중록(李重祿)·강침(姜琛)에게 각각 시집갔다. 홍진의 2남은 신언(愼言)·신행(愼行)이다. 서자는 홍업(弘業)이다. 증현손은 많아서 기록하지 않는다.

공은 타고난 바탕의 아름다움과 지행(志行)의 독실함을 갖고서, 일찍이 남명 선생을 만나 스승으로 섬겼다. 또 여러 현자들과 성리학을 강론해 밝히고 경의설(敬義說)을 몸소 익혔다. 모든 행동거지에 한결같이 예법을 준수하였고, 실천하고 행동함에 법도를 어기지 않았다. 부모 섬김에 있어서는 살아 계실 때 봉양하고 돌아가셨을 때 상을 치르는 데에 자식 된 직분을 다하기에 힘썼고, 임금 섬김에 있어서는 난리를 방어하고 백성을 다스리는 데에 기꺼이 신하 된 본분을 다하였다. 그리하여 스승을 존중하고 벗과 교제하는 사이에 이르러 똑같이 섬기는 도[26]와 서로 구휼하는 정

26 똑같이 섬기는 도 : 원문 '일사지도(一事之道)'의 풀이로, 자신을 살아갈 수 있게 한 세 사람, 즉 아버지와 스승과 임금을 똑같이 섬긴다는 뜻이다. 진(晉)나라 대부 난공자(欒共子)가, "백성은 세 분의 은혜로 살아가니 섬기기를 똑같이 하여야 한다. 아버지는 나를 낳아 주시고, 스승은 나를 가르쳐 주시고, 임금은 나를 먹여 주셨다.〔民生於三, 事之如一. 父生之, 師敎之, 君食之.〕"라고 하였다. 《國語 晉語》

성을 극진히 한 것이 모두 규범에 합치되어 가는 곳마다 마땅하지 않음이 없었다. 그렇다면 이 어찌 평소에 격발하고 떨친 힘이 소종래가 있어서 덕이 충만하고 공부가 독실한 효과가 가는 곳마다 세차게 이른 것이 아니겠으며, 세상을 떠날 때에 바른 도를 얻어 죽은 것[27]이 이와 같은 것이 아니겠는가. 그러나 세월이 오래되어 유문이 거의 다 흩어져 버리고 다만 약간 편만이 집에 소장되어 있으니 한스러울 만하지만, 백년토록 사림들이 숭상하여 받드는 것은 절로 이유가 있으니 또한 어찌 유문이 많을 필요가 있겠는가. 공의 후손 현(舷)이 그의 아들 협(協)으로 하여금 유사를 받들고 와서 나에게 행장을 지어 달라고 요청하매, 사양해도 받아들여지지 않아 삼가 이상과 같이 찬술하노라.

27 바른 도를 얻어 죽은 것 : 임종 때까지 바른 도리를 지키다 죽는 것을 말한다. 증자(曾子)가 임종할 무렵에 아들 증원(曾元)에게 계손씨(季孫氏)에게서 받은 대자리를 바꿔 깔도록 명하면서 "내가 바른 도리를 얻고 죽는다면, 그것으로 그만이다.〔吾得正而斃焉, 斯已矣.〕"라고 하였다. 《禮記 檀弓上》

성균 생원 심기당 장수 황공 행장
成均生員審幾堂長水黃公行狀

심기당(審幾堂) 황공(黃公)이 돌아가시고 5년 뒤 그의 사자(嗣子) 상사군(上舍君) 신로(莘老)가 공의 유사(遺事)를 모아 한 통의 글로 만들어 나에게 보여 주며 행장을 지어 달라고 부탁하면서, "선친께서 도를 배운 50년 동안 도에 대한 조예가 지극히 얕지 않습니다만, 다만 때를 만나 제대로 펼쳐 보지 못하시어 드러난 업적이 없습니다. 심중에 쌓인 덕업의 경우는 또한 사람들이 엿보아 헤아릴 수 있는 것이 아니니, 불초자는 진실로 그윽이 잠겨 있는 선친의 덕이 결국 사라져 드러나지 않을까 두렵습니다. 감히 집안에서 보고 들은 한두 가지를 기술하여 집사께 바칩니다만, 선친의 행적 가운데 후대에 전할 만한 것이 어찌 여기에 그치겠습니까. 생각건대 집사께서는 선친을 가장 잘 알고 계시니, 부디 자세히 기록하고 갖추어 수록해 주시어 저의 선친을 드러내 주신다면, 아마도 뒤에 붓을 잡을 이 또한 장차 여기에 근거하여 명(銘)을 지어 줄 것이고 불초자 또한 이를 바탕 삼아 요청드릴 수 있을 것입니다."라고 하였다.

내가 말하기를, "어찌해야 할지 잘 모르겠네. 그대의 선친께서 재주를 품고서도 시험해 보지 못하고 누추한 집에서 삶을 마쳤지만, 그 학문은 실로 대산(大山) 이상정(李象靖) 선생에게서 얻은 것이었지. 이 선생 문하의 선비 가운데 혹 선친을 앞설 자가 없으니, 바로 이른바 '공자를 만나 이름이 더욱 드러난〔得夫子而名益

影〕' 경우[28]라네. 또 나는 글재주가 없어 그대 선친에 대해 알고 있는 것 중에서 만의 하나도 발휘해 낼 수가 없으니, 그대는 어찌 생각을 바꾸어 다른 이에게 요청해 보지 않겠는가."라고 하였다.

상사군의 요청이 더욱 확고하여 여러 날이 지나도 그만두지 않았다. 또한 나는 생각해 보니, 어릴 적 공을 따라 종유했었는데 지금은 머리털과 구레나룻이 희끗해졌다. 공이 정성껏 이끌어 주신 덕분에 내가 그릇되지 않을 수 있었건만 지금 행장을 지어 공에 대한 경모와 심복의 뜻을 이루지 않는다면, 공에게 보답할 날이 결국 없게 되어 인정상 당연한 도리를 하지 못하는 바가 있게 되리라. 마침내 상사군이 지은 유사에다가 다소 가감하여 다음과 같이 기록하니, 뒤에 붓을 잡을 이가 과연 기꺼이 취하여 믿을는지 모르겠다.

삼가 살펴보건대 공의 휘(諱)는 계희(啓熙), 자는 경초(景初), 성은 황씨(黃氏), 본관은 장수(長水)이니, 영의정 익성공(翼成公) 휘 희(喜)의 13대손이다. 익성공은 한성 소윤(漢城少尹)을 지낸 휘 보신(保身)을 낳았으니, 보신은 처음으로 상주(尙州)에서 거주하여 자손들이 뒤이어 대대로 머물렀고 벼슬이 끊이지 않았다. 이조 참판을 지낸 휘 효헌(孝獻)은 호가 축옹(畜翁)이니, 문장과 절행으로 당세에 드러났다. 지평(持平)을 지낸 휘 뉴(紐)는 호가 반

28 공자를……경우 : 이 말은 《사기(史記)》 〈백이열전(伯夷列傳)〉에서 사마천(司馬遷)이 "백이와 숙제는 현인이지만 공자를 만나 이름이 더욱 드러났다.……시골에 사는 일반 백성이 행실을 닦아 이름을 세우고자 하나 청운의 선비의 힘을 빌리지 못한다면 어찌 이름을 후세에 전할 수 있으랴.〔伯夷叔齊雖賢, 得夫子而名益影.……閭巷之人欲砥行立名者, 非附靑雲之士, 惡能施于後世哉?〕"라고 한 데에서 온 말이다.

간(槃澗)이니, 나의 선조 우복(愚伏) 선생을 스승으로 섬기며 국량과 지조로써 칭송받았다. 뉴는 군수를 지낸 휘 덕유(德柔)를 낳았고, 덕유는 휘 이(霨)를 낳았다. 이는 강개한 기절(氣節)이 있어 포의(布衣)의 신분으로 소장을 올려 방례(邦禮)를 논하다가 불우하게 지내며 삶을 마쳤으니, 공에게 고조가 된다. 증조는 휘 종량(鍾亮)이고, 조부는 휘 연(沇)이며, 부친은 휘 도중(道重)이니, 세 분 모두 덕을 숨긴 채 벼슬하지 않았다. 모친은 연안 이씨(延安李氏)이니, 연원 부원군(延原府院君) 광정(光庭)의 5대 손녀이고 학생(學生) 만헌(萬憲)의 따님이다. 영조 정미년(1727, 영조3) 10월 26일에 공을 낳았다.

공은 태어나면서부터 남다른 자질을 지녔다. 5, 6세 때에 이미 행실이 어른스러웠고 총명함과 민첩함이 무리에서 뛰어났다. 겨우 말을 배울 무렵 글자를 알았으며, 배움에 들어간 뒤 《십팔사략(十八史略)》 수십 판을 읽고 문리(文理)가 갑자기 진보하여 글을 보기만 하면 외웠다. 장자(長者)가 혹 가르칠 겨를이 없으면, 즉시 서책을 겨드랑이에 끼고서 고을 선배들을 따르며 배웠다. 이렇게 한 지 겨우 몇 년 만에 이미 글을 짓고 시를 지을 줄 알아 종종 사람들을 놀라게 하는 글귀가 있었고, 경서를 해설함에 뜻이 또한 매우 분명하였다. 부친 학생공은 성품이 엄하여 어린아이들에게 허여하는 일이 적었는데, 유독 공에게만 칭찬하면서 "보통 아이가 아니니, 훗날 반드시 대성할 것이다."라고 하였다. 겨우 15세가 되었을 무렵 출중한 실력으로 과거 응시자 가운데 으뜸이 되었다. 17세에 부친상을 당하였다.

하루는 강개한 마음으로 큰형에게 말하기를, "선비가 식견이 넓지 않고 학업이 정밀하지 못하다면, 어찌 세상에 대응하여 자신의 뜻을 세울 수 있겠습니까."라고 하고는 마침내 문을 닫아걸고 책을 읽으며 자고 먹는 것을 잊을 정도였다. 경사(經史) 가운데 요체가 되는 말을 보면, 작은 글씨로 적어 창과 벽의 안팎과 집 안의 서까래에까지 두루 붙여 두고서 앉고 눕고 문을 출입할 때에도 항상 눈을 떼지 않았다. 때때로 산사에 책상자를 짊어지고 가서 거친 밥을 먹으며 애써 공부하여 혹 한밤중에 이르도록 잠들지 않았다.

공은 정채(精彩)가 더욱 드러날수록 태만한 모습이 전혀 없었으니 비록 선종(禪宗) 가운데 계율을 잘 지킨다고 이름난 자라 해도 공에게 미칠 수 없었다. 이와 같이 지낸 여러 해 동안 다양한 서적을 널리 읽어, 고금을 막론하고 성현의 경전부터 패가(稗家)의 잡다란 이야기에 이르기까지 두루 이해하지 않는 것이 없었다. 20세가 되기도 전에 세상의 노숙한 스승과 학식이 높은 선비 가운데 진실로 공과 함께 말해 본 이들은 혀를 내두르지 않는 이가 없었다. 글 짓는 실력 또한 출중하여 작가의 법도를 지니고 있었으나, 다만 평소의 뜻이 오로지 여기에만 있지는 않았다. 공은 낯빛이 밝고 심회가 시원스러웠기에 공을 마주할 때면 자신도 모르게 속된 기운이 저절로 멀어졌다. 공의 족조(族祖) 화재(華齋)[29]와 산곡(山谷)[30] 두 공이 일찍이 말씀하시기를, "이 군은 도

29 화재(華齋) : 황익재(黃翼再, 1682~1747)를 말한다. 본관은 장수(長水), 자는 재수(再叟), 호는 백화재(白華齋)이다.

30 산곡(山谷) : 황심(黃沈, 1688~1763)을 말한다. 본관은 장수(長水), 자는 중회

를 독실히 믿고 옛것을 좋아하니, 문장은 다만 부차적인 일이다." 라 하였고, 나의 중부 창주공(滄州公) 또한 "타고난 자질이 도에 가까운 것이 이미 제법 높은 수준이다."라고 하였다.

이때 대산(大山) 선생이 영남 지방에서 우뚝 일어나 도산(陶山 이황(李滉))의 서업을 멀리 계승하고 있었는데, 그의 처가가 바로 공과 가까운 친족이면서 같은 마을이었다. 대산 선생은 공을 만나고는 몹시 애지중지하여 《대학》과 《성학십도(聖學十圖)》 〈옥산강의(玉山講義)〉 등의 서적을 가지고 그와 함께 강론하고 고증하였는데, 공은 하나를 배우면 나머지를 이해하여[31] 손쉽게 풀어 나갔으니,[32] 공의 언행을 통해 마음에 보존된 것을 이미 볼 수 있었다. 대산 선생은 마침내 공에게 유학(儒學)의 전수를 맡기는 것을 허여하였고, 그 후 매번 처가에 이를 때마다 돌아갈 기일을 미루고 머물러 함께 학문을 논하다가 혹 한 달을 채우기도 하였다. 공은 이때부터 향상공부(向上工夫 성리학)에 전념하여 날마다 조존(操存)·궁리(窮理)·격물(格物)을 일삼았고, 또한 호상(湖上)에

(仲晦)이며, 산곡은 그의 호이다.

31 하나를……이해하여 : 원문 '거일반삼(擧一反三)'의 풀이로, 하나를 알려 주면 나머지를 유추해서 이해한다는 뜻이다. 《논어》 〈술이(述而)〉에, "한 귀퉁이를 들어 주었을 때 이것을 가지고 남은 세 귀퉁이를 반증(反證)하지 않으면 다시 더 일러 주지 않는다.〔擧一隅, 不以三隅反, 則不復也.〕"라고 하였다.

32 손쉽게 풀어 나갔으니 : 원문 '영인이해(迎刃而解)'의 풀이로, 어떤 문제든 손쉽게 처리해 나가는 것을 뜻한다. 《장자(莊子)》 〈양생주(養生主)〉에, 포정(庖丁)이 소를 잡는 도(道)를 말하면서 "두께가 없는 칼을 두께가 있는 틈새에 넣으니, 널찍하여 칼날을 움직이는 데에 있어 반드시 여유가 있네.〔以無厚入有間, 恢恢乎其於遊刃, 必有餘地矣.〕"라고 하였다.

서 대산 선생을 따르며 의심나는 것을 여쭙고 배우기를 청한 것이 수차례였다. 이는 천하의 즐거움을 다 들어도 마치 이와 바꿀 수 없는 듯한 것이었는데, 다만 모친의 명으로 부지런히 과거 공부에 힘썼다.

병술년(1766, 영조42)에 모친상을 당하였다. 삼년상을 마친 뒤 과거 공부에 마음을 두지 않으니, 큰형이 말하기를, "우리 친족들이 너에게 바라는 것은 예전과 같다."라고 하였다. 결국 과거 공부를 차마 그만두지 못하다가, 정유년(1777, 정조1)이 되어 비로소 사마시에 입격한 뒤에야 그만두었다. 9년 뒤인 을사년(1785) 5월 5일 정침에서 돌아가셨으니 향년 59세이다. 그해 9월 6일에 송산(松山) 묘좌(卯坐) 언덕에 장사 지냈다.

공은 약관의 나이에 성취한 것이 이미 무리들을 능가하였다. 이 선생을 뵙고 지론(至論)을 듣고서는 마침내 잡박(雜博)한 것을 일체 쓸어 내고, 오직 사서(四書)와 염락(濂洛)의 여러 서적을 가져다가 익숙히 반복하고 완미하여 그 뜻을 궁리하였다. 그중에서도 《중용》에 더욱 공력을 쏟아 일만 몇 천 번을 읽을 정도였고, 이른 아침부터 늦은 저녁까지 실천하여 고인의 경지에 반드시 이르리라 기필하였다.

일찍이 대산 선생에게 가서 계구(戒懼)[33]의 뜻을 논한 것이 절실하고 경계할 만하니, 선생이 매우 칭찬하며 "아무개가 체인(體

33 계구(戒懼) : 계신공구(戒愼恐懼)의 준말로, 《중용장구》 제1장에 "군자는 보지 않을 때에도 경계하고 근신하며, 들리지 않을 때에도 걱정하고 두려워하는 것이다. 〔君子戒愼乎其所不睹, 恐懼乎其所不聞.〕"라는 구절에서 온 말이다.

認)한 공부는 진실로 쉽게 미칠 수 없는 것이다."라고 하였다. 매번 '천덕(天德)과 왕도(王道)는 그 요체가 다만 홀로 있을 때 삼가는 것에 달려 있을 뿐이니, 만약 기미가 싹트는 시초에 맹렬하게 성찰하지 않는다면, 비록 인욕(人慾)을 제거하여 천리(天理)를 회복하고자 해도 또한 할 수 없을 것이다.'라고 여겼다. 마침내 심기당(審幾堂)이라 당호를 지었지만 또한 편액을 내걸어 스스로 표방하지는 않았고, 묵묵히 이를 실천하면서 오직 털끝만큼이라도 혹 제대로 살피지 못할까 두려워하였다. 조심하고 두려워하는 뜻이 잠시도 끊어진 적이 없었고, 자신의 사욕을 이기고 타인을 살피는 데에 모두 그 공부를 지극히 하였으니, 한가로이 거처하며 고요히 함양하던 가운데에서와 굽어보며 독서하고 우러르며 사색하는 사이에서 자득할 수 있었던 것은 거의 나날이 새롭게 하며 그치지 않았던 까닭이다. 이 때문에 스스로 실천하는 것이 삼가고 공손하였으며, 타인을 대하는 것이 온화하고 평온하였으며, 논의를 견지하는 것이 올바르고 일을 처리하는 것이 정당하였으니, 안색을 바라보고 말씨를 들어 보면 비록 평소에 공에 대해 알지 못하는 자라 해도 또한 순수한 군자인 줄 알 수 있었다.

효우(孝友)의 성품은 하늘에서 얻은 것이었다. 8세 때 부친 학생공(學生公)이 갑인년(1734, 영조10)의 무옥(誣獄)에 잡혀갔다가 사면되어 집으로 돌아오기까지 거의 한 달 동안, 공은 밤낮으로 울부짖으면서 주변 아이들과 장난치며 놀지 않았다. 부친상을 당하자 예법대로 상을 치르고 슬퍼하다 몸을 훼손하여 거의 목숨을 잃을 지경이었다. 모친이 오래도록 병을 앓으셨기에 앉을 때나 누울 때나 사람의 도움을 필요로 한 세월이 거의 수십 년이었다.

공은 잠시도 곁을 떠나지 않고 매일같이 부축하고 간호하였으며, 용변을 보는 일에 이르러서도 반드시 직접 처리하였고, 병이 위독해지자 손가락에 피를 내어 드시게 하였다. 상을 치를 때 슬피 울면서 3년간 질대(絰帶) 차림을 풀지 않았고, 종신토록 그리워하며 사모하였다. 기일(忌日)이 되면 극진히 재계하고 정결하게 하여 신령이 계신 듯한 정성을 바쳤고, 제철 음식을 얻으면 반드시 먼저 종가(宗家)로 보내어 사당에 바쳤다.

중부를 부친처럼 섬기어 혼정신성(昏定晨省)의 예를 늙을 때까지 그만두지 않았고, 중부가 돌아가시자 소식(素食)하면서 정해진 복상 기간을 마쳤다. 큰형을 섬김에 공경과 사랑이 모두 지극하였으니, 배고픈지 추운지를 여쭈며 같은 곳에서 지내기를 한결같이 사마온공(司馬溫公)과 양진(楊津)이 했던 것[34]처럼 하며 맛있는 음식을 얻으면 먼저 진상하지 않고서는 먹지 않았다.

자제를 엄격하게 가르치되 은혜와 사랑 베풀기를 잃지 않았고, 종족을 화목하게 대하여 모두 그들의 기쁨을 얻었다. 욕하면서 꾸짖는 말을 노복들에게 하지 않았고, 충성과 신의는 고을 사람들에게 추중받았으며, 집안일을 관리하는 것에 이르러서는 비록 마음에 달갑지 않아도 또한 소홀하게 지나친 적이 없었다. 늘 말하기

34 사마온공(司馬溫公)과……것 : 사마온공이 그의 형 사마단(司馬旦)과 우애가 매우 돈독하였던 것을 말한다. 형의 나이가 80세였을 때도 형 받들기를 엄한 아버지같이 하였고, 보호하기를 어린아이같이 하였다고 전한다. 《宋名臣言行錄 范太史文集》 또한 양진(楊津)은 자신의 형 양춘(楊椿)과 우애가 돈독하였는데, 양진이 자사로 있을 적에 사철의 좋은 음식이 있으면, 매번 인편을 통해 형 양춘에게 부쳤으며, 만약 보내지 못했으면 먼저 입에 넣지 않았다 한다. 《北史 卷41 楊播列傳》

를, "학문은 장차 실용을 위한 것이니, 만약 실용에 마땅치 않다면 또한 어찌 학문을 귀하게 여기겠는가."라고 하였다. 일찍이 병혁(兵革)·기계(器械)·관방(關防)·호구(戶口)·과거(科擧)·관과(官窠) 등과 같은 시무책(時務策)을 저술함에 조목조목 진술하고 두루 열거하지 않음이 없어 손바닥을 가리키는 듯 분명하였으니, 현달한 뒤 시행한 것 중에 곤궁했을 때 함양한 데에서 드러난 것이 이 또한 하나의 단서가 된다.

공은 대단히 정력(定力)을 지니고 있었다. 비록 과거 시험장에서의 다급한 때라 해도 느긋하게 걸어 들어가 옷깃을 정돈해 앉고서 좌우 사람들과 수응한 것이 한가한 곳에서 한 것과 다름이 없었다. 한강을 건너다가 중류에서 매서운 바람을 만난 적이 있었는데, 배가 전복되려 하자 선상 사람들은 모두 겁을 먹고 어찌할 바를 몰랐지만, 공은 낯빛이 변하지 않은 채 같은 고을 사람들에게 천천히 말하기를, "죽고 사는 것은 운명이니 두려워한들 무슨 도움이 되겠습니까."라고 하였다. 어릴 적 천연두를 피해 촌가로 간 적이 있었는데, 과부로 지내던 어떤 젊은 여인이 예쁘게 단장하고서 공에게 호감을 구한 것이 한 달 남짓이었다. 공이 초연하게 못 본 체하며 의리(義理)로 깨우치니, 여인이 마침내 감동하여 깨닫고서 행동을 멈추었다. 이러한 것들은 공이 자신을 단속함이 평소 엄격한 데다 공부한 힘에서 얻은 것이 더욱 많았기 때문이다.

평소엔 동이 트기 전에 일어나고 한밤중이 되어서야 잠이 들었다. 심한 병에 걸린 것이 아니면 의관을 차려입지 않은 때가 없었고, 사람을 응접할 때가 아니면 서책을 마주하지 않은 때가 없었다. 매번 잠자리에 들 때마다 반드시 옷깃을 가다듬고 단정하게 앉아서 《중용》 첫 장과 〈경재잠(敬齋箴)〉, 〈숙흥야매잠(夙興夜寐箴)〉 등을 수차례 외웠고, 누워서도 반드시 손발을 가지런히 정돈하였다. 옛것을 익히고 새로운 것을 도출하여 음미하고 사색하느라 혹 새벽이 되어도 잠들지 못했으며, 반드시 분명하게 이해한 뒤에야 그만두었다. 간간이 마음에 들어맞는 내용을 보게 되면 비록 한 자 한 구절이라도 한참 동안 읊조리면서 즐기며 늙어 가는 줄도 잊었고, 때때로 관동(冠童)과 함께 정자와 산수 사이에서 노닐면서 여유롭게 기수(沂水) 가의 정취[35]를 품었다.

공은 유풍(儒風)이 진작되지 않음을 매번 탄식하면서, 후학을 깨우쳐 인도하는 데에 부지런히 노력하느라 피로를 잊었고, 학생의 재주에 따라 가르침을 베푼 것이 각각 합당하였다. 고을의 옥동서원(玉洞書院)에 거재(居齋)와 강학의 장소를 마련하여 후학들이 수시로 익힐[36] 과목을 정하고, 또 고을의 학당에서 향음주례

35 관동(冠童)과……정취 : 자신의 뜻을 말해 보라는 공자의 명에 따라 그의 제자 증점(曾點)이 "늦은 봄에 봄옷이 다 이뤄지거든 관자(冠者) 대여섯 명, 동자(童子) 예닐곱 명과 함께 기수(沂水)에서 목욕하고 무우(舞雩)에서 바람을 쐬고 읊조리면서 돌아오겠습니다.〔暮春者, 春服旣成, 冠者五六人, 童子六七人, 浴乎沂, 風乎舞雩, 詠而歸.〕"라고 한 말을 의미한다. 《論語 先進》

36 후학들이 수시로 익힐 : 원문의 '아자시술(蛾子時述)'의 풀이로, 작은 개미〔蛾子〕는 문생이나 후학을 뜻하며, 이들이 수시로 학문을 익히는 것을 비유한다. 《예기》 〈학기(學記)〉의 "개미는 수시로 흙을 물어 나르는 일을 배워 익힌다.〔蛾子時術之〕"라는 구절에 대해, 공영달(孔穎達)의 소(疏)에서, "개미 새끼는 수시로 흙을 물어 나르는 일을 조술(祖述)해 배워서 큰 개밋둑을 만든다. 이로써 배우는 자가 학문을 쌓아서 큰 도를 이룸을 비유한 것이다.〔蚍蜉之子, 時時術學銜土之事而成大垤, 以喻學者由積學而成大道也.〕"라고 하였다. '아(蛾)'는 '의(蟻)'의 고자(古字)이다.

를 익히고 실천하여 풍속을 도타이 하고 교화를 흥기시킬 바탕으로 삼으니, 보는 이들이 '처음 보는 성대한 일'이라며 탄미하지 않음이 없었다. 원근 사람들이 모두 공을 존모하였으니 유림의 대사와 의문스런 예가 있으면 반드시 공에게 여쭈어 행하였다.

대산 이 선생이 돌아가시자 선생의 아우 소산공(小山公 이광정(李光靖))이 편지를 보내어 공을 면려하며 "지금부터 유학의 책임은 더욱이 공에게 달려 있습니다."라고 하니, 공 또한 강개한 마음으로 자임하여 노년 시절의 공부를 석양이 거의 저물어 가는지도 모르도록 하였다. 만약 하늘이 공에게 수명을 빌려주었더라면 비록 출사하여 세상을 다스리면서 품은 재주를 펼쳐 낼 수는 없었을지라도, 우리 영남 유학의 한 줄기 연원이 세월이 멀어질수록 더욱 겉으로 드러나 후생 말학에게 또한 의귀할 곳이 있게 하였을 것이다. 또한 명백하게 분변하는 말로 오묘하게 합치되는 유학의 본지를 발휘하여 글로 써냈더라면, 후세에 끼친 아름다운 은혜가 어찌 적었겠느냐마는 지금은 모두 끝나고 말았으니 매우 애통해할 만하다.

공은 젊을 때부터 잘 때 두건을 벗은 적이 없었고, 비록 병이 들었을 때에도 그렇게 하였다. 임종 즈음에 두건이 벗겨진 줄 아셨지만 입으로 말을 할 수 없어 시자(侍者)에게 손짓하여 두건을 가져다 씌우게 하였으니 군자가 죽음에 이르러서도 정신이 어지러워지지 않고 바른 도리를 얻고 돌아가신 것[37]이 또한 이와 같도

37 바른……것 : 임종 때까지 바른 도리를 지키다 죽는 것을 말한다. 증자(曾子)가 임종할 무렵에 아들 증원(曾元)에게 계손씨(季孫氏)에게서 받은 대자리를 바꿔 깔

다! 시문 약간 편이 집안에 소장되어 있다.

배위(配位)는 풍양 조씨(豐壤趙氏)이니, 검간(黔澗) 선생 정(竫)의 후손이고 학생(學生) 인경(麟經)의 따님이다. 3남 1녀를 낳았으니, 장남이 곧 상사군이며, 차남 암로(巖老)는 양자로 나가 백씨의 후사가 되었으며, 막내 반로(磻老) 또한 약관의 나이에 사마시에 입격하였으니, 모두 문학으로 집안의 대를 이었다. 딸은 사인(士人) 이장규(李章奎)에게 시집갔다. 신로는 2남이 있고, 암로는 1남이 있으며, 반로는 1남이 있으니 모두 어리다.

도록 명하면서 "내가 바른 도리를 얻고 죽는다면, 그것으로 그만이다.〔吾得正而斃焉, 斯已矣.〕"라고 하였다.《禮記 檀弓上》

효자 성균 진사 진산 강공 행장
孝子成均進士晉山姜公行狀

공의 휘(諱)는 응명(應明), 자는 성시(聖時), 성은 강씨(姜氏), 본관은 진산(晉山)이다. 고구려 때에 병마도원수(兵馬都元帥) 이식(以式)과 문하시중(門下侍中) 희경(希經)이 처음으로 크게 현달하였고, 그 후 벼슬이 대대로 찬란하여 명덕(名德)이 서로 이어졌다. 군보(君寶)는 정당문학(政堂文學)을 지낸 봉산군(鳳山君) 문경공(文敬公)이다. 시(蓍)는 문하찬성사(門下贊成事)를 지낸 진산 부원군(晉山府院君) 공목공(恭穆公)이다. 회중(淮仲)은 보문각 대제학(寶文閣大提學)을 지냈고, 조선조에 들어와 누차 벼슬로 불렀으나 끝내 나아가지 않았으며, 호는 통계(通溪)이다. 안수(安壽)는 호조 참판을 지냈고, 혜(徯)는 청풍 군수(淸風郡守)를 지냈으며, 효정(孝貞)은 사헌부 감찰(司憲府監察)을 지냈다. 서(瑞)는 진사를 지냈고 호가 매곡(梅谷)이며, 남명(南冥) 조식(曺植)을 스승으로 섬겼는데, 성품이 지극히 효성스러워 부친상에 여묘살이할 때 슬퍼하다 몸을 훼손하여 목숨을 잃었으니 중종조에 정려가 내려졌다. 수남(壽男)은 호가 월정(月亭)이고 문과 출신으로 경기도사(京畿都事)를 지냈으며, 임진년(1592, 선조25)에 순절하여 이조 판서에 증직되었고 시호는 충렬(忠烈)이며 정려가 내려졌으니, 이분이 곧 공의 6대조이다. 5대조 휘 연(淵)은 음직으로 사평(司評)을 지냈고, 고조 휘 석황(錫璜)은 진사 출신이며 효성으로 알려졌으니 그 행적이 읍지(邑誌)에 수록되어 있다. 증조 휘 유

(游)는 참봉을 지냈고, 조부는 휘 제익(齊益)이다. 부친 휘 찬(纘)은 진사 출신으로 호조 좌랑을 지냈고, 임피 현령(臨陂縣令)를 지내다가 세상을 떠났으며, 효우와 문학으로 세상에서 중망을 받았다. 모친은 청주 한씨(淸州韓氏)이니, 부윤(府尹) 명상(命相)의 따님이다. 숙종 신미년(1691, 숙종17) 10월 23일에 서울 집에서 공을 낳았다.

공은 어려서부터 총명하고 지혜로웠으며 글을 잘 지었다. 33세에 생원 진사시에 입격하였다. 성품이 지극히 효성스러워 모친상을 당하였을 때 공의 나이 겨우 12세였지만 곡하고 울면서 슬퍼하다 몸을 훼손한 것이 어른과 같았다. 삼년상을 마치도록 국과 장을 먹지 않았고, 소금을 반찬으로 하고 숫가락만 가지고서 억지로 밥을 먹길 하루같이 행하였다.

부친 좌랑공(佐郎公)과 계비(繼妣) 평창 이씨(平昌李氏)를 섬길 때 양지(養志)와 양체(養體)[38]를 모두 지극히 하였다. 좌랑공이 임피현의 임소에서 설사병에 걸린 지 한 달이 지나도록 차도가 없고 병이 더욱 심해졌다. 공은 밤낮으로 곁에서 모시며 의대(衣帶)를 벗지 않고 눈물을 흘리며 부축하고 간호하였다. 좌랑공의 숨이 끊어지려 할 때, 자신의 손가락을 베어 피를 내어서 좌랑공의 입에 주입하니 그 덕에 며칠을 연명할 수 있었다. 상을 당한 뒤 집상(執喪)의 예가 예제를 넘어섰고, 다시 이전 모친상 때에

38 양지(養志)와 양체(養體) : 양지는 어버이의 뜻을 잘 받들어 마음을 흡족하게 해 드리는 것이고, 양체는 좋은 음식과 옷 등을 가지고 물질적으로 생활에 불편함이 없게 해 드리는 것을 말한다. 《孟子 離婁上》

행했던 것처럼 하면서도 더욱 예를 갖추었으며, 슬퍼하다 수척해져 거의 몸을 지탱할 수 없게 되었다.

계비 이씨의 어깨에 커다란 종기가 생겨 침을 놓고 뜸을 떴지만 효험이 없었다. 공이 밤낮으로 입으로 종기를 빨아내자 조금의 차도는 있었지만, 하루가 지나지 않아 또 고름이 생겼고 고름이 생기면 또 입으로 빨아내었다. 이와 같이 한 지 18개월 만에 마침내 그 독소를 제거하여 완전히 치료되었다. 이로부터 공은 몸이 수척해져서 일어날 수 없었고, 이로 인해 병이 더욱 위독해져 영조 계축년(1733, 영조9) 정월 26일에 문의(文義) 고향집에서 세상을 떠났으니 향년 43세이다. 이해 3월에 고을 덕유촌(德留村) 뒤 계좌(癸坐) 언덕에 장사 지냈다.

배위(配位)는 광주 이씨(廣州李氏)이니, 병조 좌랑 기명(基命)의 따님이요, 대사헌 원록(元祿)의 손녀이다. 2남 2녀가 있으니, 장남은 복(馥)이고 다음은 직(馤)이며, 딸은 유동진(柳東鎭)과 권세통(權世通)에게 각각 시집갔다. 복은 3남 1녀가 있으니 아들은 문현(文顯), 덕현(德顯), 주현(周顯)이고, 딸은 홍낙효(洪樂孝)에게 시집갔다. 직의 1남은 국현(國顯)이다. 유동진의 2남은 정원(井源), 규원(奎源)이고, 딸은 김성구(金成耉)에게 시집갔다. 권세통은 후사가 없다. 문현의 5남은 요절한 시룡(時龍), 시봉(時鳳), 시린(時麟)이고, 나머지는 어리다. 덕현의 3남은 시응(時膺), 시굉(時肱)이고, 한 명은 어리다. 주현은 1남 2녀가 있으니 아들은 시영(時榮)이고, 나머지는 어리다. 국현의 2남은 모두 어리다. 홍낙효는 후사가 없다.

근간에 공의 손자 문현 씨가 공의 가장을 가지고 와 나에게 보여 주며 울면서 부탁하기를, "조부의 지행(至行)이 이 같은 점이 있어 살아 계실 때부터 고을 사람들이 한 목소리를 내어 관에 알리고자 했지만, 조부께서 극력 저지하셨습니다. 조부께서 돌아가신 뒤 사론(士論)이 더욱 일어나 지난 갑술년(1754)에 마침내 본읍에 글을 올렸습니다. 당시 수령 이명흥(李命興)이 이를 위해 갑자기 경모의 마음을 일으켜 즉시 감영에 낱낱이 보고하였습니다만, 지금까지 정표(旌表)의 은전(恩典)을 받지 못하였습니다. 지금 세월이 이미 오래되어 조부의 지행이 결국 사라져 버릴까 매우 두려우니, 부디 집사께서 한마디 말로 그 사실을 기록하여 후세에 믿을 만한 사실을 전해 주시기 바랍니다."라고 하였다.

나는 생각건대, 공의 집안은 대대로 충효(忠孝)로 서로 전해져 왔으니 매곡(梅谷)[39]과 월정(月亭)[40] 두 분의 죽음과 같은 경우는 더욱 백세에 풍성(風聲)을 세우기 충분하다. 그렇다면 그 자손 중 마땅히 공과 같은 이가 배출되어 탁월한 행적이 후세에 믿을 만한 사실을 전하기에 충분하니 어찌 내 말을 기다릴 것인가. 다만

39 매곡(梅谷) : 강서(姜瑞, 1510~1540)의 호이다. 부친 강숙규(姜叔圭)의 상을 당하여 죽만 먹고 지내며 거적이 닳아 없어질 때까지 시묘살이를 하다가 병이 들어 여막(廬幕)에서 삶을 마감하였는데, 이후 이 사실이 조정에 알려져 1544년(중종39)에 정려가 내려졌다.

40 월정(月亭) : 강수남(姜壽男, 1552~1592)의 호이다. 임진왜란이 일어난 1592년 10월, 군사를 움직여 한성을 탈환하려던 중 삭녕 전투에서 야습을 받아 군사가 흩어졌으나 가노(家奴) 검산(檢山)과 끝까지 싸우다 함께 죽었다. 출전할 때 신표로 상투에 묶었던 붉은 실을 보고 겨우 머리만 수습하여 장사 지냈고, 선조가 제관을 보내 치제(致祭)하였다. 이후 이조 참판을 추증하였다가, 다시 이조 판서를 가증(加贈)하였다.

정표(旌表)의 은전은 곧 국가의 오래된 관례이나, 근래에 이런 도가 또한 다시 예전 같지 않아 재야의 공론이 조정에 이를 길이 없어 천성으로 타고난 행실을 사라져 알 수 없게 하였으니, 어찌 슬퍼하지 않을 수 있겠는가. 비록 그렇지만 공이 생전에 극력 저지했던 입장에서 보자면, 이는 다만 직분상의 당연한 바를 스스로 다하면서 애초에 털끝만큼도 세상에 알려지기를 바란 뜻이 없었던 것이니, 어찌 다시금 이 때문에 유감스러워할 것인가. 공의 독실한 효성과 순수한 행실은 참으로 옛적에는 드물게 있던 것이고 공의 이러한 마음은 후세에 더욱 모범이 될 만하다. 이 때문에 이미 사양해도 받아들여지지 않았으니, 삼가 공의 가장을 가져다가 대략 수정하고, 인하여 나의 보잘것없는 견해를 이상과 같이 덧붙인다.

행장이 이미 완성되고 몇 년이 지난 뒤, 무오년(1798, 정조22)이 되어 지난 왕조 때에 많은 선비들이 한목소리를 내어 호소한 것과 관찰사가 조사해 아뢰었던 일을 통해, 특별히 공을 동몽교관(童蒙敎官)에 증직하였고, 지금 또 정려가 내려졌다고 한다. 미덥구나! 훌륭한 행적이 끝내 사라지지 않고 공의(公議)가 결국 펼쳐짐이 이와 같으니 나는 이 점에 대해 또한 세도(世道)의 다행이라 여기노라. 금상 2년 임술년(1802, 순조2) 모월 모일에 행장의 끝에다 추가로 적는다.

성균 생원 곡남 전공 행장
成均生員谷南全公行狀

나는 젊었을 때 고을 부로(父老)들의 뒤를 따르면서 고(故) 상사(上舍) 곡남(谷南) 전공(全公)에 대해 익숙하게 들었었다. 전공은 우리 상주(尙州) 산양현(山陽縣) 하곡리(霞谷里)에서 태어나 청대(淸臺) 권상일(權相一) 공과 도의(道義)로 교제하였다. 공의 자태는 옥설(玉雪) 같았고 심회는 시원스러워 한 점의 속된 생각이 없었다. 얼마 있지 않아 그 옥천(沃川) 옛 마을로 돌아와 세상을 떠났으니, 상주 선비들이 덕행을 살피고 학업을 물을 데가 없음을 한스럽게 여겼다. 나는 곧 이 때문에 강개한 마음으로 상상해 보면서, 공이 배운 것이 반드시 순수하여 한결같이 바른 데에서 나와 옛적에 이른 바 '인욕의 사사로움을 매미 허물 벗듯 하였다.'라는 것과 큰 차이가 없을 것이라 생각하였다. 근래에 공의 아들 여정(汝錠) 씨가 공의 유사를 받들고 와서 나에게 보여 주며 행장을 지어 달라고 부탁하기에, 내가 비로소 삼가 완미해 보고 가만히 엿보아 헤아려 보니, 참으로 고을 부로들이 하신 말씀과 같았고 내가 함부로 생각했던 것이 잘못되지 않았다.

공은 숙종 병인년(1686, 숙종12) 11월 모일에 태어났다. 34세에 생원 진사시에 입격하였고, 64세가 되던 영조 기사년(1749, 영조25) 3월 모일에 임하(林下)에서 세상을 떠났다. 달리 세상에 드러난 업적은 없고, 오직 타고난 분수가 매우 남달라 젊을 때부터 위기지학(爲己之學)에 뜻을 독실히 하여 격물(格物) · 치지(致

知)·성의(誠意)·정심(正心)을 한결같이 《대학》을 준거로 삼았다. 《심경(心經)》·《근사록(近思錄)》·주자서(朱子書) 등을 손에서 잠시도 내려놓은 적이 없었고, 또 퇴계서(退溪書)를 절요(節要)하여 7권으로 만들어, 항상 눈을 떼지 않고 익혔다. 매번 이른 새벽이나 혹 한밤중이 되면 반드시 옷깃을 가다듬고 꼿꼿이 앉아서 〈숙흥야매잠(夙興夜寐箴)〉과 〈경재잠(敬齋箴)〉을 한 번씩 외우면서 일용에 절실한 것은 이보다 더한 것이 없다고 여겼다. 만년에 이르러 또 역학(易學)을 정밀히 공부하여 길흉소장(吉凶消長)의 이치와 진퇴존망(進退存亡)의 도를 마음속으로 환하게 깨닫지 않음이 없었다. 이에 학문의 조예가 이미 깊어지고 심성의 충양(充養)이 또한 지극해져 기상(氣象)에 발현된 것이 더욱 밝아지고 시원스러워졌으니, 이는 정수(精粹)한 자질이 본래 절로 혼연히 이루어졌고 학문의 힘에서 얻은 것이 또한 이와 같았기 때문이다.

행실에 드러난 것으로는, 부모와 조모를 섬길 때에 평소에는 봉양을 다하고 병이 들면 근심을 다하여 극진히 마음 쓰지 않음이 없었다. 상을 당해서는 질대(絰帶)를 갖추어 예제를 마치면서 슬픔을 다하였으니, 9년 동안 하루같이 예를 행하였다. 두 아우와 우애가 매우 돈독하여 평소에 늘 이불을 같이 덮고 밥상을 함께 하였는데, 동생들이 서로 잇달아 세상을 떠나자 상심하고 애통해 하다 거의 병이 들 정도였다. 과부가 된 제수를 돌보는 데에 그 도를 극진히 하였고, 아비를 잃은 조카를 자기 자식처럼 돌보았다. 공경(恭敬)으로 일가 부형들을 섬겼고 목신(睦信)으로 친인척과 벗들을 대하였으며, 고을 사람들과 지낼 때에 정답게 담소를 나누면서도 의리(義理)로 결단할 상황에 이르면 단호하여 범접할 수 없었다.

항상 《논어》의 절사(絶四)[41]의 뜻을 마음으로 체득하여 자신을 비우고 타인을 대하는 것이 오직 마땅하였으니, 이 때문에 하는 일마다 모두 곡진하여 뭇사람들이 기뻐하지 않음이 없었다. 또 일찍이 자제와 후학들에게 말하기를, "사람이 화평(和平) 정대(正大)하지 않은 것은 다만 사욕이 있기 때문이다. 만약 매번 지극한 공정함으로 처신한다면 어찌 능하지 못함을 근심하겠는가."라고 하였으니, 여기에서 살펴보면 공의 학문이 이른 바를 이미 볼 수 있다. 때문에 세상에서 행한 것은 청렴하면서도 과격하지 않았고 통하면서도 휩쓸리지 않았으니, 그 거동을 바라보고 그 말씀을 들은 이들은 모두 공을 도를 지닌 자라고 칭송하였다.

이미 여러 번 향천(鄕薦)에 들었는데 또 암행어사가 공을 위해 특별히 장계(狀啓)를 올렸지만, 조정에서 결국 등용하지 않았고 공 또한 당세에 대한 뜻이 없었다. 임천(林泉)으로 물러나 지내면서 오직 경전을 익히며 스스로 즐겼고, 평소 아름다운 산수를 애호하여 매번 뛰어난 경관을 볼 때면 시를 읊조리며 돌아가기를 잊었다. 유연(悠然)히 자득한 정취는 사람들마다 알 수 있는 것이 아니었으나, 공이 마음속에 감춘 채 쉽게 말하지 않았고, 또한 일

41 절사(絶四) : 공자가 끊어 낸 네 가지 마음을 말한다. 《논어》 〈자한(子罕)〉에 "공자는 네 가지 마음이 전혀 없었으니, 사사로운 마음이 없었고 기필하는 마음이 없었으며, 고집하는 마음이 없었고, 자신을 내세우는 마음이 없었다.〔子絶四, 毋意, 毋必, 毋固, 毋我.〕"라고 하였다.

찍이 문장으로 드러내지도 않더니, 나이 겨우 60세에 결국 가슴에 품고서 세상을 떠나셨다. 다만 유고 약간 편이 집에 소장되어 있으니 어찌 개탄할 만하지 않은가.

공의 휘는 계선(繼善), 자는 효칙(孝則), 옥천 전씨(沃川全氏)이니, 고려조 동정(同正)을 지낸 학준(學俊)이 그 시조이다. 대대로 효우(孝友)로써 서로 전해졌으니, 문과 출신으로 부사(府使)를 지낸 휘 명룡(命龍) 호 영서(瀬西)에 이르러 나의 선조 문장공(文莊公)의 문하에서 종유하였으니, 이분이 공의 조부이다. 부친은 휘 시하(始夏)이고 통덕랑(通德郎)을 지냈다. 모친은 공인(恭人) 안동 이씨(安東李氏)이니, 사인(士人) 응명(應蓂)의 따님이다. 전배(前配)는 하빈 이씨(河濱李氏)이니 통덕랑 태하(泰夏)의 따님이다. 후배(後配)는 풍천 임씨(豐川任氏)이니 사인(士人) 중원(重遠)의 따님이다. 아들은 5명이니, 여순(汝錞), 여해(汝鍇), 여기(汝錡), 여정(汝錠), 여현(汝鋧)이다.

공은 일찍이 서재(書齋)의 편액을 '정헌(靜軒)'이라 하였다가 중년에 '청천(聽天)'으로 바꾸었다. 모친을 순양(順陽) 곡남(谷南)에 장사 지낼 때, 후동(後洞)에 작은 여막을 짓고 소나무·국화·매화·대나무 등을 줄지어 심어 그 속에서 지내며 인하여 '곡남(谷南)'이라 편액하여 돌아가신 어머니에 대한 그리움을 깃들이고 고요하게 여생을 보냈다. 비록 자주 끼니를 걸렀지만 편안하게 여겼으니, 권공이 공을 위해 지어 준 시에 고반(考槃)과 석인(碩人)[42]이라는 말이 있었다.

42 고반(考槃)과 석인(碩人) : 산림에 은거하며 안빈낙도(安貧樂道)하는 삶을 뜻

공이 병들어 누워 지내다 위독해졌을 때에 선조의 기일(忌日)이라 하여 육식(肉食)을 사양하며 진상하지 못하게 하니, 논하는 이들이 역책(易簀)[43]하는 것과 같은 뜻이라고 하였다. 공과 같은 분은 거의 세상을 피해 숨어 살면서도 근심이 없었던[44] 자이고, 또 종신토록 사모하고[45] 바른 도리를 얻어서 죽었던[46] 군자에 가깝지 않겠는가. 나는 늦게 태어난 자로서 행장 짓는 일을 진실로 감당할 수 있는 바가 아니지만, 다만 평소에 공을 사모하며 상상하

하는 말이다. 《시경》 위풍(衛風) 〈고반(考槃)〉에, "고반이 시냇가에 있으니, 석인의 마음이 넉넉하도다.〔考槃在澗, 碩人之寬.〕"라고 하였다.

43 역책(易簀) : 스승이나 현인의 임종 시에 대자리〔簀〕를 바꾸어 까는 행위를 말한다. 증자(曾子)가 병환 중에 대부(大夫)의 신분에 걸맞은 화려한 대자리를 깔고 있었는데, 임종할 당시 자신의 분수에 맞지 않는다고 하여 제자들로 하여금 대자리를 바꾸게 하고 죽은 데서 유래한 말이다. 《禮記 檀弓上》

44 세상을……없었던 : 원문 '돈세무민(遯世無悶)'의 풀이로, 《주역》 〈건괘(乾卦) 문언(文言)〉에 "세상을 피해 숨어 살면서도 근심이 없고, 남의 인정을 받지 못해도 고민하지 않아, 즐거운 세상이면 행하고 걱정스런 세상이면 떠나가서, 뜻이 확고해서 뽑을 수 없는 것이 잠룡이다.〔遯世无悶, 不見是而无悶, 樂則行之, 憂則違之, 確乎其不可拔, 潛龍也.〕"라고 하였다.

45 종신토록 사모하고 : 평생 부모를 사모하는 효자를 의미한다. 《맹자》에, "대효는 종신토록 부모를 사모하니, 나이 오십이 되어서도 사모했던 경우를 나는 위대한 순임금에게서 보았다.〔大孝, 終身慕父母, 五十而慕者, 予於大舜見之矣.〕"라고 하였다. 《孟子 萬章上》

46 바른……죽었던 : 임종 때까지 바른 도리를 지키다 죽는 삶을 의미한다. 증자(曾子)가 이르기를 "군자는 사람을 사랑하는 데에 덕으로써 하고, 소인은 사람을 사랑하는 데에 구차히 편안함만 취하는 것으로써 한다. 내가 무엇을 요구하겠느냐. 나는 바른 도리를 얻고 죽으면 그만이다.〔君子之愛人也以德, 細人之愛人也以姑息. 吾何求哉? 吾得正而斃焉, 斯已矣.〕"라고 한 데서 온 말이다. 《禮記 檀弓上》

였었고, 또한 정의(情誼)가 두터웠기에 사양할 수 없었다. 이에 마침내 공의 유사를 살펴보고 이상과 같이 기록하여 붓을 잡을 이의 채택에 대비한다.

동계 처사 월성 최공 행장

東溪處士月城崔公行狀

대산(大山) 이 선생(李先生 이상정(李象靖))의 고제(高弟) 동계 처사(東溪處士) 최공은 휘(諱)는 주진(周鎭), 자는 공보(公普)이며, 백불암(百弗庵 최흥원(崔興遠)) 선생의 맏아들이다. 경종(景宗) 갑진년(1724, 경종4) 모월 모일에 태어나, 40세가 되던 영조(英祖) 계미년(1763, 영조39) 모월 모일에 세상을 떠났다. 세상을 떠나고 30여 년 뒤 공의 아들 식(湜)이 공의 유사(遺事)를 가지고 와 나에게 보여 주며 행장을 지어 달라고 부탁하였다. 나는 진실로 공을 사모한 지 오래되었고 식은 또 나의 사위이기에, 마침내 사양치 않고 다음과 같이 쓴다.

공은 자태가 훤칠하고 낯빛이 수려하였으며, 체구 또한 건장하여 헌걸찬 장자(長者)의 풍도를 지녔다. 어릴 적부터 총명함이 무리에서 빼어났고 돈후함이 타인을 넘어섰다. 백불암공은 자제들을 매우 엄격하게 다스려 조금이라도 의로운 방도를 어길 때면 번번이 경계하며 꾸짖었고, 대산옹은 영재를 즐거이 육성하여 유학을 흥기시키는 것을 자신의 임무로 여겼다. 공은 이러한 집안에서 성장하고 이러한 가문에서 종유하였으니, 집 안에서의 시례(詩禮)의 가르침과 집 밖에서의 훈도의 교화가 이미 덕업과 기량을 양성하기 충분하였고, 공 또한 뜻을 세운 것이 매우 확고하고 공력을 쓴 것이 또한 지극하였다. 모든 성현의 말씀에 기뻐하지 않은 바가 없었고, 더욱이 사서(四書)와 《심경(心經)》·《근사록(近思錄)》·

《주자서절요(朱子書節要)》 등을 좋아하여 젖어 들어 반복해 읽으면서 반드시 뜻을 분명하게 이해한 이후에 그만두었다. 또 이를 자신의 몸으로 돌이켜서 행동하고 말하는 사이에서 실천하였다.

글로써 넓히고 예로써 실천하는[47] 데에 모두 그 공력을 다하며, 이에 마음에 새겨 잃지 않았던 것은 오로지 '경(敬)' 한 글자에 있었다. 일찍이 공이 자득했던 것을 대산 선생에게 가서 질문하여 인정받았고, 또 사칠논변(四七論辯)[48]과 인설(仁說)[49]에 대해 자세하게 분석하여 절실하게 체득하였으며, 간간이 성호(星湖) 이익(李瀷) 공을 찾아뵈어 질문하고 논란하였다. 무릇 새로 익힌 것이 있으면 모두 스승에게 질문하여 그 시비를 바로잡았으니, 이에 이치에 이른 것이 더욱 정밀해지고 덕에 나아가는 것이 더욱 용맹해졌다. 덕업을 충양(充養)하는 것을 오래한 뒤 기상이 완전하고 순수해져서, 말을 하고 일을 처리함에 의리로부터 흘러나오지 않은 것이 없었으니, 이를 보는 사람들이 '군자다운 선비〔君子儒〕'라고 일컫지 않음이 없었고, 대산옹이 기대하는 바는 여러 문인 가

47 글로써……실천하는 : 원문 '박문약례(博文約禮)'에 대한 풀이로, 《논어》 〈옹야(雍也)〉에 "군자가 글로써 넓히고 예로써 실천한다면 또한 도에 크게 어긋나지 않을 것이다.〔君子博學於文, 約之以禮, 亦可以弗畔矣夫.〕"라고 하였다.

48 사칠논변(四七論辯) : 이황의 이기론(理氣論)에 대해 기대승(奇大升)이 이의를 제기하는 편지를 써서 서로 논쟁한 일로, 이른바 '퇴고사칠논쟁(退高四七論爭)'을 의미한다. 정지운(鄭之雲)이 지은 〈천명도설(天命圖說)〉의 내용에 수긍하기 곤란한 점을 발견한 기대승이 이황에게 이의를 제기한 후 7년간 서신으로 논쟁이 이어졌다.

49 인설(仁說) : 퇴계 이황의 〈성학십도(聖學十圖)〉 가운데 제7도 인설도(仁說圖)를 의미한다.

운데 공이 으뜸이었다. 어느 날 먼 길을 가다가 말에서 떨어져 넓적다리를 다쳐 몇 년간 신음하다 결국 돌아가셨으니, 아, 슬프도다! 어찌 운명이 아니겠는가.

공은 3, 4세 때에 백불암공이 나무를 바둑알 크기로 깎아 백여 개의 조각을 만들어 각각에다가 한 글자씩 써서 가르치니, 공이 이를 주머니에 넣거나 어깨에 메고 다니며 가는 곳마다 글자를 읽으며 익혔다. 6, 7세 때에 이미 글귀를 지을 줄 알았는데 이따금 옛 법식을 본받아 사람들을 놀라게 했다. 11세에 백불암공이 부친상을 당하여 영침(靈寢)에서 혼정신성하였는데, 공은 일을 더욱 신중히 하여 두려워하거나 꺼리는 마음이 조금도 없었다. 17세에 모친상을 당하였을 때 관(棺)의 한쪽 나뭇결이 측백나무에 가까워 보였다. 공은 목재가 순정치 못하다는 이유로 매일 조석곡(朝夕哭)을 할 때마다 관을 부여잡고 더욱 애통해하니, 백불암공이 그의 지극한 효성을 어여삐 여겨 비록 그것이 측백나무인지 판결되지도 않았지만 다른 목재로 바꾸었다.

장례를 지낸 뒤 백불암공이 이전에 익혔던 《시전(詩傳)》을 읽게 하자, 공이 《시전》은 낭송하는 책이라 상중에는 마땅치 않다 하여 이를 놓아두고 《서전(書傳)》을 읽었다. '기삼백(朞三百)' 장에 이르러서는 사우(師友)들의 도움을 기다리지 않아도 구고술(勾股術)[50]로 노숙한 학자처럼 이해하였고, 〈우공(禹貢)〉의 산수

50 구고술(勾股術) : 구장(九章) 산술의 한 종류로서 수학(數學)을 의미한다. 원래 직각 삼각형에서 직각을 낀 두 변 가운데 짧은 변을 구(勾), 긴 변을 고(股)라 하고, 빗변을 현(弦)이라 하여 사물의 고심(高深)·광원(廣遠)을 계산하는 방식을 가리킨다.

(山水)에 대해서는 한번 읽고서 그 근원과 산맥을 환하게 기억하여 책을 덮은 채 한 치의 오차도 없이 땅에 그려 내었다. 육예(六藝)에 관한 모든 종류와 예악(禮樂)에 대한 제도와 규범에 대한 것 등 사람들이 이해하기 어려워하는 것을 모두 마음으로 터득하여 손으로 모사해 내는 데에 여유가 있었다. 이에 앞서 사교(沙橋)에 사는 조선적(曺善迪)[51]에게 배운 적이 있었다. 공은 그 문하에서 배운 것으로 만족하지 않고 상을 치른 뒤 마침내 대산 선생에게 책상자를 지고 가서 학업을 청하였으니, 그의 재성(才性)과 지기(志氣)가 어릴 적부터 남들보다 빼어남이 이와 같았다.

공의 효성(孝誠)은 천성에 근본한 것이어서 오직 어버이의 뜻을 순종하는 것을 마음으로 삼았다. 하루는 우연히 닭장을 지나가다가 닭장 문을 닫았더니, 백불암공이 곧장 종을 시켜 공을 뜨락에 엎드리게 하고는 죄를 따지며, "내가 너에게 이곳을 단속하게 한 적이 있었더냐."라고 하였다. 공은 이때부터 더욱 조심하여 다시는 잗다란 일로 어버이에게 꾸지람을 듣지 않았다. 30세가 된 뒤로 비로소 부친의 명을 받들어 아버지 대신 집안일을 맡았는데, 질책하는 소리가 노비들에게 이른 적이 없었고 크고 작은 모든 일을 관리하지 않음이 없었다. 집안일을 다스림이 매우 치밀하여 온갖 물품이 다 구비되었으나, 항상 스스로 조용하게 처리하여 마

51 조선적(曺善迪) : 1697~1756. 본관은 창녕(昌寧), 자는 중길(仲吉), 호는 치재(恥齋)이다. 지산(芝山) 조호익(曺好益)의 5세손으로, 영천(永川)의 사교(沙橋)에 살았다. 저서에 《치재집(恥齋集)》이 있다.

치 경영하는 일이 없는 듯 하였고, 책을 읽고 이치를 강론하는 일이 조금도 끊긴 적이 없었으니, 이는 모두 부친의 명을 따랐던 까닭이다. 부친이 삶은 계란을 좋아하셨던 까닭에, 일찍이 병중에 닭을 길러 계란을 가져다가 자신의 힘으로 진상하되 반드시 조모보다 먼저 올렸다. 백불암공은 모친에게만 마음을 쏟고자 계란을 물리며 먹지 않았는데, 공이 죽은 뒤 백불암공은 공이 생전처럼 계란을 진상하면서 근심하는 기색이 얼굴에 가득한 꿈을 꾸었으니, 이 또한 기이한 일이다.

공은 잇달아 여덟 명의 딸을 낳았다. 당시 아들이 없었지만 걱정스런 기색을 띠지 않았고, 매번 막 해산할 즈음이 되면 시비(侍婢)에게 따로 명하여 마음을 다해 간호하도록 하였다. 일찍이 "여자의 현부(賢否)는 집안의 흥망과 관계된다."라고 하면서, 모든 딸에게 《내훈(內訓)》과 〈열녀전(列女傳)〉 등의 글을 손수 적어 주면서 외워 익히며 실천토록 하였다. 때문에 딸들은 시집을 간 뒤에도 명성과 칭송이 모두 성대하여 모두들 '현숙한 부녀자'라고 칭송하였다. 공은 여동생에 대한 사랑이 매우 돈독하여, 시집가기 전에는 보살펴 주고[52] 시집간 뒤에는 안부를 묻고 물건을 보내 주었으니, 어머니가 막내딸에게 하는 것과 다름이 없었다.

동당(同堂) 내에 화목한 기운이 훈훈하였다. 종숙(從叔)이 의

52 보살펴 주고 : 원문 '구유(呴濡)'의 풀이로, 애처롭게 여기며 살뜰이 보살펴 주는 것을 의미한다. 《장자(莊子)》 〈대종사(大宗師)〉에 "물이 바짝 말라 물고기들이 땅바닥에 처하게 되면, 서로들 김을 내뿜어 축축하게 해 주고 서로들 거품으로 적셔 준다.〔泉涸, 魚相與處於陸, 相呴以濕, 相濡以沫.〕"라고 하였다.

지할 데가 없어 백불암공에게 의탁하고 있었는데, 공과 나이가 같았지만 공은 엄부형을 모시듯 섬기며 더욱 정성껏 봉양하였다. 장공예(張公藝)의 백인자(百忍字)[53]로 종족을 대하여, 비록 성낼 만한 일이 있더라도 일절 따지지 않았고, 굶주리고 추위에 떠는 이들을 두루 구휼해 주어 친소를 막론하고 각각 마음을 다하였다. 사람을 대하고 사물을 접하는 것이 모두 진심에서 나와 행의(行誼)와 충신(忠信)이 고을에서 드러났으니, 뭇사람들이 흡족해하며 기쁜 마음으로 복종하였다.

모친의 묘를 이장하기 위해 일찍이 수천 동(銅)을 다른 사람에게 맡긴 적이 있었는데, 하루는 그 사람이 와서 "흩어져 버려 거둬들일 수가 없습니다."라고 하였다. 그러나 공은 깨진 시루[54]로 대하면서 조금도 한스러워하는 뜻이 없었다. 백불암공이 공의 뜻을 시험해 보고자 불러서 묻기를, "이 재물은 너에게 관계되는 것인데, 저 사람이 잃어버렸다고 말했다 하여 어찌 반드시 그런 줄 알고 이처럼 듣고 믿어 버리는 것이냐."라고 하였다. 공이 곧 말

53 장공예(張公藝)의 백인자(百忍字) : 당(唐)나라 때 9세가 한집에 살며 화목하게 살았던 장공예가 인자(忍字)를 백 번 썼다는 고사를 말한다. 장공예의 집을 고종(高宗)이 친히 찾아가 화목하게 지내는 비결을 물으니, 그가 지필(紙筆)을 청한 뒤 참을 인(忍) 자를 일백여 번 썼다고 한다. 《舊唐書 張公藝》

54 깨진 시루 : 원문 '파증(破甑)'에 대한 풀이로, 돌아볼 가치가 없는 물건을 뜻한다. 《후한서(後漢書)》 〈곽태전(郭泰傳)〉에, 맹민(孟敏)이라는 이가 태원(太原)에서 객살이하던 중 시루를 등에 매고 가다가 땅에 떨어뜨렸는데 뒤도 돌아보지 않고 그대로 가 버렸다. 이를 본 임종(林宗)이 그 이유를 묻자, 맹민이 대답하기를, "시루가 이미 깨졌으니 돌아본들 무슨 유익함이 있겠습니까.〔甑以破矣, 視之何益.〕"라고 한 데에서 유래한다.

하길 "처음에 저 사람을 믿을 만하다고 여겨 맡겼던 것이니, 지금 이 일 때문에 믿지 않고 의심해 버린다면 사람을 대하는 태도가 아닙니다. 또한 비록 저에게 관계되는 바가 있긴 하나 또한 재물일 뿐이니, 어찌 재물로 사람을 의심할 수 있겠습니까."라고 하였다. 백불암공은 흡족해하며 기뻐하였다.

공은 세상을 다스리고 백성을 구제할 재주를 지니고서도 당세에 시행할 수 없었지만, 평소에 계획을 내고 생각을 발휘해 내는 것들은 모두 원대하였다. 백불암공이 선대 및 후학과 백성들을 위해 베푼 것이 매우 많았는데 공이 이를 도와 부친의 뜻을 이루었으니, 예컨대 보본당(報本堂)·강학재(講學齋)·선공고(先公庫) 등의 건립이 모두 여기에 해당한다. 농연정(聾淵亭)의 경우는 공의 6대조 대암공(臺巖公)이 머물며 공부했던 곳이니, 산수 경관이 뛰어났지만 중간에 황폐해진 지 너무 오래되었기에 백불암공이 특별히 중수하였고 공 또한 함께 힘을 쏟았다. 인하여 꽃과 대나무를 심고 단(壇)과 연못을 만들어 단장해 꾸몄다. 함궐(銜橜)[55]의 재앙을 당해 병으로 운신할 수 없게 되자, 평소의 지업(志業)을 다시 펼칠 가망이 없었다. 백불암공은 공에게 농연정으

55 함궐(銜橜) : 궐(橜)은 말이 무는 재갈을 뜻하는데, 말이 성을 내어 재갈이 벗겨지고 거마가 전복되는 위태로운 상황을 의미한다. 《사기(史記)》 〈사마상여열전(司馬相如列傳)〉에, 사마상여가 사냥을 좋아하는 무제(武帝)에게 부(賦)를 지어 간한 말에, "길을 깨끗이 소제한 다음 행하고, 법에 알맞게 말을 몬다 하더라도 오히려 때로는 함궐의 변이 있습니다.〔且夫清道而後行, 中路而後馳, 猶時有銜橛之變.〕"라고 하였다. 최주진은 실제로 말에서 떨어져 넓적다리를 다쳐 몇 년간 신음하다 결국 세상을 떠났다.

로 들어가 지내면서 편의에 따라 병을 조섭토록 하였고, 또 거문고 한 채와 학 한 마리를 건네주면서 여기에 정취를 깃들이고 즐거움을 붙이도록 하였다. 공은 이로부터 세상일에 마음을 끊고 조물주에게 운명을 맡긴 채, 쉬는 여가에는 오직 도서를 읽고 성령(性靈)을 기르는 것을 고요한 가운데에서의 공부로 삼으며 세월을 보냈다. 존양(存養) 성찰(省察)로 정진하는 공부가 이에 더욱 심원해졌으니, 이는 무궁한 맛이 그 가운데에 있었던 것이다.

때문에 대산옹이 공에게 편지를 보내면서 "장자(莊子)가 이른바 발보다 중요한 것이 남아 있다〔尊足者存〕[56]라고 한 것은, 비록 우언(寓言)에 가깝지만 또한 달관한 논리이다. 주자(朱子)가 존양(存養)을 전일하게 했던 까닭에 일찍 시력을 잃었을 때가 이른 시기가 아니었음을 한스러워하였으니,[57] 공은 오늘 팔뚝을 부러뜨려 의사가 되었구나."[58]라고 하였다. 공이 세상을 떠나자 또 애통

56 발보다……있다 : 존족(尊足)이란 발보다 중요한 것, 즉 하늘로부터 받은 본성을 의미한다. 《장자(莊子)》 〈덕충부(德充符)〉에서, 죄를 짓고 형(刑)을 받아 발이 잘린 숙산무지(叔山無趾)가 공자를 찾아가 배우기를 청하면서 "지금 제가 온 것은 아직 발보다 중요한 것이 남아 있어서이니, 저는 이 때문에 그것을 온전히 하는 데 힘쓰고자 합니다.〔今吾來也, 猶有尊足者存, 吾是以務全之也.〕"라고 하였다.

57 주자(朱子)가……하였으니 : 원문 '맹폐(盲廢)'는 시력을 잃어 폐인이 되는 것으로, 신체적 불편이 오히려 학업에 도움이 되었음을 의미한다. 주자가 반숙도(潘叔度)에게 답한 편지에서 "눈을 감고 고요히 앉아 있으면 오히려 방심(放心)을 수습할 수 있어서 전날 바깥으로 향해 치닫던 마음이 적지 않았다는 것을 깨닫게 되니, 시력을 잃은 것이 이른 시기가 아니었던 것이 자못 한스럽습니다.〔瞑目閒坐, 却得收拾放心, 覺得日前外面走作不少, 頗恨盲廢之不早也.〕"라고 하였다. 《朱子大全 卷46 答潘叔度》

58 팔뚝을……되었구나 : 험난한 일이나 어려운 점은 직접 경험해 봐야 익숙히 잘

해하고 안타까워하기를 마지않으며 말하기를, “이 사람의 불행은 곧 유학(儒學)의 불행이다. 그의 언행을 기술하고 그의 시문을 모아 당대 문필가에게 한마디 글을 청하여 황천의 영혼을 위로하는 일을 그만둘 수 없다.”라고 하였다. 공은 순수한 자품, 정대한 학술, 독실한 행실로 선배들의 추중과 기대를 받은 것이 이와 같은 데에 이르렀건만, 하늘은 곧 그 몸을 궁하게 하고 또 그 수명을 단축시켜 막 나아가려던 공업(功業)을 그 지극한 경지에 나아가지 못하게 하였다. 죽은 지 40년이 채 되지 않았는데도 그 그림자와 울림이 또한 거의 잠겨 끊어지려 하는 것은 어째서인가. 아, 슬퍼할 만하구나.

최씨는 선계(先系)가 월성(月城)에서 나왔으니, 신라 평장사(平章事) 항(沆)이 그 시조이다. 대암공 휘 동집(東𡼏)은 한강(寒岡) 정 선생에게 배웠고 대군사부(大君師傅)를 지냈으며, 그 아들 휘 위남(衛南)은 생원을 지냈다. 그 뒤 휘 경함(慶涵)은 선교랑(宣敎郎)을 지냈고, 수학(壽學)은 감찰을 지냈으며, 정석(鼎錫)은 통덕랑을 지냈으니, 이들은 공의 고조·증조·조부이다. 백불암공은 휘 흥원(興遠)이니 유일(遺逸)로 익찬(翊贊)을 지냈고 좌승지(左承旨)에 증직되었다. 모친은 일직 손씨(一直孫氏)이니, 절도사 명대(命大)의 따님이고 숙부인(淑夫人)에 증직되었다. 공의 묘소

알 수 있다는 뜻이다. 춘추 시대 진(晉)나라의 신하 범길사(范吉射)와 순인(筍寅)이 자신들을 제거하려 했던 진 정공(晉定公)에게 역공을 가하려고 하였는데, 역시 자신의 군주를 제거하려다가 실패하여 진나라에 망명해 와 있던 제(齊)나라의 고강(高彊)이 두 사람을 만류하며 말하기를 “세 번 팔이 부러져 봐야, 좋은 의사가 되는 줄 알 수 있다.〔三折肱, 知爲良醫.〕”라고 하였다. 《春秋左氏傳 定公13年》

는 광동(廣洞) 아무개 방향 언덕에 있다.

배위(配位)는 풍산 유씨(豊山柳氏)이니, 겸암공(謙巖公) 운룡(雲龍)의 후손이고, 사인(士人) 영(泳)의 따님이다. 1남 5녀가 있으니, 아들은 곧 식(湜)이고, 딸은 이종우(李宗愚), 박한탁(朴漢倬), 김창운(金昌運), 손응로(孫應魯), 김준광(金俊光)에게 각각 시집갔다. 식은 1남이 있으니 나의 외손이다.

나의 뛰어나지 않은 글재주로 어찌 공의 행장을 지을 수 있겠느냐마는 다만 서술한 내용이 하나도 실제의 행적 아님이 없으니, 붓을 잡을 이가 혹 기꺼이 여기에 근거하여 한마디 할는지 모르겠다.

효자 십우처사 고령 신공 행록
孝子十友處士高靈申公行錄

효자는 휘(諱)가 호(浩), 자는 양숙(養叔), 성은 신씨(申氏)이니, 선계(先系)는 고령(高靈)에서 나왔다. 졸재(拙齋) 선생 휘 식(湜)의 현손이고, 나의 선조 문장공(文莊公) 우복(愚伏) 선생의 외현손이자 고조 자의공(咨議公) 휘 도응(道應)의 외손이다. 그 증조 휘 득자(得滋)는 군수를 지냈고 좌승지(左承旨)에 증직되었으며, 조부 휘 행(涬)은 유일(遺逸)로 동몽교관(童蒙敎官)에 배수되었고, 부친 휘 강제(康濟)는 지극한 행실이 있어 부모상에 모두 죽을 먹으며 삼년상을 지냈다.

효자는 숙종 병인년(1686, 숙종12) 정월 초열흘날에 태어났다. 태어나 겨우 한 돌이 되었을 무렵, 모친이 세상을 떠나 외조모 유씨(柳氏)에게 양육되었다. 어릴 때부터 지극한 성품을 지니고 있었으니, 4, 5세에 어머니가 돌아가신 줄 이미 스스로 알아, 곁에 있던 아이가 어미를 부르는 소리를 들을 때면 곧 슬퍼하면서 부르짖으며 눈물 흘렸다. 조금 장성해서는 더욱 그 애통함을 견디지 못하여 16세에 이르러 즉시 추상(追喪)[59]을 행하기로 마음먹고 어머니의 기일(忌日)에 생선·육고기·채소·과일 등을 사양하였고, 매번 밥 먹을 때마다 오직 흰 소금만 먹었다. 집안사람들이 이상

59 추상(追喪) : 상을 당했을 당시에 특별한 사정이 있었거나 어려서 상주 노릇을 하지 못했을 경우, 나중에 추급하여 복상(服喪)하는 것을 말한다.

하게 여기며 이유를 물으니, 말하기를, "저의 식성이 갑자기 변해서 그러한 것입니다."라고 하였다. 오랜 뒤에야 집안사람들이 곧 그의 뜻을 알아챘고, 부형이 그에게 병이 생길까 두려워 이를 극력 저지하였다. 효자가 눈물을 줄줄 흘리며 말하기를, "저의 지극한 애통함을 조금이나마 펼쳐 내게 해 주시길 바랍니다."라고 하니, 부형 또한 애달피 여기며 그렇게 하도록 두었다. 겨우 3년이 지나 외조모의 상을 당하여 양육받았던 은혜로 또한 외조모를 위해 심상(心喪) 3년을 행하였으니, 이전과 이후의 상을 치르는 도합 6년 동안 하루같이 소식(素食)을 행하였다.

잇달아 또 그의 누이가 남편을 잃어 흙바닥에서 살며 음식을 먹지 않고 남편을 따라 죽을 것을 자신의 본분으로 여겼다. 효자는 부친의 명으로 누이에게 가서 간호하며 온갖 방법으로 달래고 회유해 보았지만, 끝내 마음을 되돌릴 수 없었다. 이에 효자 또한 누이를 위해 흙바닥에서 살며 음식을 먹지 않았고, 반드시 누이의 마음이 움직인 후에 그만두리라 기약하였다. 때는 여름철이었지만 이와 같이 한 6개월 동안 쌓인 상처가 이미 심해져, 결국 치료하기 어려운 병에 걸리고 말았다.

얼마 있지 않아 또 계비 이씨의 상을 당하여 사모하면서 울부짖으며 혼절하였지만, 신병(身病)이 있다는 이유로도 집상의 예를 조금도 느슨하게 행한 적이 없었다. 무더운 여름에도 최질(衰絰)을 벗지 않고 하루 종일 곡읍(哭泣)을 그만두지 않았으며, 죽을 먹을 때에도 오직 흰 소금만으로 먹을 뿐이었다. 이 때문에 증상이 날로 심해져 치료할 수 없어 경인년(1710, 숙종36) 7월 12일에 마침내 돌아가셨으니, 누린 해는 겨우 25년이다. 이같이 지극한 효성으로도 하늘로부터 도움받지 못했던 것은 어째서인가.

효자는 병들기 전에는 한결같이 부친의 뜻을 순종하는 것을 마음으로 삼아 비록 몹시 어려운 일이라 해도 오직 부친의 명에 따라 지극한 정성으로 즐겨 행하였고, 병에 걸린 후에도 심해지기 전에는 그렇게 하였다. 병세가 심해진 뒤 부친의 명으로 처가에 가서 약을 복용하였는데, 처가에서 만약 바다와 뭍에서 나는 맛난 음식을 볼 때면 차마 먼저 먹지 않았고, 주가(主家)에서 그를 위해 심부름꾼을 보내 음식을 부친에게 보내 주면, 또한 가는 길과 날짜를 계산하여 반드시 심부름꾼이 도착한 뒤에야 비로소 먹었으니, 한 숨이 겨우 남아 있던 중에도 그 효심이 불타오른 것이 이와 같았다.

효자는 자품이 맑고 고상하여 올바른 사람이 아니면 교제하지 않았다. 서책에 있어서는 《옥호빙(玉壺氷)》[60]을 매우 좋아하여 순장(殉葬)하라는 유언을 남길 정도였고, 그 외 〈이소경(離騷經)〉 등 애송하는 글 6편과 아름다운 산〔佳山〕, 수려한 시내〔麗水〕, 맑은 바람〔淸風〕, 밝은 달〔明月〕 등을 합하여 '열 가지 벗〔十友〕'으로 삼아 이로써 자호하였으니, 그의 시원스러운 심회를 또한 어찌 여기에서 상상해 볼 수 있지 않겠는가. 차령(車嶺) 모향 언덕에 장사 지냈고, 배위(配位) 고성 이씨(固城李氏)가 부장(祔葬)되어

60 옥호빙(玉壺氷) : 명(明)나라 도목(都穆, 1458~1525)이 한나라부터 명나라 초까지의 여러 전적 중에서 고사(高士)의 행실과 관련된 문장을 가려뽑아 편록해 놓은 책이다. 총 72조의 짤막한 문장들로 이루어져 있으며, 채록 대상 시기로는 송대가 37조로 전체의 절반 이상을 차지한다.

있다. 사자(嗣子) □주(□柱)는 진주 유씨(晉州柳氏)에게 장가들어 아들 하나를 두었으니, 일권(一權)이다.

내 일찍이 효자의 형 석남공(石南公)의 유사(遺事)를 열람했을 적에 그 가운데 수록된 효자에 대한 한두 건의 일화를 보고서 본래 지극한 행실이 있었음을 알았다. 하루는 일권 씨가 나에게 효자에 대한 행록을 지어 달라고 청하면서, "조부께서 돌아가셨을 때 고을 인사들이 통문(通文)을 발행하고 글을 올려서 조정에 알려져 정표(旌表)가 내려지기를 도모하였으나 아직 실현되지 못했습니다. 지금은 사적이 오래되어 거의 없어지려 하고, 저 또한 노쇠함이 이와 같으니 하루아침에 갑자기 죽게 된다면 누가 다시 이 사실을 알 수 있겠습니까. 바라건대 그대가 한 말씀 해 주시어 후세에 믿을 만한 사실을 전할 수 있게 해 주십시오."라고 하였다.

나는 다음과 같이 생각하였다. 효자는 곧 우리 집안에서 난 외손이고, 그 선대의 두터운 덕과 깊은 어짊은 또한 다른 사람보다 매우 뛰어나니, 전대의 광영이 배태됨에 진실로 이같이 비범한 사람이 있는 것은 마땅하다. 그런데 혹자는 효자의 마음씀이 너무 지나쳐 끝내 그 생명을 훼손시켜 죽는 데에 이르렀다는 점에서, '성인(聖人)의 가르침에 어긋남이 있어서 후세의 법도가 될 수 없다.'라고 여겼으니 이는 진실로 그러하다. 불초함이 심하여 자신의 몸이 있는 줄만 알고 어버이가 있는 줄은 알지 못하며, 타인의 은혜를 받고서도 곧장 잊어버리며, 자신과 같은 근심을 보고서도 태연하게 여기며 근심하지 않는 자와 비교해 본다면, 어찌 하늘과 땅처럼 크게 차이가 나지 않겠는가. 요즘 같은 부박한 시속에서 만약 효자의 행실을 듣게 된다면, 마음속으로 부끄러워하며 경계로 삼을 점이 또한 어찌 슬픔을 절제하고 목숨을 보전하면서 알맞은 예제를 따르는 군자보다 배로 많지 않겠는가. 나는 이 때문에 이상과 같이 차례로 서술하여 세상에서 명교(名敎)를 맡은 이가 혹 채택하여 칭송하고 드러내길 바라노니, 그렇게 된다면 풍성(風聲)을 세워 당세를 면려하는 데에 도움되는 바가 적지 않을 것이다.

흥양 이군 행록
興陽李君行錄

군은 이름이 국배(國培), 자는 충언(忠彦), 성은 이씨(李氏)이니, 그 선대는 흥양인(興陽人)이다. 고려 초에 휘 언린(彦林)이 처음 생원에 입격하였고, 그 손자 휘 양승(陽升)에 이르러 상장군(上將軍) 김취려(金就礪) 휘하의 장수로서 위주(渭州)에서 거란병을 방어하며 힘써 싸우다 죽었고, 이후 조선조에 들어와 대대로 명예와 지위를 누린 이가 있어 나라의 저명한 성씨가 되었다. 월간(月澗) 선생 휘 전(㙉)에 이르러 아우 창석(蒼石) 선생 휘 준(埈)과 함께 서애(西厓) 유성룡(柳成龍) 선생을 섬겨 도산(陶山 이황(李滉))의 서업을 들었고, 유일(遺逸)로 천거되어 관직이 현감(縣監)에 이르렀으니, 군에게 7대조가 된다. 6대조 휘 일규(一圭)는 사축(司畜)을 지냈고, 5대조 휘 재박(在博)은 호가 삼휴당(三休堂)이다. 증조는 휘 증수(增秀), 조부는 휘 필원(必遠), 부친은 휘 곤형(坤亨)이다. 모친은 여주 이씨(驪州李氏)이니, 호우공(湖憂公) 환(煥)의 후손이고, 학생 아무개의 따님이다.

군은 원릉 기묘년(1759, 영조35) 모월 모일에 태어났다. 어릴 때부터 단중(端重)하여 장난을 좋아하지 않았고, 항상 장자(長者)의 슬하에서 오직 신중하게 일을 수행하였다. 품성이 총명하고 사리를 잘 분변하여, 이미 학업에 들어간 뒤로 스승이 수고를 들이지 않아도 식견이 날로 진보하였다. 8세에 부친상을 당하였을 때 슬퍼하다 몸을 훼손하였고, 질대(絰帶) 차림을 하고 빈소(殯所)를 지킨 것이 어른의 행실과 같았으니, 보는 이들이 모두 훌륭하게 여겼다. 12세에 조고상(祖考喪)을 승중(乘重)할 때에 전(奠)을 올리고 난 틈이면 오직 《소학》에 잠심하였다. 삼년상을 치른 뒤 군은 더욱 스스로 각고의 노력을 하여 학식을 기르고 문재를 쌓는 데에 오직 미치지 못할까 두려워하였다. 진퇴할 때의 행동거지는 규범을 따르는 데에 힘썼으니, 그 재주와 행실에 진취할 가망이 아주 많았다. 16세에 우리 집안으로 장가들어 중부 창주공(滄洲公) 휘 의모(義模)의 사위가 되었다.

군의 자태는 옥처럼 깨끗하고 얼굴은 그려 놓은 듯 수려하였다. 내가 군을 매우 아꼈기에, 일찍이 차분하게 군에게 말하기를, "우리 유자들의 학문은 비록 기질을 변화시킨다고는 하지만, 결국 타고난 자질이 좋아야 바야흐로 쉽게 성취할 수 있으니, 군은 어찌 스스로 힘써서 집안의 명성을 능히 계승하지 않겠는가."라고 하였다. 군은 그럴 능력이 없다며 겸손하게 사양하였지만, 그 뜻을 살펴보건대 실로 즐거이 그 말을 들었다. 일찍이 말하기를, "만약 제가 과거에 합격한다면 마땅히 여기에 전심할 것입니다."라고 하였으니, 한창 과거 공부를 하고 있었기 때문에 이러한 말을 하였던 것이다. 평소에 반드시 의관을 정제하고 걸을 때에 반드시 느긋하였으며, 비록 급작스런 상황을 만나더라도 평상시의 법도를 변치 않았다. 내실에 들어가서는 용모를 바루고 행동을 다잡아, 절대 장난스런 일이나 잡다한 말을 하지 않았으니, 집안 사람들이 군을 존귀한 손님처럼 여기며 감히 쉽게 말을 붙이지 못했다.

홀로 계신 모친을 효성으로 봉양함에 사랑과 공경이 모두 지극하여 모친이 하고자 하는 뜻을 조금도 거스른 적이 없었다. 누이들과도 매우 우애롭게 지냈는데, 손윗누이가 일찍이 병이 들었을 때 백리 길을 걸어 안부 묻기를 열흘에 두 번씩이나 하였고, 손수 약을 달이고 직접 맥을 살피면서 정성을 다해 간호하였으니, 옛사람의 분수(焚鬚)[61]에 부끄러움이 없었다. 숙부를 부친처럼 보아서 잠자리 안부를 여쭙고 병을 간호하며, 말 앞에 서서 맞이하는 등 숙부를 섬기는 방도와 관계된 모든 것에 곡진하지 않음이 없었다. 더욱이 선대를 위한 일에 마음을 다하였으니, 사축공(司畜公)의 묘갈(墓碣)을 세우기 위해 여러 종형제들과 의논해서 재력(財力)을 마련하는 데에 힘을 써서 반드시 세울 것을 도모하였고, 삼휴공(三休公)의 시문(詩文)이 상자 속에 흩어져 있었기에 손수 한 질을 필사하여 인쇄하려 마음먹었다. 비록 이 일 모두 힘이 부족하여 달성하지는 못했지만, 일에 대해 대체를 알고 먼저 해야 할 일을 우선시했던 것이 이와 같았다.

군은 하인들을 다스리는 것이 엄하면서도 관대하였다. 돈목(敦睦)하기를 좋아하고 베풀기를 기뻐한 것이 또한 반드시 친한 이에서부터 소원한 이에게까지 이르렀고, 가까운 곳의 사람에서부터

61 분수(焚鬚) : 죽을 끓이다가 수염을 태운다〔煮粥焚鬚〕는 뜻으로, 형제간의 돈독한 우애와 사랑을 비유한다. 《신당서(新唐書)》〈이적전(李勣傳)〉에, "이적의 성품이 우애로웠는데, 그 누이가 병이 들었을 때 스스로 죽을 끓이다가 수염을 불에 태운 적이 있었다. 누이가 그만하라고 하자, 이적이 대답하기를, '누이의 병환이 많고 나 또한 늙었으니, 비록 자주 죽을 올리고자 한들 오히려 얼마나 할 수 있겠습니까.'라고 하였다.〔勣性友愛, 其姊病, 嘗自爲粥而燎其須. 姊戒止, 答曰 姊多疾而勣且老, 雖欲數進粥, 尙幾何?〕"라는 일화가 있다.

면 곳의 사람에게까지 미쳤다. 이따금 타인의 급한 일을 구휼해 준 것이 적지 않아 모두 그들의 기쁨을 얻었다. 여러 벗들을 신의로 대하였으며 고을 사람들을 공손하게 대하였다. 매번 밖으로 나가 학교에서 무리 지어 머물 때에 세속과 동떨어진 남다른 행실을 하지 않았다. 때때로 혹 글 짓고 술 마시며 즐겁게 담소 나누면서 간간이 고아한 해학을 하였지만, 끝까지 서로를 공경하는 모습을 잃지 않았다. 설령 어떤 이와 마주 앉아 있을 때 친애할 만한 자라 해도 소홀히 대하지 않았고, 군과 함께 지낼 때에 말실수를 하거나 안색을 그릇되이 하는 것을 한 번도 본 적이 없었다. 선인의 훌륭한 말과 옛 행적을 많이 알았고, 보학(譜學)에 더욱 뛰어나 혼사로 맺어진 이름난 친족들을 두루 기억하지 않음이 없었으니, 이 또한 군의 총명 박식함이 남보다 뛰어났던 한 단면이다. 사부(詞賦)를 뛰어나게 잘 지어 계묘년(1783, 정조7) 복시(覆試)에 합격하였다. 정미년(1787) 10월 11일에 병으로 세상을 떠났으니, 향년은 겨우 29세이다. 군의 재종제(再從弟) 승배(升培)가 군의 유사(遺事)를 기록하여 가져왔기에 참작하여 보완하고, 간간이 나의 견해를 덧붙여 이상과 같이 기록하고는 또 한마디 덧붙인다.

군의 아름다운 자질로 선각자의 문하에서 일찍이 가르침을 얻어 《대학》을 익히게 했더라면 그 성취가 마땅히 어떠했겠는가. 불행히도 단명하여 뜻을 품은 채 세상을 떠났으니 참으로 애통하고 애석하다. 그러나 한 부의 《소학》의 내용에 있어 군이 실천한 것은 거의 극진하였다. 경(敬)으로써 스스로를 다잡고, 근(謹)으로써 홀로 처하였으며, 효(孝)·우(友)·목(睦)·인(婣)·임(任)

·휼(恤) 등 여섯 행실 중 하나라도 혹 빠뜨림이 없었고, 이를 행하고 남은 힘으로 문예를 익혀 또한 문단에서 명성이 있었으니 이는 매우 훌륭하다. 군이 세상에 태어나 겨우 만여 일을 살았을 뿐이지만, 사리를 살필 줄 안 뒤로는 대개 모두 또렷한 정신으로 사람의 도리를 다한 나날이었으니, 군이 살아온 29년은 또한 어찌 꿈에 취한 100년의 세월보다 훨씬 낫지 않겠는가.

승배 군이 군을 논하면서, "만약 군이 오래 살았더라면 공적(功積)에 드러난 것이 비록 어떠할지는 모르겠지만, 침착하고 욕심이 적으며 개결하고 지조가 있으니 반드시 한 시대의 청사(淸士)가 되었을 것이다."라고 여겼으니, 이 말은 또한 본 것이 있는 듯하다. 때문에 아울러 이를 기록하여 붓을 잡을 군자가 채택할 것에 대비하고, 홀로 남은 과부의 지극한 바람에 부응하길 바라노라. 군은 아들이 없고 딸만 둘 있으니, 그중 한 딸은 유복녀로 양육하지 못했다.

절부 유인 계림 손씨 행록

節婦孺人鷄林孫氏行錄

유인(孺人) 손씨(孫氏)는 선계(先系)가 계림(鷄林 경주)에서 나왔으니, 신라 초 육부(六部) 대성(大姓)[62] 중 하나이다. 원조(遠祖) 휘 순(順)은 모친 봉양에 매우 효성스러웠다. 자신의 아이를 땅에 묻다가 석종(石鐘)이 나오는 신이한 일이 있자 흥덕왕(興德王)이 포상하였으니[63] 그 사적이 《삼강행실도(三綱行實圖)》에 수록되어 있다. 그 후로 대대로 명경(名卿)이 있었으니 모두 효행으로 선대의 아름다움을 계승하였다. 조선조에 들어와 사헌부 감찰(司憲府監察) 휘 등(登)은 그 손자 계천군(鷄川君) 소(昭)가 귀하게 된 까닭으로 호조 참의(戶曹參議)에 증직되었다. 6대가 지난 뒤 진

62 육부(六部) 대성(大姓) : 육부는 신라의 육촌(六村)으로서, 이들 육부에 부여한 성씨가 바로 대성(大姓)이다. 육부는 알천(閼川)의 양산촌(楊山村), 돌산(突山)의 고허촌(高墟村), 취산(觜山)의 진지촌(珍支村), 무산(茂山)의 대수촌(大樹村), 금산(金山)의 가리촌(加利村), 명활산(明活山)의 고야촌(高耶村)이며, 이에 해당하는 이(李)·최(崔)·정(鄭)·손(孫)·배(裵)·설(薛) 등의 성씨가 바로 육성(六姓), 즉 대성(大姓)이다.

63 자신의……포상하였으니 : 신라 손순(孫順)의 효행과 관련된 일화를 말한다. 손순에게 어린 자식이 있었는데, 자신의 어머니에게 드릴 식사를 아이가 자주 빼앗아 먹자 이 아이를 매장하여 입을 덜어 어머니의 배를 불리고자 하였다. 그리하여 취산(醉山) 곁에 땅을 팠더니 갑자기 석종이 나타나 기이한 징조라 여기고 아이를 묻지 않고 집으로 돌아왔는데, 이 소식이 조정에 알려져 흥덕왕(興德王)이 손순의 효성을 기리면서 집과 곡식을 하사한 일이 있다. 《三國遺事 卷5 孝善》

사를 지내고 좌승지(左承旨)에 증직된 휘 당(糖)에 이르러 조월천(趙月川 조목(趙穆))의 문하에서 배웠고, 지조가 곧고 개결하였으니 사람들이 모두 공경하며 존중하였다. 당의 손자 휘 만웅(萬雄) 호 야촌(野村)에 이르러 관직이 부윤(府尹)에 이르렀으니 유인에게 5대조이다. 고조 휘 경욱(景郁)은 진사를 지냈고 호는 신포(新圃)이며, 증조 휘 운걸(雲傑)은 통덕랑을 지냈고, 조부는 휘 세현(世顯)이고, 부친은 필경(必慶)이다. 모친은 팔거 도씨(八莒都氏)이니, 지암(止巖) 신수(愼修)의 5대 손녀이고, 학생 영모(永謨)의 따님이다.

유인은 원릉(元陵) 계사년(1773, 영조49) 3월 모일에 태어났다. 자태와 성품이 단정하고 정숙하였다. 포대기를 채 벗기도 전의 나이에 부모가 유인의 병 때문에 약을 먹이면, 권하여 타이르지 않아도 입을 벌려 받아 먹었으니, 마치 뜻을 알아차린 것 같았다. 3세에 어머니의 품 안에서 잘 때, 이웃의 어떤 여종이 야심한 밤에 문을 두드리며 그릇을 빌리러 온 적이 있었다. 유인은 곧 그 소리에 응하면서 "어머니께서 막 달게 잠이 드셨으니, 너는 소란 피우지 말거라. 그릇은 여기 있으니 가져가도 된다."라고 하였다. 7세에 마루에서 내려오다 떨어져 가슴에 상처가 나 피가 줄줄 흘렀다. 어머니가 놀라 당황해하며 껴안고 울자, 유인은 아무렇지 않은 듯 웃으면서 "저는 아프지 않아요. 염려 마셔요."라고 하니, 보는 이들이 모두 감탄하며 기특하게 여겼다. 부모를 사랑하여 차마 잠시도 곁에서 떠나지 않았고, 혹 밖으로 나가 노닐 때라도 얼마 지나지 않아 곧 돌아왔다. 당시 부모는 몸이 쇠약한 상태가 아니었고 또 질병도 없었지만, 조금이라도 몸이 편치 않을 때가 있으면 근심하는 기색이 낯빛에 드러나 잠자고 먹는 것을 그만둘 정도였다. 약을 올리고 미음을 드시게 하는 것을 남에게 시키지 않고 반드시 직접 하였다.

유인은 태어나면서부터 병치레가 많아 침을 맞고 약을 먹느라 겨를이 없었지만, 여공(女工)과 언서(諺書)에 스스로 정통(精通)하여 〈열녀전(列女傳)〉 등의 서책을 읽을 때마다 매번 재삼 감탄하고 사모하지 않은 적이 없었으니, 일상생활에서의 언행은 한결같이 부녀자의 규범을 준수하였다. 부모가 유인을 위해 개인 재산을 마련해 주니 곧 사양하며 말하기를, "여자가 이 재산을 어디에 쓸 데가 있겠습니까."라고 하였다.

금상 임자년(1792, 정조16) 겨울에 창녕(昌寧) 성효열(成孝悅)에게 시집갔다. 성씨(成氏)는 곧 창녕의 대성(大姓)이라 종족이 매우 번성하였다. 유인은 성씨 가문에 들어가 예(禮)로써 남편을 섬기고 정성으로 시부모를 봉양하였으며, 가족과 친족들을 대할 때에 곡진하고 마땅하지 않음이 없어 명예(名譽)를 많이 얻었다. 갑인년(1794) 겨울에 친정 부모에게 안부를 여쭈러 갔고, 이듬해 여름에 아들을 낳다가 유종(乳腫)을 매우 심하게 앓았다. 유인은 부모가 염려하실까 두려워 절대 신음 소리를 내지 않다가, 고름이 난 뒤에야 올케에게 말하기를, "밤이 되니 통증을 더욱 견딜 수가 없습니다."라고 하였다. 마침내 침으로 치료하게 하였으니, 그 효심은 어릴 때나 장성해서나 한결같았다.

겨울이 되어 남편이 친정에 왔는데, 오자마자 병에 걸렸다. 병이 점점 위독해지자 유인이 밤낮으로 애를 태우며 지극 정성으로 간호하였지만 결국 남편은 세상을 떠났다. 유인은 누차 기절했다가 다시 살아나며 반드시 남편을 따라 죽고서야 그만두고자 하였다. 친정 부모와 시아버지가 삼종(三從)[64]의 의리를 들어 남은 아들을 가리키며 온갖 방법으로 타이르고 엄하게 저지하여 실오라기 같은 한 목숨을 연장시킬 수 있었다. 남편의 관(棺)을 따라 본가로 돌아올 때, 유인은 눈물 흘리며 부모에게 하직 인사하기를, "불초녀는 태어나면서부터 병을 많이 앓아 부모님께 근심을 끼쳐 드렸습니다. 어른이 되어 출가해서는 맹세코 작은 정성을 조금이라도 바쳐 키워 주신 은혜에 보답하려 했건만 이제는 끝나 버렸습니다. 또한 생을 보존할 뜻이 전혀 없으니, 부디 부모님께서는 제가 애초에 태어나지 않았던 것으로 아시고 무익한 비통스러움을 짓지 마시기 바랍니다."라고 하였다.

집으로 돌아온 뒤 유인은 날마다 슬피 울부짖으며 밥도 먹지 않고 저절로 목숨이 끊어지길 기약하였다. 시아버지가 눈물 흘리며 말을 건네길, "내게 두 아이가 있었건만 큰아이는 이미 요절하여 후사가 없고 너의 남편 또한 원통하게 세상을 떠났으나 다행스럽게도 혈육이 한 명 있다. 양대가 의지하고 선조의 제사를 맡는 것은 오직 이 아이뿐인데 어찌하여 이를 내버리고 죽어서 보존할 수 없게 하려느냐."라고 하였다. 유인은 이 때문에 억지로 미음을 내어 오게 하여 마셨지만, 남편 장례일에 또 갑자기 기절하여 거의 살아날 수 없었다. 입고 있던 겨울옷은 봄을 지나 여름

64 삼종(三從) : 여인으로서 지켜야 할 세 가지 의리를 말한다. 즉 시집가기 전에는 아버지를 따르고〔在家從父〕, 시집가면 남편을 따르며〔適人從夫〕, 남편이 죽은 뒤에는 아들을 따른다〔夫死從子〕는 것이 그것이다. 《儀禮 喪服》

이 되도록 갈아입지 않았고, 쑥대머리에다 때가 낀 얼굴을 한 채 그대로 거적에 엎드려 지냈다. 비록 집안사람들이라 해도 또한 유인의 얼굴을 본 것이 드물었고, 혹 친정 부모 집의 인편이 있어도 부모에게 편지를 부치지 않았으며, 부모의 편지가 이르면 안부를 묻는 것 외에는 또한 보지 않았다.

병진년(1796) 4월 26일이 되어 홀로 남은 아이가 또 병으로 세상을 떠났다. 유인이 동서 이씨에게 말하기를, "제가 지금까지 죽지 않았던 것은 이 아이 때문이었으니, 이제는 다시 어디를 돌아보겠습니까. 시부모를 봉양하는 일은 형님이 계시니 저는 걱정이 없습니다."라고 하였다. 또 남편의 종형(從兄) 효장(孝璋)에게 이르기를, "만약 저의 죽은 남편의 후사를 세워 주신다면, 비록 혼백(魂魄)이라도 또한 감사할 줄 알 것입니다."라고 하였으며, 또 곡비(哭婢)에게 이르기를, "낭군의 빈소에 3년간 상식(上食)을 올리되, 너는 한결같이 내가 살아 있을 때처럼 하거라. 내가 죽은 뒤의 염습(殮襲)은 네가 반드시 직접 하거라."라고 하였다. 이에 온 집안에서 유인이 반드시 죽으리라는 것을 알아채고 번갈아 가며 서로 지키고 보호하였다.

다음 날 한밤중에 유인이 갑자기 스스로에게 위로하며 말하기를, "세상에 나 같은 이가 혹 있을 것이니, 살아서는 죽은 남편을 위해 후사를 세우는 것 또한 하나의 도이다."라고 하였는데, 말씨와 낯빛이 몹시 태연하여 곁에 있는 사람의 마음을 느슨하게 하려 하였다. 동서 이씨가 여전히 이를 믿지 않고 유인과 같이 베개를 베고 누워 팔로 껴안으니, 유인은 다시 답답한 심정을 천천히 말하면서 동서의 마음을 누그러지게 하였다. 곧 코를 골며 편안히 잠든 듯 하다가, 곁에 있는 사람이 잠깐 잠들기를 기다린 뒤에 일어나, 협랑(夾廊)의 대들보에다 스스로 목을 매고 죽었으니, 곧 28일 축시(丑時)이다.

원근에서 이 소식을 들은 이들은 코끝을 시큰거리고 무릎을 치며 탄식하지 않은 이가 없었다. 고을 수령은 아전을 보내 부의(賻儀)를 전하며 문상하고 즉시 면리(面里)를 관장하는 자에게 그 사실을 채록하여 감영(監營)에 보고하도록 하였다. 고을의 인사 또한 일제히 일어나 호소하여 바야흐로 이 사실을 조정에 알려 정표(旌表)를 내리게 하려고 하였다. 유인의 아버지 필경(必慶)이 손수 딸의 평생을 기록해서 나에게 편지를 보내 와 행록(行錄) 작성을 요청하기를, "제 딸은 겨우 24년을 살았습니다. 죽은 지 9일째 되던 날 이미 시댁의 선영 아무 방향 언덕에 갈장(渴葬)[65]을 치렀으니 그 남편과 같은 무덤입니다. 모든 일은 이미 끝나 버렸습니다만 딸의 절행(節行) 가운데 사라져서는 안 될 점이 있으니 그대가 한 말씀 하여 드러내어 주십시오."라고 하였다. 나는 재삼 탄식하고 애도하며 마침내 그 기록을 근거로 이상과 같이 차례 지어 서술하고 한마디를 덧붙이노라.

유인은 선대의 광영을 타고나 평소의 지극한 성품과 아름다운 행적은 이미 옛사람의 현숙(賢淑)함에 부끄러울 것이 없으니, 저 하늘은 마땅히 복을 주어 그 보답을 누리게 해야 할 것이다. 그러

65 갈장(渴葬) : 정해진 기일을 기다리지 않고 서둘러 지내는 장례를 말한다. 가난이나 변란 등 갑작스런 이유로 정해진 기일을 기다리지 않고 서둘러 장례를 지내는 것인데, 이와 반대로 기한을 넘겨서 장례를 지내는 경우엔 만장(慢葬)이라고 한다.

나 이에 유인의 명을 박복하게 하여 이 지경에 이르게 한 것은 어째서인가. 사람은 죽는 것보다 어려운 것이 없지만 제대로 된 죽음을 맞이하는 것은 어렵고, 제대로 된 죽음을 맞이하는 것은 어렵지만 차분하게 의(義)에 나아가는 것은 더욱 어렵다. 이 때문에 비록 사내라 해도 또한 이를 잘 해낼 수 있는 이가 드문데, 지금 유인은 여자로서 이러한 일을 실현하였으니, 이는 또한 더욱 훌륭하지 않은가. 옛적 백희(伯姬)[66]가 기(杞) 땅으로 시집갔을 때 다만 따르는 사람이 있는 줄만을 알았기에 제대로 된 죽음을 맞이할 수 없었고, 영녀(令女)[67]가 자신의 몸을 훼손시켰을 때 또한 다른 사람에게 재가하지 않을 것만 맹세하였기에 제대로 된 죽음을 맞이할 수 없었다. 공자(孔子)와 주자(朱子) 모두 《춘추》와 《소학》에 이를 대서특필하여 만세에 드러냈거늘, 더구나 유인의 절행(節行)과 같은 경우는 어떠하겠는가. 또한 제대로 된 죽음

66 백희(伯姬) : 춘추 시대 노 선공(魯宣公)의 딸이자 송 공공(宋共公)의 부인으로, 남편 공공이 죽은 뒤에 수절한 인물이다. 양공(襄公) 30년에 궁궐에 불이 나자 좌우에서 백희에게 불을 피하라고 말했지만, 백희는 "부인의 도리는 부모(傅母)가 없으면 밤에 당을 내려가지 않는다.〔婦人之義, 傅母不在, 宵不下堂.〕"라고 하고는 나오지 않았고, 좌우에서 또 불을 피하라고 하자 "부인의 도리는 보모(保母)가 없으면 밤에 당을 내려가지 않는다.〔婦人之義, 保母不在, 宵不下堂.〕"라고 대답하고는 끝내 나오지 않고 불에 타 죽었다. 《春秋穀梁傳 襄公 30年》

67 영녀(令女) : 삼국 시대 위(魏)나라 조상(曹爽)의 종제(從弟)인 조문숙(曹文叔)의 아내가 된 하후문녕(夏侯文寧)의 딸 영녀(令女)를 말한다. 남편 문숙이 요절하자 친정에서 자신을 재가시킬까 염려하여, 처음에는 머리를 잘랐다가 나중에는 칼로 두 귀를 베어 버렸다. 시댁이 멸문의 화를 당하고 난 뒤에도 스스로 코를 베면서까지 수절하다가 결국 국가의 특명으로 양자를 들여 조씨의 대를 잇게 하였다. 《三國志 魏書 曹爽傳》

을 맞이했을 뿐만이 아니니, 그렇다면 우리 성조(聖朝)가 절의(節義)에 포숭한 성대한 일로써 정표(旌表)의 은전(恩典)이 조만간 내려질 것임에 진실로 의심의 여지가 없는 줄 나는 알겠다. 아, 슬프도다! 하늘의 뜻이 여기에 있으리라, 여기에 있으리라.

입재집

제48권

가장 家狀

가장 家狀

고왕고 공조 좌랑 무첨재 부군 가장
高王考工曹佐郎無忝齋府君家狀

부군의 휘(諱)는 도응(道應), 자는 봉휘(鳳輝), 성은 정씨(鄭氏), 본관은 진주(晉州)이니, 문장공(文莊公) 우복(愚伏) 선생 휘(諱) 경세(經世)의 손자이고, 검열공(檢閱公) 휘 심(杺)의 아들이며, 문원공(文元公) 회재(晦齋) 이 선생 휘 언적(彦迪)의 외현손(外玄孫)이다. 부군은 만력(萬曆) 무오년(1618, 광해군10) 12월 6일에 태어났다.

부군의 자태와 용모는 옥처럼 깨끗하고 순수하였고, 어릴 적부터 단정하고 진중하여 장난을 좋아하지 않았다. 5, 6세에 여러 아이들과 놀 때, 한 아이가 매우 오만하게 말을 하였지만, 부군은 웃기만 할 뿐 서로 따지지 않고 교제를 끊었다. 어떤 이가 그 이유를 묻자 부군이 말하기를, "서로 따진다면 저 아이와 같아질 뿐입니다."라고 하니, 사람들이 모두 남다르다고 여겼다. 부친 검열공이 일찍 세상을 떠났을 때 당시 문장공이 조정에서 벼슬하고 있었다. 부군이 학업을 놓칠까 모부인이 근심하니 문장공이 부군을 가리키며, "이 아이는 마땅히 성취할 것이니 무엇을 근심하겠는가."라고 하였다. 12세에 비로소 학문하여 총명하게 이해하고 밝게 분변하여 학업이 나날이 진보하였다. 16세에 문장공의 상(喪)을 당하자 거상(居喪)의 의절(儀節)은 한결같이 《가례(家禮)》를 따랐고, 장례를 치를 때 임금으로부터 사제(賜祭)를 받았다. 부군은 타인을 응대하고 일을 주선하는 데에 분명하고 합당하지 않음이 없었으니, 예관(禮官)이 사람들에게 말하기를 "노선생은 비록 돌아가셨지만, 사손(嗣孫)이 그 가업을 이을 수 있으니 사문(斯文)의 다행이다."라고 하였다.

이보다 앞서, 문장공이 부군을 위해 수암(修巖) 유진(柳袗)[1]의 집안과 혼사(婚事)를 의논하였는데, 삼년상을 마친 뒤 수암 또한 돌아가시자 조모(祖母) 정경부인(貞敬夫人) 이씨(李氏)가 혼사가 늦춰지는 것을 답답하게 여겨 다른 집안과 혼사를 의논하여 결정하려 하였다. 부군이 불가함을 주장하면서 "비록 10년이 지체되더라도 어찌 조부의 명을 어긴단 말입니까."라고 하니, 조모가 의롭게 여겨 다른 집안과의 혼사를 그만두었다. 이해에 또 조모의 상을 당하여 부군은 21세가 되어서야 유씨 집안에 장가들었다.

무자년(1648, 인조26)에 유일(遺逸)로 선발되어 내시부 교관(內侍府敎官)에 제수되었다. 기축년(1649) 4월에 대군사부(大君師傅)에 제수되었으며, 5월에 발탁되어 세자시강원 자의(世子侍

1 수암(修巖) 유진(柳袗) : 1582~1635. 본관은 풍산(豊山), 자는 계화(季華), 수암은 그의 호이다. 부친은 유성룡(柳成龍)이다. 1610년(광해군2) 사마시에 합격하였고, 1623년(인조1) 학행으로 천거되어 봉화 현감이 된 이후 형조 정랑, 청도 군수, 지평 등을 지냈다. 저서에 《수암집(修巖集)》이 있다.

講院咨議)에 배수되었다. 당시 동궁(東宮)을 보양(輔養)[2]하기 위해 특별히 이 관청을 세워 당대 최고 인재를 선발하였을 때 부군이 가장 먼저 그 선발에 들었다. 공을 부르는 명이 또 내려오자, 다만 세신(世臣)의 의리 때문에 부득이 사은숙배(謝恩肅拜)한 뒤에 소장(疏章)을 진달하여 사양하니, 주상이 후한 비답(批答)을 내려, "그대가 동궁을 개도(開導)하고 권강(勸講)한다면 나날이 성취되는 공효가 있을 것이니 나라가 인재를 얻었을 뿐만이 아니다. 어찌 그대의 집안 대대로 영광이 있지 않겠는가. 사양치 말고 힘쓸지어다."라고 하였다. 그해 10월에 어머니의 병을 이유로 사직서를 올리고 고향으로 돌아왔다.

병신년(1656, 효종7)에 황산 찰방(黃山察訪)에 제수되었으나 나아가지 않았다. 정유년(1657, 효종8) 4월에 익위사 부솔(翊衛司副率)에 제수되었고, 8월에 다시 자의(咨議)에 배수되자 두 차례 소장을 올려서 체직을 요청하였지만 윤허받지 못했다. 주상의 비지(批旨)에 "예를 갖추어 기다렸지만 이르지 않았다." 등의 언급이 있어서 결국 성외(城外)로 나아갔지만 천연두를 피한다는 이유로 사직하니, 주상이 특별히 내직으로 들어와 춘방(春坊)에 거처할 것을 명하였다. 춘방 지역은 궁궐 경내로서 천연두를 피할 수 있었기 때문인데, 부군은 끝내 나아가지 않았다.

무술년(1658) 1월에 다시 소장을 진달하여 체직되자, 주상이 부군에게 말을 지급하여 호송할 것을 명하였다. 부군이 환수를 요

2 보양(輔養) : 조선 시대 원자(元子)와 원손(元孫)을 보좌하고 교도하는 것을 의미한다.

청하자, 주상의 후한 비답(批答)에 "한결같이 돌아보지 않으니 더욱 나를 부끄럽게 하는구나." 등의 말이 있었다. 그해 11월에 다시 자의(咨議)에 제수되었고, 이어서 단성 현감(丹城縣監)에 제수하는 명이 내려지자 부군은 어머니 봉양에 편하다고 여겨 기해년(1659, 효종10) 1월에 부임하였다가, 11월에 벼슬을 그만두고 고향으로 돌아왔다.

임인년(1662, 현종3)에 지평(持平) 부망(副望)에 의망(擬望)되었고, 공조 좌랑(工曹佐郎)에 제수되었다. 계묘년(1663, 현종4)에 또 공조에 제수되었고, 얼마 후 창녕 현감(昌寧縣監)에 제수되었다. 병오년(1666, 현종7)에 관직을 그만두고 고향으로 돌아왔다. 정미년(1667, 현종8) 4월 22일에 돌아가셨으니, 향년 50세이다. 그해 8월에 고을 북쪽 가도(佳道) 묘향(卯向) 언덕에 장사 지냈으니 모인 선비들이 수백 인이었다. 이후 우북당(于北堂) 신좌(辛坐) 언덕으로 이장(移葬)하였다.

부군은 타고난 자질이 순수하고 아름다웠으며, 기량과 국량이 바르고 엄정하였다. 어릴 적부터 집안 교육에 훈도되어 성리학을 익혔으며, 책을 읽을 때마다 반드시 읊조리고 완미하여 뜻을 이해하지 못하면 그만두지 않았고, 경전 외에 역사서와 제자백가서를 꿰뚫어 이해하였다. 약관의 나이가 되었을 때, 관찰사가 선비들을 모아 통독(通讀)[3]함에 정해진 조항이 매우 엄정하였지만, 부군이

3 통독(通讀) : 처음부터 끝까지 한 책의 전체를 읽어 내려가는 것을 의미하는데, 후에 과시(科試)의 하나가 되었다. 해마다 성균관 대사성(大司成)이 통독을 통해 경향(京鄕)의 유생에게 제술(製述)·강서(講書)를 시험하여 성적이 좋은 10인에게 식

강해(講解)한 것이 매우 정밀하고 행동거지가 법도에 맞으니 관찰사가 부군을 대유(大儒)로서 칭송하였다.

부군은 평소에 늘 의관(衣冠)을 정제하고 종일 단정히 앉아 있었으니, 비록 항상 곁에서 모시는 자제들이라 하더라도 부군의 게으른 모습을 본 적이 없었다. 매일 아침이면 반드시 남들보다 먼저 일어나 세수하고서 가묘(家廟)를 배알하였으며, 어버이의 잠자리 안부를 여쭙고 식사 상태를 살피면서 기쁜 낯빛으로 뜻을 받들어 순종하였다. 출입할 때에는 반드시 어버이에게 아뢰었고, 비록 가까운 곳이라 해도 그렇게 하였다. 숙모 강씨(姜氏)가 일찍 과부가 되어 아들이 없었기에 부군에게 의지하였는데, 부군은 어머니 섬기듯 숙모를 모셨고, 강씨 또한 부군을 자신의 아들처럼 여겼기에 양자(養子)[4]를 원치 않으며, "죽어서도 또한 이 아이에게 제사를 받으면 충분하다."라고 하였다.

부군은 늘 관직에 나아가는 것을 어렵게 여기고 물러나는 것을 쉽게 여기는 절개를 지녔다. 정초(旌招)[5]의 명이 자주 내려왔는데

년 문과(式年文科)의 복시(覆試)에 바로 나아가는 자격을 주었다.

4 양자(養子) : 원문 '명(螟)'의 풀이로, 명령(螟蛉)을 의미하는 말이다. 벌레의 유충 나나니벌은 이 명령을 데려가 새끼로 삼는다고 하여 양자(養子)를 비유하는 말로 사용된다. 《시경(詩經)》 〈소완(小宛)〉에 "명령이 새끼를 낳으면 나나니벌이 업고 가네. 너의 자식 잘 가르쳐서 착한 이를 닮게 하라.〔螟蛉有子, 蜾蠃負之, 教誨爾子, 式穀似之.〕"라고 하였다.

5 정초(旌招) : 정(旌)으로 초빙(招聘)한다는 의미로, 현사(賢士)를 조정으로 불러들이는 것을 뜻한다. 맹자가 말하기를 "서인(庶人)을 부를 적에는 전(旜)으로 하고, 사(士)를 부를 적에는 기(旂)로 하며, 대부(大夫)를 부를 적에는 정(旌)으로 한다.〔庶人以旃, 士以旂, 大夫以旌.〕"라고 하였다. 《孟子 萬章下》

비록 부득이 소명에 응하긴 했지만 반년을 머문 적이 없었다. 외직으로 나가 여러 고을을 관장할 때, 청렴결백으로 자신을 단속하여 부임하는 곳마다 빙벽(氷蘗)[6]의 명성이 있었다. 뇌물을 통렬하게 끊어 내어 사람들이 감히 사적으로 요구하지 못했으니, 단성 현감으로 있을 때 동향(同鄕) 친구가 과일을 보내와 부군이 처음엔 이를 받았다가, 친구가 개인적인 부탁을 하자 불가하다고 꾸짖으며 과일을 돌려보냈다.

부군은 평소 산수를 좋아하여 공무의 여가에는 밖으로 나가 경내의 승지(勝地)를 유람하면서 시를 읊으며 자득하였다. 고향으로 돌아온 뒤엔 문설주에 발을 치고 종일토록 날을 보냈는데, 문에는 잡객들이 없었고, 오직 당시 명사들과 도의(道義)로 교제하면서 산수 사이에서 서로 따르며 강마할 뿐이었다. 문장은 간결하였고, 찬술한 《소대명신행적(昭代名臣行蹟)》, 《소대수언(昭代粹言)》, 유집(遺集) 약간 권이 집에 보관되어 있다.

배위는 곧 수암(修巖)의 딸이자, 문충공(文忠公) 서애(西厓) 선생 휘 성룡(成龍)의 손녀이다. 공보다 뒤에 죽었으며, 율리(栗里) 오향(午向) 언덕에 장사 지냈다. 2남 4녀가 있으니, 아들 석교(錫僑)는 학행(學行)으로 바로 육품(六品)을 부여받았고 현감(縣監)으로 생을 마쳤으며, 그다음은 석현(錫玄)이다. 딸은 참봉

6 빙벽(氷蘗) : 맑은 얼음물을 마시고 쓴 소태나무를 씹는다는 뜻으로, 절조를 지키면서 청렴하게 사는 것을 비유하는 말이다. 당(唐)나라 백거이(白居易)가 "3년 동안 자사로 있으면서, 맑은 얼음물을 마시고 쓴 소태나무를 씹었노라.〔三年爲刺史, 飮氷復食蘗.〕"라고 하였다. 《白樂天詩集 卷1 三年爲刺史》

(參奉) 이윤해(李允諧), 참봉 이원지(李元祉), 사인(士人) 황종대(黃鍾大), 신강제(申康濟)에게 각각 시집갔다. 현감공은 대사헌(大司憲) 이원록(李元祿)의 딸에게 장가들어 1녀가 있으니, 딸은 황종수(黃鍾粹)에게 시집갔다. 현감공의 재취는 참판(參判)에 증직된 신형구(申衡耉)의 딸이니, 2남 4녀가 있다. 장남은 참봉 주원(胄源)이고, 그다음은 달원(達源)이다. 딸은 사인(士人) 황연(黃沇), 김양현(金良鉉), 홍수귀(洪守龜), 강진익(姜晉益)에게 각각 시집갔다. 참봉공은 문강공(文康公) 여헌(旅軒) 장 선생(張先生)의 5대 손녀에게 장가들어 4남 2녀가 있다. 장남은 인모(仁模)이고, 그다음 의모(義模)는 학행(學行)으로 천거되었고, 그다음은 예모(禮模)이며, 그다음 지모(智模)는 생원으로 현감을 지냈다. 딸은 유성헌(柳聖憲), 김제동(金濟東)에게 각각 시집갔다.

왕고 장사랑 장릉 참봉 부군 가장
王考將仕郎章陵參奉府君家狀

부군의 휘(諱)는 주원(胄源), 자(字)는 원보(元甫), 성은 정씨(鄭氏), 본관은 진양(晉陽)이다. 여말(麗末)에 어사(御史) 휘 택(澤)이 상주목(尙州牧)의 일을 맡았을 때 자신의 한 아들을 머무르게 하면서 상주에 거주하게 되었다. 이후로 관직은 비록 빛나지 않았지만 대대로 유자(儒者)의 소양으로 계승하였으니, 사람들이 이들을 미소(眉蘇)[7]와 서채(西蔡)[8]에 비견하였다.

부군의 고조(高祖) 휘 경세(經世)는 관직이 천관경(天官卿 이조판서)에 이르렀고, 이상(貳相 찬성)에 증직되었으며, 시호는 문장(文莊)이다. 경세는 도덕과 문장이 퇴계(退溪)의 재전(再傳) 가운데 적통(嫡統)이 되었으니, 세상에서 우복(愚伏) 선생이라 일컫는다. 증조(曾祖) 휘 심(杺)은 문과에 급제하여 한림(翰林)을 지냈다. 조부 휘 도응(道應)은 유일(遺逸)로 천거되어 자의(咨議)를 지냈고 대망(臺望)[9]을 거쳤다. 부친 휘 석교(錫僑) 또한 학행(學

7 미소(眉蘇) : 미산(眉山)의 소순(蘇洵, 1009~1066) 부자를 의미한다. 미산은 송대(宋代) 사천(四川)의 고을 이름으로 소순의 고향이다. 미산에서 소순, 소식(蘇軾), 소철(蘇轍) 삼부자가 나오자 당시 사람들이 "미산에 삼소가 태어나자 초목이 모두 시들었다.〔眉山生三蘇, 草木盡皆枯.〕"라고 하였다. 《古今合壁事類備要 後集 卷10》

8 서채(西蔡) : 서산(西山) 채원정(蔡元定, 1135~1198) 부자를 의미한다. 채원정의 자는 계통(季通), 호는 서산(西山), 시호는 문절(文節)이며 건양(建陽) 사람이다. 그의 학문은 아들 채연(蔡淵), 채항(蔡沆), 채침(蔡沈)에게 가학으로 계승되었다.

行)으로 천거되어 바로 육품(六品)에 제수되었고 현감(縣監)으로 생을 마쳤다. 비(妣)는 공인(恭人) 평산 신씨(平山申氏)이니, 문희공(文僖公) 개(槩)의 후손이며, 정랑(正郞) 상철(尙哲)의 손자 호군(護軍) 증 이조 참판(贈吏曹參判) 형구(衡耈)의 따님이다. 부군은 숭릉(崇陵) 병인년(1686, 숙종12) 4월 8일에 상주 율리(栗里)의 옛집에서 태어났다. 원릉(元陵) 기유년(1729, 영조5)에 인재(人才)로 천거되어 장릉 참봉(章陵參奉)에 배수되었고, 수개월 뒤 관직을 버리고 고향으로 돌아왔다. 병자년(1756, 영조32) 2월 18일에 우산(愚山)의 서실(書室)에서 세상을 떠나셨으니 향년 71세이다. 이해 모월 모일에 사계(沙溪) 건좌(乾坐) 언덕에 장사 지냈다.

부군은 어릴 적에 재주가 뛰어나 일찍 성취하였다. 부친 지현공(知縣公)이 병상에 누워 여러 해를 지냈는데, 부군의 나이 겨우 14, 15세에 좌우에서 부축하고 간호하며 잠시도 부친 곁을 떠나지 않았다. 약물과 음식을 모두 집 안의 시렁 위에 높이 모셔 두고서 손수 봉하고 열어서 제때에 내어 드림에 한 가지도 남에게 맡긴 적이 없었고, 선비(先妣)와 조비(祖妣)를 섬기는 것 또한 이와 같이 하였다. 그 마음에 순응하여 맞출 수 있는 모든 것들은 극진히 하지 않는 것이 없었고, 부모상에는 송종(送終)의 예에 슬픔을 다하여 모두 유감없이 치렀다.

문장공(文莊公) 이상 여러 대 선영(先塋)에 표석(表石)이 없자 부군이 이를 위해 도모하여 결국 표석을 세웠고, 이어서 제전(祭

9 대망(臺望) : 대간(臺諫)으로 의망(擬望)되는 것을 말한다.

田)과 재사(齋舍)를 두어 오래도록 제사 지낼 수 있도록 하였다. 선조의 기일(忌日)과 모든 제사 때마다 여러 제수를 반드시 기일 전에 갖추었고, 엄숙하고 공경하게 자리에 임하여 갖추되 풍성하고 정결(精潔)하게 하는 데에 힘을 쏟았다. 제사를 지낼 때에는 절하고 꿇어앉고 걷는 등의 동작을 참으로 신(神)이 위에 임한 것같이 하였으며, 자신이 노쇠하다는 이유로 혹시라도 게을리하지 않았다.

부군은 어려서 아버지를 여의어 가업을 계승하였고 잇달아 또 상을 당하는 등 초년에 몹시 불우하게 지냈다. 부군은 절약하고 검소하게 지내어 넉넉하고 부유해지는 데에 이르렀다. 먹여 살려야 할 많은 식구들은 겨우 목숨만 이어 나갈 뿐이었지만, 친척과 벗 가운데 가난하여 혼사·장례를 치르거나 병 치료를 어려워하는 이들을 보면, 반드시 힘을 다해 베풀어 주어 비록 자신의 곳간을 비워 내더라도 아까워하지 않았다. 무신년(1728, 영조4) 변란[10]이 일어났을 때, 서원(西原)에 살다가 뜻밖의 재앙을 입어 본주(本州)에서 형벌받아 죽은 어떤 신씨(申氏)가 있었다. 사람들이 감히 접근하지 못했지만 부군만은 그의 무고함을 애처롭게 여겨 집안의 하인에게 시신을 거두어 고향으로 돌아가게 해 주었으니, 부군의 효심과 화목, 기백과 의리가 보통을 넘어서는 것이 이와 같았다.

10 무신년 변란 : 1728년 3월 15일에 발생한 이인좌(李麟佐)의 난을 가리킨다. 경종(景宗)의 갑작스러운 죽음과 왕세제(王世弟)인 연잉군(延礽君)의 즉위로 인해 정권에서 배제된 이인좌 등 소론의 일부 세력과 남인의 과격 세력이 공모하여 소현세자(昭顯世子)의 증손 이탄(李坦)을 추대하고 무력으로 정권 쟁탈을 꾀하였던 사건이다.

부군은 타고난 자품이 강직하고 위엄이 있어 시속을 따라 영합하려 하지 않았다. 재랑(齋郞)[11]으로서 사은(謝恩)하기 위해 도성으로 들어갔을 때, 마침 당시 재상의 소행에 불평스러운 점이 있자 즉시 선비 차림으로 가서 만나 보고는, "공은 어찌하여 그러십니까. 어찌하여 그러십니까."라고 하였으니, 말이 기휘(忌諱)에 저촉되었지만 거리낌이 없었다.

부군이 장릉 참봉으로 있을 때, 입직한 지 얼마 되지 않았을 즈음 중사(中使)가 명을 받들고 와서 왕릉의 산목(山木)에 대한 죄상을 파헤쳐 적간(摘奸)한 일이 있었으니, 중사는 곧 대전(大殿)의 별감(別監)이었다. 이 일에 앞서, 죄상을 파헤쳐 적간할 때 중사가 견여(肩輿)를 타고 재랑은 걸어서 그 뒤를 따르는 것이 상례(常例)였다. 부군이 성을 내며 "이것은 신분의 귀천(貴賤)이 바뀐 것이다."라고 하고는, 곧장 자신이 견여를 타고 중사에게 걸어서 따라오게 하자, 중사는 화가 나서 사건을 만들어 내고자 새로 베어 낸 산목을 구실 삼아 회계(回啓)하려 하였다. 그러자 부군은 온 산을 두루 살펴본 뒤 예전에 베어 낸 나무 뿌리 중 땅에 묻혀 있던 것을 다 파내어, 중사가 이제껏 부화뇌동하여 은닉해 둔 실상을 예조(禮曹)에 보고해서 법률에 따라 죄안을 조사하게 하려 했다. 이에 중사가 몹시 두려워하여 머리를 조아리면서 애걸하자, 부군은 곧 이 사건을 그대로 두었다.

11 재랑(齋郞) : 묘(廟)·사(社)·전(殿)·궁(宮)·능(陵)의 참봉 혹은 제향(祭享) 때에 향로(香爐)를 받드는 일을 하던 제관(祭官)을 두루 일컫는 말이다. 여기서는 참봉을 가리킨다.

재상 민백상(閔百祥)이 영남 관찰사로 있을 때 검호(檢湖)에 있는 문장공(文莊公)의 묘소에 와서 참배하자, 혹자가 부군에게 "마땅히 나가서 맞이해야 합니다."라고 하였다. 그러자 부군은 "나는 그에게 어른이고, 그는 어린아이였을 때 나의 차 심부름을 하던 자였소. 지금 그가 비록 신분이 높아졌다지만 이미 가까운 곳에 이르러서도 유독 나를 찾아와 보질 않는데, 내가 이에 가서 만나 보아야 한단 말이오."라고 하고는 다만 서제(庶弟)를 보내 인사하게 하였다.

부군은 고을 학당에서 지낼 때에 풍의(風儀)가 정숙(整肅)하고 논의(論議)가 정대(正大)하였다. 견지한 뜻이 확고하여 남들이 어지럽히거나 빼앗을 수 없었으니, 비록 온 세상이 휩쓸려도 부군만은 홀로 우뚝하게 서서 한결같은 뜻을 행할 뿐이었다. 도리에 어긋나는 사람을 보면 반드시 면전에서 말하며 꾸짖었지만, 마땅히 포용해야 할 부분에 있어서는 도량이 크고 넓었기에 자신에게 손해가 될지언정 타인에게 해를 입히지는 않았다. 이 때문에 비록 혹 분별할 만한 것이 있다 해도 끝내 분변하지 않았다.

부군은 타고난 재주가 무리에서 빼어났고 굳센 기상이 남보다 뛰어났다. 일찍이 "나는 부모의 사랑에 의지했던 적이 적었고 장성해서는 다시 변고가 많아 결국 배움의 시기를 놓쳤다. 다만 《대학》만은 50번 읽었고 다른 서책은 모두 섭렵했을 뿐이다."라고 하였다. 오히려 세속 문자는 모두 지을 것이 못 되는 것처럼 여겼지만 수응(酬應)할 일이 있을 때면 모두 붓을 잡고 바로 써 내려가되 쓰임에 분명하고 실정에 꼭 맞았다. 이따금 예(禮)에 대한 질문에 답할 때에는 또한 고금에 근거하여 절충한 것이 많았다.

부군이 어릴 적 지현공의 상(喪)을 치를 때, 밤중에 홀로 여막(廬幕)에 있으면서 벽에 기대어 잠깐 졸았던 적이 있었다. 때는 마침 여름이라 하늘이 어둑하고 비가 많이 내렸는데, 창이 갑자기 저절로 열리더니 털이 나 있는 손처럼 생긴 어떤 물체가 부군의 얼굴을 거침없이 더듬었다. 부군은 요괴의 짓이라 여기고 즉시 목침으로 쳐서 쫓아낸 뒤 편안하게 잠을 잤다. 평상시에 무당을 통렬하게 끊어 접근하지 못하게 하였다.

부군은 인륜에 독실하고 의를 좋아하였으며 일을 처리하는 탁월함과 시원스러움 또한 이와 같았거늘, 당시에 때를 만나지 못하여 관직이 겨우 일명(一命)에 그친 채 세상을 떠나고 만 것은 어째서인가. 남야(南野) 박(朴) 아무개가 일찍이 글을 지어 부군을 제사 지냈으니, "혼탁한 풍조 온 세상이 다 이러하거늘, 공은 맑음을 드날리고자 하였네. 어두운 시대에 뭇사람들은 영리를 좇지만, 공만은 우뚝한 기상을 바꾸지 않았네. 간언을 받아들이는 밝은 시대 만났더라면 사대부들이 마땅히 공의 강직함에 힘입었을 것이고, 불행하게도 모함하는 혼란한 조정에 처하였더라면 또한 공의 강직함 쉽게 수용하지 못했으리라."[12]라고 하였고, 또 "뛰어난 논변, 탁월한 식견, 문물에 대한 의식, 빼앗기 어려운 역량은 백대 뒤에도 나는 다시 보지 못하리라."라고 하였다.

배위는 옥산 장씨(玉山張氏)이니, 문강공(文康公) 여헌(旅軒)

12 남야(南野)……못했으리라 : 남야(南野)는 박손경(朴孫慶, 1713~1782)을 말한다. 본관은 함양(咸陽), 자는 희유(希有), 남야는 그 호이다. 그의 저서 《남야집(南野集)》 권6에 〈제정참봉주원문(祭鄭參奉青源文)〉이 수록되어 있다.

선생 휘(諱) 현광(顯光)의 후손이고, 통덕랑(通德郞) 대유(大猷)의 따님이다. 부군을 섬기는 데에 덕을 어김이 없었다. 병인년(1686, 숙종12) 9월 모일에 태어나 정미년(1727, 영조3) 5월 21일에 돌아가셨으니, 향년 42세이다. 황림(篁林) 오향(午向) 언덕에 장사 지냈다.

4남 2녀를 낳았으니, 장남은 인모(仁模), 그다음은 의모(義模), 예모(禮模), 생원(生員)으로 현감(縣監)을 지낸 지모(智模)이고, 딸은 유성헌(柳聖憲), 김제동(金濟東)에게 각각 시집갔다. 서녀(庶女)는 박재성(朴載性)에게 시집갔다. 인모는 부림 홍씨(缶林洪氏)에게 장가들어 아들을 하나 낳았으니, 곧 불초손 종로(宗魯)이며 외람되이 지평(持平)에 배수되었다. 재취는 충주 박씨(忠州朴氏)이며 1남 2녀를 낳았으니, 아들은 재로(宰魯)이고, 딸은 조명복(趙明復), 김경(金絅)에게 각각 시집갔다. 의모는 함양 박씨(咸陽朴氏)에게 장가들어 3남 1녀를 낳았으니, 아들은 익로(翼魯), 태로(泰魯), 명로(明魯)이고, 딸은 김상성(金相聖)에게 시집갔다. 재취는 강릉 김씨(江陵金氏)이며 1녀를 낳았으니, 이국배(李國培)에게 시집갔다. 예모는 고성 이씨(固城李氏)에게 장가들어 1남 2녀를 낳았으니, 아들은 성로(成魯)이고, 딸은 봉사(奉事) 오염(吳琰), 김원진(金原進)에게 각각 시집갔다. 서녀는 오성권(吳成權)에게 시집갔다. 재취는 경주 김씨(慶州金氏)이며 자식이 없다. 지모는 1남 2녀를 낳았으니, 아들은 영로(榮魯)이고, 딸은 조원성(趙元城), 황지희(黃趾熙)에게 각각 시집갔다. 유성헌은 1남을 낳았으니 굉(浤)이다. 김제동에게는 사자(嗣子)가 있다. 증손(曾孫) 이하는 기록하지 않는다.

내가 부군을 섬긴 것이 거의 10여 년이었지만, 그때는 어린 시절이라 내 귀와 눈으로 보고 기억하는 것은 겨우 열에 한둘일 뿐이니 하물며 이보다 앞선 일은 어떠하겠는가. 이로써 부군의 아름다운 행실과 훌륭한 규범 가운데 분명 후세에 전할 만한 것이 많지만 모두 이를 자세히 알 수 없으니, 다만 여러 사람들이 함께 알고 있는 것에 근거하여 삼가 이상과 같이 써서 후손들에게 보이노라. 아, 슬프도다!

선고 학생 부군 가장
先考學生府君家狀

부군의 휘(諱)는 인모(仁模), 자(字)는 공언(公彦)이다. 우리 진양 정씨(晉陽鄭氏)가 상주(尙州)에 살게 된 것은 여말(麗末)에 어사공(御史公) 휘 택(澤)이 상주목(尙州牧)의 일을 맡아 자신의 아들 부사(府使) 휘 의생(義生)을 머무르게 했을 때부터 시작되었고, 그 후 여러 대 동안 관직을 역임한 이가 있었다. 그러나 대대로 유자(儒者)의 행실로 상주(尙州)의 망족(望族)이 되었고 우복(愚伏) 선생 휘 경세(經世)에 이르러 도학(道學)으로 세상에 이름났으며 이조 판서(吏曹判書)를 지냈고 좌찬성(左贊成)에 증직되었으며 시호는 문장(文莊)이니, 이분이 부군의 5대조이다. 고조 휘 심(杺)은 문과에 급제하여 한림(翰林)을 지냈고, 증조 휘 도응(道應)은 유일(遺逸)로 자의(咨議)를 지냈으며, 조부 휘 석교(錫僑)는 학행(學行)으로 천거되어 현감(縣監)을 지냈고, 고(考) 휘 주원(冑源)은 재주로 천거되어 침랑(寢郎)를 지냈다. 비(妣)는 옥산 장씨(玉山張氏)이니, 문강공(文康公) 여헌(旅軒) 선생 휘 현광(顯光)의 후손이고, 통덕랑(通德郎) 대유(大猷)의 따님으로 명릉(明陵 숙종) 정해년(1707, 숙종33) 12월 23일에 부군을 낳았다.

부군은 어릴 적에 재주가 탁월하여 학교에 들어갈 무렵 증선지(曾先之)의 《십팔사략(十八史略)》[13] 한 권을 배우고 문리(文理)가

13 십팔사략(十八史略) : 원(元)나라의 증선지(曾先之)가 지은 중국의 역사책으

이미 통달하였다. 그 후로 다시는 번거롭게 가르치지 않아도 보고 기억하는 것과 글을 짓는 재주가 날로 풍부해지고 달로 새로워졌다. 15, 16세에 이미 실력이 출중하여 과거 공부하는 이들 중 뛰어나 함께 공부하던 이들이 미치지 못할 정도였지만, 부군이 좋아하는 바는 아니었다. 타고난 바탕이 조용하고 인자하여 모든 명리(名利)와 영화(榮華)에 대해 담박하게 여기며 마음에 두지 않았다. 어버이의 잠자리 안부와 음식 상태를 살필 때 외에는 늘 방에서 한가하게 지내면서 좌우에 도서를 두고 종일토록 이치를 탐구하였다. 모든 행동거지가 단정하고 여유로워서 쓸데없는 생각이나 급작스런 태도가 전혀 없었다.

부군은 효심이 순수하고 지극하였다. 자제(子弟) 된 직분을 공경히 행하여 서라고 하면 서고, 앉으라고 하면 앉는 등 오직 명을 따를 뿐 터럭만큼도 명을 어겨서 부모와 어른들의 꾸지람을 받은 적이 없었다. 모친 장씨(張氏) 부인의 상을 치를 때 길지(吉地)를 얻지 못했던 까닭으로 시일을 넘겨 장사 지냄을 면치 못했다. 장사 지내기 전 11개월 동안 머리 빗질을 하지 않아 이가 겹겹이 머리카락에 붙어 있고, 밤낮으로 수질(首絰)과 요대(腰帶)를 풀지 않아 무더운 여름에 피부가 손상되었지만 이를 돌보지 않았다. 부친 침랑공(寢郎公)이 장릉 참봉(章陵參奉)으로 입직하였을 때, 부친을 대신하여 집안일을 주관한 4개월 동안 전곡(錢穀)의 소비는 한결같이 부친이 정해 놓은 것을 따랐고, 비록 아주 적은 양이라

로, 중국의 역사와 아울러 한문을 익히기 위하여 조선 초기부터 학동들에게 많이 읽힌 서적 중 하나이다.

해도 문서에 기록하여 바치지 않은 것이 없었다.

여러 아우 및 사촌들과 지낼 때에 한결같이 온화한 모습을 하여 은혜와 사랑이 모두 지극하였고, 화를 내는 모습이나 꾸짖는 소리를 비록 잠시나마 보고 듣고자 하더라도 또한 그리할 수 없었다. 먼 친족과 천한 얼자(孼子) 가운데 추위에 묵으러 온 이가 있으면, 비록 누더기 옷을 걸치고 온 몸에 이가 가득한 자라 할지라도 같은 이불을 덮고 누워서 그들을 싫어하거나 혐오하는 마음이 조금도 없었다. 이 때문에 계부(季父) 지현공(知縣公)이 항상 말하기를 "옛 우물처럼 고요함과 봄바람처럼 온화함을 나는 오직 백씨(伯氏)에게서만 보았다."라고 하였다. 불행하게도 경신년(1740, 영조16)에 기이한 병을 얻은 뒤 17년간 다시는 세상일을 살피지 못하였다. 그러나 고단하여 누워 있을 때를 제외하고는 항상 무릎을 접어서 꼿꼿이 앉은 채 저녁부터 아침까지 계셨으니, 이는 천성이 그러했기 때문이다. 병자년(1756) 5월 21일에 향년 50세로 세상을 떠났고, 그해 8월 모일에 전배(前配) 유인(孺人) 부림 홍씨(缶林洪氏)의 오향(午向) 묘소에 합장하였다.

부인 홍씨(洪氏)는 문광공(文匡公) 허백당(虛白堂) 귀달(貴達)의 후손이고, 사간(司諫) 증 부제학(贈副提學) 목재(木齋) 여하(汝河)의 증손 생원(生員) 익귀(益龜)의 따님이다. 성품이 부드럽고 아름다우며 정숙하고 현명하여 부녀자의 법도를 매우 잘 갖추었다. 경인년(1710, 숙종36) 4월 28일에 태어나 16세에 부군에게 시집왔고, 14년 뒤 무오년(1738, 영조14) 11월 13일에 불초자 종로(宗魯)를 낳은 뒤 겨우 4일 만에 돌아가셨으니, 향년이 겨우 29세이다. 후배(後配)는 충주 박씨(忠州朴氏)이니, 진사(進士) 희윤(希尹)의 손자 규장(奎章)의 따님이다. 1남 2녀를 낳았으니, 아들은 재로(宰魯)이고, 딸은 조명복(趙明復), 김경(金絅)에게 각각 시집갔다. 종로는 완산 이씨(完山李氏) 한림(翰林) 수대(遂大)의 아들 민현(民顯)의 따님에게 장가들어 2남 2녀를 낳았다. 장남은 상진(象晉)이고, 차남 상승(象升)과 상관(象觀)은 모두 후사로 나갔으며, 딸은 최식(崔湜), 황석로(黃錫老)에게 각각 시집갔다. 재로는 진산 강씨(晉山姜氏) 장령(掌令) 필신(必愼)의 아들 생원(生員) 세진(世晉)의 따님에게 장가들어 1남 2녀를 낳았다. 재취(再娶)는 인천(仁川) 채덕귀(蔡德龜)의 따님이며 1남을 낳았다. 삼취(三娶)는 광산(光山) 노적심(盧迪心)의 따님이며 3녀를 낳았다. 조명복은 4남 1녀를 낳았으니, 아들은 언유(彦儒), 언휴(彦休), 언수(彦修), 언우(彦佑)이고, 딸은 이만우(李晩愚)에게 시집갔다. 김경에게는 사자(嗣子) 학길(鶴吉)이 있다.

불초는 부군의 슬하에서 10여 년간 지냈지만 당시엔 병환에 걸린 뒤라 기술할 만한 것이 없고, 다만 여러 부형들이 하신 말씀에서 들었던 것을 기록한 것이 이와 같다. 그러나 만의 하나도 계승하지 못한 채 외람되이 국은(國恩)을 입어 등급을 뛰어넘어 지평(持平)에 배수되었으며, 주상이 누차 불렀지만 응하지 않았고 함녕 군수(咸寧郡守)에 보임되어 모친 박씨를 편히 봉양한 것이 수개월이었다. 비록 곧장 그만두긴 했지만 더욱 풍수지탄(風樹之嘆)[14]을 금할 수 없었으니, 하물며 60세가 넘어 죽을 날이 얼마남

14 풍수지탄(風樹之嘆) : 어버이가 세상을 떠나 다시는 봉양할 수 없는 자식의 슬픔을 말한다. 공자가 주(周) 구오자(丘吾子)에게 슬피 통곡하는 이유를 묻자, "나무

지 않은 지금이야 어떠하겠는가. 내가 죽은 뒤 부군의 아름다운 행적이 마침내 사라져 버릴까 두려워서 이에 눈물을 흘리며 삼가 써서 무궁토록 자손들에게 보이고자 하노라.

가 조용하고자 하나 바람이 그치지 않고, 자식이 봉양하고자 하나 어버이가 기다려 주시지 않습니다. 한번 가면 오지 않는 것이 세월이요, 다시 뵐 수 없는 것이 어버이입니다.〔夫樹欲靜而風不停, 子欲養而親不待. 往而不來者年也, 不可再見者親也.〕"라고 한 것에서 나온 말이다. 《孔子家語 致思》

중부 창주 처사 부군 가장

仲父滄洲處士府君家狀

아, 슬프도다! 생각건대 나의 중부(仲父) 창주 처사(滄洲處士) 부군은 명릉(明陵) 기축년(1709, 숙종35) 10월 27일에 태어나 일찍이 한 번 천거된 적이 있었고, 원릉(元陵) 병자년(1756, 영조32) 3월 9일에 돌아가셨으니 향년 48세이다.

종자(從子) 종로(宗魯)는 태어난 시기가 늦어 중부를 받들어 섬긴 것이 겨우 10년이었고, 또 몽매하고 무지함이 심하여 귀와 눈으로 보고 기억하는 것 또한 분명하지 않다. 다만 부군의 아름다운 자질, 바른 학문, 밝게 빛나는 일상의 행실 등을 생각해 보니 오히려 말할 만한 점이 있다. 또한 성현(聖賢)의 도(道)는 다른 게 아니라, 다만 자신의 천명(天命)의 본성(本性)을 근본으로 하여 동정(動靜)의 사이에서 존양성찰(存養省察)[15]의 공부를 이루어 체신달순(體信達順)[16]하려는 것일 뿐이다. 때문에 여기에서 만

15 존양성찰(存養省察) : 존양은 마음을 보존하여 타고난 성품을 기르는 것이고, 성찰은 자신을 살펴 이를 반성하는 것을 말한다. 《중용장구》 제1장에 "군자는 보지 않는 데에도 삼가며 듣지 않는 데에도 두려워한다.〔君子戒愼乎其所不睹, 恐懼乎其所不聞.〕"라고 하였는데, 이것은 존양 공부를 말한 것이며, 이어 "숨겨진 것보다 드러남이 없으며 작은 일보다 나타남이 없으니, 그러므로 군자는 그 홀로 있을 때를 삼가는 것이다.〔莫見乎隱, 莫顯乎微, 故君子愼其獨也.〕"라고 하였는데, 이것은 성찰 공부를 말한 것이다.

16 체신달순(體信達順) : 신실(信實)한 덕을 체득하여 화순(和順)한 경지에 이르게 한다는 뜻이다. 《예기》 〈예운(禮運)〉에, "선왕이 예를 닦아 의에 도달하며, 신실

약 자신에게 얻는 것이 있으면 비록 당시에 크게 행해지더라도 본래 분수에 보태질 것이 없고, 설령 힘겹게 살다가 죽더라도 또한 본래 분수에 손상될 것이 없어서 그 도가 되는 것은 진실로 하나일 뿐이니, 어찌 업적의 유무로 그 사람의 덕행(德行)의 고하를 논하겠는가.

부군은 평소 높은 뜻을 지녔기에 과거 공부에 몰두하는 것을 기꺼워하지 않았고, 평상시에 도(道)를 음미하여 오직 자신을 단속하고 인륜(人倫)을 독실히 하는 사이에 본분을 다하여 일상에서 더욱 익숙하였다. 때문에 비록 작은 언행이라 해도 의리(義理) 가운데에서 나오지 않은 것이 없었으니, 공자가 이른바 "사생활을 살펴보니 또한 충분히 드러내었구나."[17]라고 한 것이 참으로 여기에 있었다. 때문에 마침내 부군의 선대(先代)와 자손(子孫)을 삼가 다음과 같이 자세히 기록하노라.

부군의 휘(諱)는 의모(義模), 자는 경가(敬可), 창주(滄洲)는 그 자호(自號)이다. 우리 진양 정씨(晉陽鄭氏)는 여말(麗末)에 휘 택(澤)이 어사대부(御史大夫)로서 상주목(尙州牧)의 일을 맡았을 때 자신의 아들 부사(府使) 휘 의생(義生)을 머물게 하여 상주에 거주하게 하였다. 의생이 휘 효옹(孝翁)을 낳았으니, 효옹 또한

한 덕을 체득하여 화순한 경지에 이르게 한다.〔先王能修禮以達義, 體信以達順.〕"라고 하였다.

17 사생활을……드러내었구나 : 공자가 "나는 회(回)와 종일토록 말을 해 보면 회가 질문을 하지 않는 것이 마치 어리석은 듯하다고 여겼다. 그러나 회가 물러간 뒤에 그의 사생활을 살펴봄에 또한 충분히 드러내었으니, 회는 어리석지 않다.〔吾與回言終日, 不違如愚, 退而省其私, 亦足以發, 回也不愚.〕"라고 하였다. 《論語 爲政》

부사(府使)를 지냈다. 7대를 지나 천관경(天官卿 이조판서), 시(諡) 문장(文莊), 호(號) 우복(愚伏), 휘 경세(經世)가 퇴계(退溪)의 적전(嫡傳)을 얻어 백세의 유종(儒宗)이 되었으니, 부군에게 곧 5대조이다. 고조 휘 심(杺)은 한림(翰林)을 지냈다. 증조 휘 도응(道應)은 호가 무첨당(無忝堂)이니, 유일(遺逸)로 천거되어 자의(咨議)를 지냈다. 조부 휘 석교(錫僑)는 호가 환성재(喚惺齋)이니, 학행(學行)으로 천거되어 바로 육품(六品)에 제수되었고 현감(縣監)을 지냈다. 부친 휘 주원(冑源)은 참봉(參奉)을 지냈다. 비(妣)는 옥산 장씨(玉山張氏)이니, 문강공(文康公) 여헌(旅軒) 선생 휘 현광(顯光)의 현손 대유(大猷)의 따님이다.

배위(配位)는 함양 박씨(咸陽朴氏)이니, 지평(持平) 성옥(成玉)의 따님이다. 3남 1녀가 있으니, 아들은 익로(翼魯), 태로(泰魯), 명로(明魯)이고, 딸은 김상성(金相聖)에게 시집갔다. 계배(繼配)는 강릉 김씨(江陵金氏)이니, 사인(士人) 석귀(錫龜)의 따님이다. 1녀가 있으니 이국배(李國培)에게 시집갔다. 익로는 생원(生員) 진산(晉山) 강세진(姜世晉)의 따님에게 장가들어 1남 2녀를 낳았으니, 아들은 상리(象履)이고, 딸은 채상구(蔡象九), 길운영(吉運榮)에게 각각 시집갔다. 또 서자 한 명이 있는데 어리다. 태로는 흥양(興陽) 이국성(李國城)의 따님에게 장가들어 2남을 낳았으니, 상익(象益), 상겸(象謙)이다. 명로는 장수(長水) 황정중(黃鼎中)의 따님에게 장가들어 1남 1녀를 낳았으니, 아들은 상목(象牧)이고, 딸은 송규응(宋奎應)에게 시집갔다. 김상성은 계자(繼子)가 정운(貞運)이고, 딸은 유영목(柳永睦)에게 시집갔다. 이국배는 계자(繼子)가 어리고, 딸은 권재황(權載璜)에게 시집갔다.

증손자와 증손녀는 모두 어리다. 민주(民周)는 상익의 아들이다. 부군의 묘는 우산(愚山)의 선영(先塋) 묘향(卯向) 언덕에 있다.

부군은 골격이 청수하고 우뚝하였으며 정신이 맑고 깨끗한 데다가, 본성을 충양(充養)한 것이 이미 두텁고 위의(威儀)가 매우 성대하였다. 의관을 바로 하고 시선을 존엄하게 하여 앉아 있을 때에는 밝은 달이 광채를 내는 듯 시원스러웠고, 법도를 헤아리고 규칙을 준수하여 다닐 때에는 위엄 있는 봉황이 천천히 날아오르듯 거닐었다. 종로(宗魯)가 이 세상에서 지낸 거의 70여 년간 만나 본 선배(先輩) 장덕(長德)[18]이 많지 않은 것은 아니나 끝내 부군 같은 모습을 지닌 자는 있지 않았다.

부군의 타고난 성품은 엄격하면서도 화순하였고, 침착하면서도 민첩하였다. 사람을 대하고 일을 처리하는 데에는 대소를 막론하고 모두 법도가 있으면서도 충후(忠厚)하고 정성스러운 마음이 심중에 흐르지 않은 것이 없었다. 사물에 나아가 이치를 궁구하는 데에는 대소 간에 혹시라도 빠뜨리는 것이 없었으며, 복잡하여 처리하기 어려운 부분[19]은 바로 그 자리에서 꿰뚫어 이해하지 않은

18 장덕(長德) : 나이가 많고 덕행이 뛰어난 사람을 뜻한다.

19 복잡하여……부분 : 원문 '반착긍경(盤錯肯綮)'의 풀이로, 반착은 '반근착절(盤根錯節)'의 준말로서 나무의 뿌리와 마디가 뒤엉켜 있는 것을 뜻하고, 긍경은 뼈와 근육이 엉켜 있어서 칼을 대기 어려운 부위를 뜻하는데, 모두 복잡하여 처리하기 어려운 상황을 비유한다. 《후한서》 권58 〈우후열전(虞詡列傳)〉에, "서린 뿌리와 뒤엉킨 마디를 만나지 않으면 예리한 연장을 분별할 수 없으니, 이는 바로 내가 공을 세울 좋은 기회이다.〔不遇盤根錯節, 無以別利器, 此乃吾立功之秋.〕"라고 하였으며, 《장자(莊子)》 〈양생주(養生主)〉에서 한 백정이, "경락(經絡)과 긍경(肯綮)이 칼의 움직임을 조금도 방해하지 않는데 하물며 큰 뼈이겠습니까.〔技經肯綮之未嘗而況大

것이 없었다. 의약(醫藥)·복서(卜筮)·성경(星經)·지리(地理) 등과 같은 것 또한 학문한 뒤 남은 힘으로 두루 능통하지 않음이 없었고, 더욱이 평이하고 명백한 도리(道理)에 대해 깊이 체득하여 힘써 실천하였다.

매일 새벽이면 일찍 일어나 세수한 뒤 곧장 부친에게 몸소 안부를 여쭈었고, 기쁜 낯빛과 온화한 모습을 하고서 한결같은 뜻으로 명을 받들어 순응하였다. 부친에게 완곡하게 간할 일이 있을수록 더욱 조용히 말씀드려서 반드시 도(道)에서 깨닫게 한 이후에 그만두었다. 부친과 조금 떨어진 곳에서 지낼 때면 반드시 사람을 보내어 안부를 먼저 여쭈었으니, 이와 같이 하지 않은 날이 없었다. 맛난 음식과 의복 또한 오직 힘이 닿는 대로 정성을 다해서 부친의 입과 몸에 맞도록 갖추었다. 부친이 병으로 누워 지내신 여러 해 동안 부군은 밤낮으로 모시고 간호하면서, 허리띠를 풀지 않고 눈도 붙이지 않은 채 석 달을 하루처럼 보내었다. 비록 병세가 조금 호전되었을 때라도 약을 달이고 미음 끓이는 일을 반드시 제때에 맞게 하였고, 혹 때를 어길까 두려워 남에게 맡긴 적이 없었다. 천연두로 부친상을 당하게 되자 슬픔으로 몸이 손상되어 목숨이 끊길 뻔한 것이 수차례였지만, 또한 끝없는 슬픔이라 여기며 다만 가슴 치고 발 구르는 것만을 일삼은 것이 아니라, 부신(附身)[20]에 필요한 모든 물건들을 하나하나 마련하여 정성스럽고

輒乎?〕"라고 하였다.

20 부신(附身) : 몸에 장착하는 것으로, 여기서는 빈렴(殯斂)에 사용하는 수의(壽衣) 등 의금(衣衾)을 뜻한다. 《예기》 〈단궁(檀弓)〉에 이르기를 "자사가 말하기를

신실하게 예를 다하였다. 빈(殯)을 한 뒤에야 비로소 밖으로 나가 피하였던 까닭에 천연두에 전염되어 돌아가셨으니, 아, 슬프도다!

일찍이 장씨(張氏) 부인의 상(喪)을 당했을 때 부군은 약관(弱冠)의 나이로 예를 행하는 것이 오직 정중하였다. 장사 지내기 전 11개월 동안 머리카락을 빗지 않았고, 무더운 여름에도 수질(首絰)과 요대(腰帶)를 풀지 않아 피부가 상하기까지 하였다. 선대(先代)의 제사 때마다 부친 침랑공(寢郎公)을 도왔는데, 미리 재계(齋戒)한 뒤에 제수(祭需)를 청결히 하는 데에 힘을 쏟았고, 제사를 지낼 때에는 혼령이 임한 듯 엄숙하고 공경하게 행하였으니, 함께 제사를 지내는 사람들이 자기도 모르는 사이에 부군과 한 마음이 되었다. 일찍이 선대의 도를 계승하는 데에 뜻을 다하였기에 부친의 명으로 가보(家譜)를 편찬하고 종약(宗約)을 세웠으며, 또한 서실(書室)을 수리하여 옛적에 잃어버린 서책을 널리 찾아서 회복시켰다.

형제들과의 우애가 매우 돈독하였다. 종로(宗魯)의 선군자가 일찍이 고질병에 걸려 늘 침상에서 지냈는데, 부군은 추운지 더운지를 살피고 배가 고픈지 부른지를 여쭈었으니, 마치 사마온공(司馬溫公)이 백강(伯康)에게 한 것[21]과 같을 뿐만이 아니었다. 선비

'상을 당하면 3일 만에 빈을 한다. 무릇 시신에 사용하는 것은 반드시 정성스럽고 신실하게 하여 뒷날에 후회하는 일이 없도록 해야 한다.' 하였다.〔子思曰, 喪三日而殯, 凡附於身者, 必誠必信, 勿之有悔焉.〕"라고 하였다.

21 사마온공(司馬溫公)이……것 : 사마온공이 그의 형 백강과 우애가 매우 돈독하였던 것을 말한다. 사마온공은 송(宋) 사마광(司馬光)의 봉호(封號)이고, 백강은 사마광의 형 사마단(司馬旦)의 자(字)이다. "사마온공은 그의 형 백강과 우애가 특히

(先妣)가 병에 걸렸을 때에도 마음을 다해 병을 치료하였고, 일가의 온갖 일을 담당하면서 이를 자제(子弟)가 된 직분으로 여겨 끝내 해이하게 하지 않았다. 여러 아우들과 지낼 때에는 그들의 기쁜 마음을 얻는 데에 힘을 쏟았다. 내형(內兄) 유굉(柳浤)이 때마침 와서 의탁하고 있다가 부군과 같은 시기에 천연두에 걸려 다른 곳에 있었다. 부군은 위독한 중에도 맛있는 음식을 보면 반드시 내형에게 보내라고 명하였고, 또 자식들에게 경계하기를, "네 아비 때문에 이분을 잊어서는 안 된다."라고 하였다.

자질들을 가르치되 의로운 방도로써 인도하여 감히 게으르거나 태만해지지 않도록 하였는데, 나의 경우에는 태어났을 때 이미 모친이 돌아가신 상태였다는 이유로 다른 조카들보다 남달리 대하여 주셨다. 늘 애달피 여기며 보살펴 주셨고 이끌어 바로잡아 주심이 더욱 지극하였기에 불초 또한 부군을 아버지처럼 스승처럼 섬겼다. 비록 우둔한 자질 때문에 부군을 기꺼이 따르고 받든 것이 없었음에도 지금껏 큰 허물을 면할 수 있었던 것은, 아주 작은 것조차도 모두 부군이 은혜를 내려 주셨던 덕분이다.

지금 부군이 돌아가신 지 벌써 49년이 되었는데 부군의 훌륭한 덕성을 떠올려 보면 하나하나 모두 본받을 만하다. 또한 옛 성현(聖賢)의 글에 질정해 본다면, 마치 안자(顏子)의 사물(四勿),[22]

돈독하였다. 백강의 나이 80이 되자 온공은 엄한 아버지처럼 모셨다.〔溫公與其兄伯康, 友愛尤篤, 伯康年將八十, 公奉之如嚴父.〕"라고 하였다. 《小學 善行》

22 안자(顏子)의 사물(四勿) : 공자가 안연(顏淵)에게 말해 준 네 가지 경계를 말한다. 《논어》 〈안연(顏淵)〉에 "예가 아니면 보지 말고, 예가 아니면 듣지 말고, 예가 아니면 말하지 말고, 예가 아니면 행동하지 말라.〔非禮勿視, 非禮勿聽, 非禮勿言, 非

증자(曾子)의 삼성(三省),[23] 장사숙(張思叔)의 좌우명(座右銘),[24] 범익겸(范益謙)의 좌우계(座右戒)[25] 등과 같이 위기지학에 절실하지 않음이 없어서, 도(道)의 고묘(高妙)함이 행하고 말하는 일상에서의 떳떳한 인륜 밖으로 진정 벗어나지 않았다. 그렇다면 부군이 일찍 종사했던 것과 전심으로 힘을 쏟았던 것에다가 만약 하늘이 천수(天壽)를 빌려주어 조예(造詣)의 공부를 다하게 해 주었더라면, 우리 가문의 학맥이 여기에 힘입어 더욱 알려질 수 있었을 뿐만이 아니었을 것이다. 혹 때를 만나 세상에 쓰였더라면

禮勿動.〕"라고 하였다.

23 증자(曾子)의 삼성(三省) : 증자가 날마다 실천한 세 가지 반성을 말한다. 《논어》〈학이(學而)〉에, "나는 날마다 세 가지로 자신을 반성하니, 남을 위하여 일을 도모함에 충성스럽지 못한가, 붕우와 더불어 사귐에 성실하지 못한가, 전수받은 것을 복습하지 않는가 하는 것이다.〔吾日三省吾身, 爲人謀而不忠乎? 與朋友交而不信乎? 傳不習乎?〕"라고 하였다.

24 장사숙(張思叔)의 좌우명(座右銘) : 장사숙은 장역(張繹, 1071~1108)으로, 사숙은 그의 자이다. 《송명신언행록(宋名臣言行錄)》에, "말은 반드시 충성되고 미덥게 하며, 행실은 반드시 돈독하고 공경히 하며, 음식은 반드시 삼가고 알맞게 하며, 글씨는 반드시 반듯하고 바르게 쓰며,……선을 보거든 자기에게서 나온 것같이 하며, 악을 보거든 자기의 병인 것처럼 하라.〔凡語必忠信, 凡行必篤敬, 飮食必愼節, 字畫必楷正,……見善如己出, 見惡如己病.〕"라고 하였다.

25 범익겸(范益謙)의 좌우계(座右戒) : 범익겸은 범충(范沖, 1067~1141)으로, 익겸은 그 자이다. 《동래변지록(東萊辨志錄)》에, "첫째, 조정에서의 이해와 변방으로부터의 소식과 관직의 임명에 대하여 말하지 말 것, 둘째, 주현(州縣) 관원의 장단(長短) 득실(得失)에 대하여 말하지 말 것,……여섯째, 음탕하고 난잡한 농지거리나 여색에 대한 평론을 말하지 말 것, 일곱째, 남의 물건을 요구하거나 주식(酒食)을 구하고 찾는 일을 말하지 말 것.〔一不言朝廷利害邊報差除, 二不言州縣官員長短得失……六不言淫媟戲慢評論女色, 七不言求覓人物干索酒食.〕"이라고 하였다.

또한 마땅히 재주를 크게 펼칠 수 있었을 것이니, 지금을 교화시키고 후대로 전해질 것이 어떠하였겠는가. 그러나 지금 모두 끝이나 버렸으니 다시 말할 만한 것이 없다. 다만 부군이 평소 종유했던 이소산(李小山),[26] 박남야(朴南野)[27] 등 제현들은 모두 부군이 마음에 보존한 바를 잘 알았기에 허여하고 칭송하는 말이 이따금 그들의 글에 보이니, 이는 후대에 징험할 만하기에 충분하다. 그러나 마음을 잡아 보존하고 실천하는 실상에 있어서는 다만 부군 곁을 모시며 늘 덕에 훈도되었던 사람만이 자세히 알 수 있으니, 이 때문에 이에 감히 내 졸렬한 글재주를 생각하지 않고 훗날 붓을 잡는 이가 채택할 바탕에 대비하노라.

26 이소산(李小山) : 이광정(李光靖, 1714~1789)을 말한다. 본관은 한산(韓山), 자는 휴문(休文), 소산은 그의 호이다. 대산(大山) 이상정(李象靖)의 아우이다. 1740년(영조16)에 대과에 낙방한 뒤로, 고향에 돌아와 형 이상정과 함께 학문에 전념하였다. 저서에 《소산집(小山集)》이 있다.

27 박남야(朴南野) : 박손경(朴孫慶, 1713~1782)을 말한다. 앞의 주 12) 참조.

숙부 성건당 부군 가장

叔父省愆堂府君家狀

부군의 휘(諱)는 예모(禮模), 자는 화언(和彦)이다. 우리 진양 정씨(晉陽鄭氏)는 여말의 어사대부(御史大夫) 휘 택(澤)이 그 시조이니, 이분이 상주 목사(尙州牧使)가 되었을 때 자신의 아들 휘 의생(義生)을 상주에 머물러 살게 하였다. 의생은 부사(府使)를 지냈고, 그의 아들 휘 효옹(孝翁) 또한 부사를 지냈다. 대대로 유자(儒者)의 행실로 서로 전해지다가 대총재(大冢宰) 문장공(文莊公) 휘 경세(經世)에 이르러 비로소 크게 드러났으니 부군에게 5대조이다. 고조 휘 심(杺)은 내한(內翰)을 지냈고, 증조 휘 도응(道應)은 자의(咨議)를 지냈으며, 조부 휘 석교(錫僑)는 현감(縣監)을 지냈고, 부친 휘 주원(胄源)은 참봉(參奉)을 지냈다. 비(妣)는 옥산 장씨(玉山張氏)이니, 문강공(文康公) 여헌(旅軒) 선생 휘 현광(顯光)의 후손이고, 통덕랑(通德郎) 대유(大猷)의 따님이다. 숙종 계사년(1713, 숙종39) 10월 19일에 부군을 낳았다.

부군은 풍채와 거동이 준수하고 비범하여 어릴 적부터 사람들이 모두 공경(公卿)과 목백(牧伯)이 될 그릇이라고 칭송하였다. 다만 때를 제대로 만나지 못해 포의(布衣)의 신분으로 임천(林泉)에서 삶을 마쳤지만, 평생 실천한 대략은 타인을 넘어서는 점이 많았다. 부친 침랑공(寢郎公)이 오랫동안 병을 앓았을 때 정성을 다해 곁에서 모시며 간호하였고, 상(喪)을 당하자 조금의 물도 마시지 않고 밤낮으로 끊이지 않고 곡한 것이 사흘이었지만 하루

같이 여기며 행하였다. 이에 앞서 당시 조부 지현공(知縣公)이 문장공(文莊公)의 신도비를 새겨 두기만 하고 세울 겨를이 없어 침랑공이 늘 이 점을 근심하였는데, 부군이 조부의 유지(遺旨)를 잘 체행하여 상(喪)을 지내자마자 묘 아래에서 재물을 거두고 사림들을 모아 비석을 세웠다.

부군은 숙부 처사공(處士公)을 효심과 공경으로 섬겼다. 마침 인접하여 살았을 때, 맛난 음식을 드리고 가르침에 순응하여 감히 행여라도 게을리하지 않았다. 처사공이 이를 매우 가상하게 여겨 "비록 나의 죽은 맏아들이라 해도 어찌 이보다 더 잘할 수 있겠는가."라고 하였으니, 숙부의 맏아들이 어버이를 잘 섬겨 칭송받았었기 때문이다.

병자년(1756, 영조32)에 부친 침랑공이 돌아가신 뒤 중부(仲父)와 선군(先君)이 잇달아 세상을 떠났으며, 이때 또 거듭된 기근으로 먹여 살릴 많은 식구들이 모두 굶주리게 되자 부군이 홀로 이를 감당하였다. 장례를 치르는 일과 앞으로 살아갈 방도와 관계된 모든 것에 부지런히 노력하지 않은 바가 없었고, 자신의 전택(田宅)을 팔아 종가(宗家)의 묵은 빚을 갚아 주기까지 하였다. 평소 사용하는 온갖 물건들은 나올 데가 없었고 의지할 것은 오직 우산(愚山) 골짝의 소나무 뿐이었으나 그 재산도 넉넉하지 못하여 또한 조금도 개인적으로 보관해 둔 것이 없었다. 소자(小子)가 혼인을 하자 곧 종사(宗事)를 맡기고서 자녀들을 데리고 촌사(村舍)로 나와 거주하였다. 처사공 또한 이를 매우 가상하게 여겼고, 부군의 자형(姊兄) 유공(柳公) 또한 "그가 일을 처리해 내는 것은 비록 고인이라 해도 이보다 더 나을 수는 없을 것이다."라고 하였다.

우산(愚山) 이십경(二十景)[28] 별업(別業)을 침랑공이 종가(宗家)로 모두 귀속시켜서 이를 분배하여 지파(支派)의 소유로 삼지 않도록 한 적이 있었다. 부군은 유지(遺旨)를 따라 침랑공이 돌아가시고 3년이 지난 뒤에 온 가문이 일제히 모여 분가하던 날에 종족들과 논의하여 침랑공의 유지가 변치 않게 한 후에야 그만두었다. 또 백성들을 모아 산내(山內)의 황폐한 밭을 개간하여 조세를 거두어 종가의 쓰임에 보태었고, 아울러 퇴락한 문장공(文莊公)의 서실(書室)을 한꺼번에 중수하였다.

부군은 천성이 넓고 너그러워서 마음에 불가한 것이 있어서 참을 수 없을 듯한 일이 있다가도 곧장 마음을 확 열었으니, 잠깐 사이에 우레 같은 위엄이 봄바람으로 변하였다. 고을 사람 가운데 뜻밖의 상황에서 불선한 행동을 하는 자에게는 다만 한번 웃어 줄 뿐 서로 따지려는 뜻을 둔 적이 없었으니, 식자들이 모두 부군의 너른 인품에 감복하여 대가(大家)의 풍도가 있다고 하였다. 평소 위엄 있는 결단이 보통을 넘어섰다. 애꾸눈을 지닌 여종을 몹시 아꼈었는데, 여종이 죄를 짓자 그 즉시 쫓아내어 가까운 곳에

28 우산(愚山) 이십경(二十景) : 우복 정경세가 상주에서 거주할 때 거닐며 흥취를 돋우던 20경을 말한다. 서실(書室), 회원대(懷遠臺), 오봉당(五峯塘), 산경담(山影潭), 오노대(五老臺), 우화암(羽化巖), 어풍대(御風臺), 오주석(鰲柱石), 상봉대(翔鳳臺), 만송주(萬松洲), 계정(溪亭), 수륜석(垂綸石), 선암(船巖), 화서(花漵), 쌍벽단(雙壁壇), 운금석(雲錦石), 청산촌(青山村), 화도암(畫圖巖), 공선봉(拱仙峯), 수회동(水回洞) 등이 여기에 해당한다. 《愚伏集 卷1 愚谷雜詠二十絶》, 《立齋集 卷3 敬次先祖愚山二十景韻》

발을 들이지 못하게 하였고, 고용된 하인이 혹 한 번이라도 죄를 지으면 또한 조금도 용서해 주지 않았다.

부군은 침랑공의 명으로 한 풍수가를 맞이해 온 적이 있었으니, 곧 당시의 고승(高僧)이었다. 다른 사람들은 그를 맞이해 올 수 없었지만 부군은 탁월한 논변으로 그의 마음을 움직여 마침내 함께 오게 되었다. 부군이 이르는 곳마다 감화시키는 위력이 사람들에게 젖어들 때면, 모두들 부군의 말에 경도되었기 때문에 침랑공이 일을 주관하는 재주로 부군을 허여했었던 것인데, 다만 시행해 볼 길이 없었다.

편지글은 간결하면서도 도리에 합당하여 사람들이 혹 입으로 외어 전하며 자신의 자제들을 면려하기도 하였다. 만년에는 책 보는 것을 좋아하였고 문장공의 유집(遺集)에 더욱 잠심하여 항상 책상 위에 올려 두었다. 문을 닫고 조용히 앉아서 한가롭게 수양하는 데에서 즐거움을 느끼며 성건당(省愆堂)이라 자호하였다. 비록 70여 세의 나이에도 봄빛 같은 기상이 쇠하지 않아 바라볼수록 신선 같았다. 향년 76세로 건릉(健陵 정조) 무신년(1788, 정조 12) 5월 15일에 세상을 떠났으니, 아, 슬프도다!

소자는 어릴 적부터 부군에게 은혜와 보살핌을 입었다. 소자가 심한 전염병에 걸려 죽을 뻔한 적이 있었는데, 부군이 직접 치료해 주시며 밤에 잠을 이루지 못한 것이 여러 날이었다. 그 외에 소자를 보호해 주어 온전하고 편안하게 해 주신 것들을 다 기록할 수 없건만, 다만 불초자는 그 만의 하나도 갚지 못했으니 노년에 이르러 이를 수 없는 애통함만이 더욱 간절하다. 이에 감히 대략 유사(遺事)를 기록하여 자손들이 살펴볼 자료로 삼지만, 또한 어찌 나의 작은 정성을 바칠 바탕이 되겠는가.

부군은 모두 두 번 장가들었다. 전배(前配)는 고성 이씨(固城李氏)이니, 문정공(文貞公) 암(嵒)[29]의 후손이고 원유(元愈)의 따님이다. 3남이 있으니, 첫째와 둘째는 모두 장가들지 못한 채 요절하였고, 셋째는 성로(成魯)이다. 2녀는 봉사(奉事) 오염(吳琰)과 김원진(金原進)에게 각각 시집갔다. 서녀는 오성권(吳成權)에게 시집갔다. 후배(後配)는 경주 김씨(慶州金氏)이니, 충암(冲庵) 정(淨)[30]의 후손 아무개의 따님이고, 자식이 없다. 성로는 참봉(參奉)을 지낸 광릉(廣陵) 이달중(李達中)의 따님에게 장가들었으며, 아들이 없어서 종로의 계자(季子) 상관(象觀)을 후사로 삼았으니, 유명(遺命)을 따른 것이다. 2녀가 있으니 장녀는 이택운(李宅運)에게 시집갔고, 차녀는 아직 시집가지 않았다. 오염은 1녀가 있으니, 진사(進士) 신도수(申道洙)에게 시집갔다. 김원진은 1남이 있으니 어리고, 4녀가 있으니 한 딸은 이휘□(李彙□)에게 시집갔고, 나머지는 어리다. 부군의 묘는 이계(泥溪) 묘향(卯向) 언덕에 있다.

29 문정공(文貞公) 암(嵒) : 이암(李嵒, 1297~1364)으로, 자는 고운(古雲), 호는 행촌(杏村), 문정은 그 시호이다. 고려 충선왕(忠宣王)·충혜왕(忠惠王)·충목왕(忠穆王)·충정왕(忠定王) 등의 신임을 받았으며, 공민왕 때 홍건적의 난이 일어나자 문하시중으로서 도원수를 맡았고 안동까지 왕을 호종하여 공신에 봉해졌다. 글씨에 뛰어나 동국(東國)의 조자앙(趙子昻)으로 불렸다.

30 충암(冲庵) 정(淨) : 김정(金淨, 1486~1521)으로, 자는 원충(元冲), 충암은 그 호이다. 1514년에 왕후 신씨 폐위의 주모자인 박원종 등을 추죄(追罪)할 것을 상소하였다가 왕의 노여움을 사서 보은(報恩)에 유배되었고, 1519년 기묘사화로 극형을 받았으나 영의정 정광필(鄭光弼) 등의 옹호로 유배되었으며, 1521년 신사무옥에 연루되어 사림파의 주축들과 함께 다시 중죄에 처해져 사사(賜死)되었다.

계부 통훈대부 행 음성 현감 추간 부군 가장
季父通訓大夫行陰城縣監秋澗府君家狀

부군의 휘(諱)는 지모(智模), 자는 계정(季貞), 호는 추간(秋澗)이며, 천관경(天官卿 이조 판서) 문장공(文莊公) 우복(愚伏) 선생의 5대손이다. 고조 휘 심(杺)은 한림(翰林)을 지냈고, 증조 휘 도응(道應)은 유일(遺逸)로 자의(咨議)를 지냈으며, 조부 휘 석교(錫僑)는 현감(縣監)을 지냈고, 부친 휘 주원(冑源)은 참봉(參奉)을 지냈다. 비(妣)는 옥산 장씨(玉山張氏)이니, 문강공(文康公) 여헌(旅軒) 선생의 현손(玄孫) 대유(大猷)의 따님이다.

부군은 명릉(明陵) 병신년(1716, 숙종42) 정월 12일에 상주(尙州) 율리(栗里)의 옛집에서 태어났다. 원릉(元陵) 임오년(1762, 영조38)에 생원시에 합격하였고, 경인년(1770)에 처음 관직에 진출하여 경기전 참봉(慶基殿參奉)이 되었다. 임진년(1772)에 내직으로 들어가 전설사 별검(典設司別檢)이 되었고, 이윽고 의금부 도사(義禁府都事)로 옮겼으며 광흥 봉사(廣興奉事)로 전직되었다. 다시 금오부(金吾府)로 들어갔다가, 임기가 찬 뒤 귀후서 별제(歸厚署別提)에 제수되었으며, 빙고 별제(冰庫別提)로 옮겼다. 을미년(1775)에 외직으로 나가 음성 현감(陰城縣監)이 되었다. 병신년(1776, 정조1) 12월에 파직되었는데, 고향으로 미처 돌아오기 전 28일에 음성현 관저에서 세상을 떠나셨으니, 향년 61세이다. 이듬해 봄 우산(愚山) 선영 곁 신좌(辛坐) 언덕에 장사 지냈다.

부군은 어릴 적부터 원대한 뜻을 지녔다. 학교에 들어간 뒤로

늘 전일하고 독실하게 공부하여 게을리하지 않았고, 가난하여 힘들게 지내는 생활[31]을 하루같이 여겼다. 약관의 나이에 이미 실력이 출중하여 과거 공부하는 이들 중 빼어났는데 만년에야 비로소 소과(小科)에 합격하였다. 평상시 지낼 때에 독서를 그만두지 않았고 고요하게 스스로 지조를 지키면서 벼슬에 나아갈 뜻을 두지 않았다. 그러다 일명(一命)[32]의 성은을 받게 된 이후로는 스스로 세록(世祿)의 신하라 여기며 오직 마음을 다해 직분에 종사하는 것을 책무로 여겼다.

재랑(齋郎)[33]이 되었을 때 전졸(殿卒)을 사랑하며 아꼈기에, 전졸들 모두 부군을 칭송하고 받들면서 영불(嶺佛)이라고 일컬었다. 일찍이 전설(典設)로서 주상이 어가(御駕)를 타고 성외(城外)로 나갈 당시에, 한 통례(通禮)[34]가 미처 대기하고 있지 않아 부군이 갑작스레 이끌려 대신하게 된 적이 있었다. 잠시 후에 그 통례가 허겁지겁 달려와 행렬 안으로 뚫고 들어갔는데, 부군은 자리가 매

31 가난하여……생활 : 원문의 '끽담공고(喫淡攻苦)'의 풀이로, 변변찮은 음식을 먹으며 고생을 견디는 힘든 생활을 비유한다.

32 일명(一命) : 처음으로 관직에 제수될 때에 받는 최하위 종9품의 관직으로, 여기서는 경기전 참봉(慶基殿參奉)에 해당한다.

33 재랑(齋郎) : 묘(廟)·사(社)·전(殿)·궁(宮)·능(陵)의 참봉 혹은 제향(祭享) 때에 향로(香爐)를 받들어 가지는 제관(祭官)을 두루 일컫는 말이다. 여기서는 경기전 참봉(慶基殿參奉) 재직 시를 가리킨다.

34 통례(通禮) : 국가 의례를 관장하던 통례원(通禮院)에 소속된 정3품 당하관을 말한다. 조선 시대 각종 의례 시에 왕의 인도를 비롯해 행사 준비 완료를 아뢰는 중엄(中嚴)이나 의장(儀仗), 호종 군사들이 정돈되었다는 외판(外辦), 그리고 행사의 완료 등을 아뢰는 일을 맡았다.

우 협소하여 중간에 자리를 바꾸는 것이 편치 않아 서서 움직이지 않았기에 결국 아무 일이 없었으니, 이 일을 들은 이들은 어려운 일이라 여겼다.

광흥 봉사(廣興奉事)로 있을 때 동료 관원과 함께 조속(漕粟)을 거두어 들이는 일을 감독하였다. 당시 굶주린 백성들이 사방에서 모여들어 마구잡이로 곡식을 움켜쥐고 가자 동료 관원이 이를 막을 수가 없었다. 그러자 부군이 그중에 의관(衣冠)을 차려입은 자를 불러 타이르면서 "너희들이 또한 나라의 곡식이 중한지 알면서도 이와 같은 짓을 한 것은 굶주림을 해결하기 위해서이다. 지금 내가 너희들의 굶주림을 해결해 준다면 어떠하겠는가."라고 하니, 모두들 "매우 바라는 일입니다."라고 하였다. 마침내 그들을 한쪽으로 물러나 서 있게 하고는, 관례상 자신에게 주어진 곡식을 식구 수를 물어서 그들에게 나누어 주니, 모두 줄지어 절을 하고는 부군의 덕을 칭송하며 떠났다.

금오부(金吾府)로 돌아가려 할 때, 남은 쌀에 대한 명부를 그 곳간에 두고서 "내 뒤에 부임해 올 자를 위해 사용하라."라고 하였으니, 재직한 곳에서 모두 손을 깨끗이 씻어 조금의 더러움도 없었고, 직분을 삼가는 것을 한결같이 하였다. 예컨대 금오부는 매우 힘든 관직이어서 그간 권세를 지닌 자들은 오랫동안 담당하지 못했고 권세가 없는 이들은 곧 일을 당하여 파직되었다. 그러나 부군만은 참하(參下)에서부터 참상(參上)으로 옮겨 갈 때까지 편안하게 그 임기를 준수하였으니, 논하는 이들이 "국조(國朝) 이래 한 사람이구나."라고 하였다.

설성(雪城 음성의 옛 지명) 현감으로 있을 때, 백성 보기를 다친 사람 보듯[35] 하여 항상 은혜로운 정사를 베풀자, 부임한 지 1년이 채 되지도 않아 암행어사가 포계(襃啓)를 올려 조정에 아뢰니, 고을 백성들이 부군을 '가뭄에 내린 장맛비'라고 칭송할 정도였다. 그러다 부군이 어떤 일에 연좌되어 파직되자 백성 가운데 애석해하지 않은 이가 없었다.

부군은 경저(京邸)에 있을 때부터 늘 문을 닫고 자취를 거둔 채 지냈다. 당시 재상 가운데 비록 행여 인척간의 정의(情誼)가 있는 자가 있다 해도 한 번도 만나 뵙길 요청하지 않았다. 이때 수령으로 있던 자가 아첨을 잘하여 매번 감사(監司)가 순행할 때가 되면 의례껏 안에서 별찬(別饌)을 갖추어 내어 왔다. 사람들이 혹 이렇게 하기를 권하면, 부군은 불가하다고 말하면서 "저 주전(廚傳)[36]의 많은 음식도 다 먹을 수 없거늘, 무엇 때문에 이러한 짓을 한단 말인가."라고 하였다. 관아에서 지낸 1년 반 가까이 공첩(公牒)[37]을 주고받을 때 외에는 한 번도 대부(大府)에 가지 않았으니, 영리 추구에 마음을 끊은 것이 이와 같았다.

부군은 평소 학문으로 자처하지 않았지만, 일상에서의 함양 공부와 완미·사색의 공력은 사람들이 미칠 바가 아니었기 때문에

35 백성……보듯 : 원문 '시민여상(視民如傷)'의 풀이로, 혹시라도 다칠세라 백성들을 걱정하여 잘 보살피는 어진 마음을 뜻한다. 《맹자》 〈이루 하(離婁下)〉에 "주(周)나라 문왕은 백성 보기를 다친 사람 보듯 하였으며, 도를 보고도 보지 못하는 것처럼 하였다.〔文王視民如傷, 望道而未之見.〕"라고 하였다.

36 주전(廚傳) : 지방관으로 파견되어 가는 관원에게 역참(驛站)에서 제공하는 음식과 거마(車馬) 등을 말한다. 주(廚)는 음식을 먹는 곳, 전(傳)은 역참을 의미한다.

37 공첩(公牒) : 관청에서 공무와 관련한 의견을 기록하는 서류를 의미한다.

밖으로 드러난 것이 순수하고 응집되어 절로 가릴 수 없는 점이 있었다. 비록 급박한 때를 만나더라도 말을 빨리 하거나 당황하는 낯빛을 띤 적이 없었고, 기량과 풍도가 침착하고 신중하여 사변(事變)을 요량하는 것이 타인의 생각을 넘어섰다. 혹 난처한 일이 생기더라도 늘 기미에 밝아 미리 도모하여 흔적 없이 일을 처리하였고, 또한 한결같이 바른 데에서 나왔기에 잡된 것으로 속이는 일이 없었다. 기상이 순후(淳厚)하여 세상 사람들에 대해서 전혀 흑백으로 평가하지 않았고, 비록 화를 낼 만한 일이 있더라도 또한 묵묵히 용인할 뿐이었다. 이 때문에 부군과 함께 지내는 이들 모두 부군의 뜻을 헤아릴 수 없었지만, 대절(大節)상의 논의에 있어서는 확고하여 바꿀 수 없는 뜻을 지니고 있었다.

부군은 본성이 검소하여 비록 관직 생활을 이미 오래 하였음에도, 의복과 안마(鞍馬)가 한결같이 남루하고 헤진 상태로 둔 채 괘념치 않았으며, 항상 "사람이 어떤 일을 하려 할 때에는 반드시 고생을 견뎌 내야 비로소 성취할 수 있다."라고 하였다. 평상시의 음식과 거처는 견딜 수 없는 부분이 있었지만 편안하게 여겼고, 정신과 생각은 늘 세속 밖으로 스스로 초탈하여 혹 굶주림과 추위마저 잊을 때도 있을 정도였다.

부군은 인륜의 의리에 독실하였다. 어버이를 섬김에 매우 공경하였고, 형을 모심에 매우 공손하였으며, 자제들을 가르침에 방도(方道)가 있어서 엄하게 하지 않고도 절로 교화되게 하였다. 종족을 대할 때에 은혜를 베풀었기에 어떤 경우에도 혹 원망을 받은 적이 없었다. 한양에서 지낼 때 매우 곤궁한 데다 악성 종기가 난 친척 한 명이 부군에게 와서 의탁한 적이 있었다. 때는 여름이었고 머무는 곳이 지대가 낮고 좁은 데다가 봉록 또한 매우 박하여 하루에 겨우 두 끼를 먹을 정도였다. 그러나 밤낮으로 함께 지내면서 한 그릇의 밥도 늘 그와 함께 먹은 것이 여러 달이었다. 그리고 자신의 갓에 매달려 있던 수정(水晶) 갓끈을 팔아 약을 구매하여 결국 그의 종기를 치료해 준 뒤에 돌려보내었다.

아, 부군의 행적과 치적은 이것이 그 대략이며, 총명함과 기억력 또한 하늘로부터 얻은 것이었다. 서책에 있어서는 눈을 스치면 외우지 않은 것이 없었고, 더욱 《중용(中庸)》·《대학(大學)》·《시경(詩經)》·《서경(書經)》 등 여러 경전에 힘을 쏟아 의리(義理)의 정미(精微)함을 이해하지 않은 것이 없었으며, 학문하고 남은 힘으로 의약(醫藥)·복서(卜筮)·천문(天文)·지리(地理) 등에도 두루 능통하였다. 이는 장차 한 세대에 훌륭한 일을 해내려 했던 까닭이거늘, 제대로 된 때를 만나 재주를 펼쳐 보지도 못하고, 만년의 벼슬살이가 겨우 작은 고을의 말직에 그친 채 끝이 나 버렸다. 또한 불운을 면치 못하여 등용될 방법이 조금도 없어 이로 인해 빨리 세상을 떠나게 되어 심중에 있던 포부로 하여금 끝내 사라져 징험할 수 없게 하였으니, 아, 슬프도다!

부군은 문장에 있어서는 반고(班固)와 사마천(司馬遷)[38]을 매우 좋아하였고, 시(詩)에 있어서는 당인(唐人)의 것을 가장 좋아하였다. 간간이 저술해 둔 것은 대체로 후세의 말은 아니었지만 또한

38 반고(班固)와 사마천(司馬遷) : 반고(班固)는 《한서(漢書)》를 지은 후한(後漢) 시대의 명문장가이며, 사마천은 《사기(史記)》를 지은 전한(前漢) 시대의 유명한 역사가이다.

많지는 않고 다만 약간 편만이 집에 소장되어 있다.

배위는 인천 채씨(仁川蔡氏)이니, 양정공(襄靖公) 수(壽)의 후손이고, 필선(弼善) 헌징(獻徵)의 증손 통덕랑(通德郎) 보(寶)의 따님이다. 임인년(1722, 경종2)에 태어나 부군보다 24년 뒤에 돌아가셨다. 묘소는 부군의 묘 옆 기슭에 있다. 1남 2녀가 있으니, 아들은 영로(榮魯)이고, 딸은 조술훈(趙述勛), 황지희(黃趾熙)에게 각각 시집갔다. 영로는 연안(延安) 이세환(李世瑍)의 따님에게 장가들어 2남 3녀를 낳았으니, 아들은 상현(象鉉)이고, 딸은 유승조(柳升祚), 이서(李墅)에게 각각 시집갔으며 나머지는 어리다. 조술훈은 3남 2녀가 있으니, 아들은 규환(奎煥), 벽환(璧煥)이고, 방환(邦煥)은 후사로 나갔으며, 딸은 김재정(金在靜)에게 시집갔고 한 딸은 어리다. 황지희는 1남 3녀가 있으니, 아들은 숭로(嵩老)이고, 딸은 이이원(李以元), 홍달연(洪達淵)에게 각각 시집갔으며, 나머지 한 딸은 어리다.

종로가 부군을 섬긴 20여 년 동안 경전을 배우며 학업을 익힌 것이 참으로 얼마 되지 않지만, 부군에게 감화되어 가르침을 입은 것은 끝이 없다. 그럼에도 불초자는 그 만의 하나도 계승하지 못하였는데, 노년이 된 지금에 이르러 보니 정신이 흐릿하여 평소 보고 기억하고 있던 부군의 가언(嘉言)와 선행(善行) 또한 점차 희미해져 열의 서너 개를 잊어버렸다. 때문에 시간이 지날수록 잊어버리는 것이 더욱 심해질 것이고, 게다가 후생들이 더욱 알 수 없게 되어 결국 천고의 한이 될까 두렵다. 이에 나의 마음과 눈에 찬란하게 빛나는 부군의 행적을 뒤미처 기록하노니 붓을 잡는 군자들이 채택해 주기를 바라노라.

입재집

별집 제1권

詩 시

시 詩

설날에 회포를 쓰다

元日書懷

도체를 누가 볼 수 있으랴	道體誰看破
진실로 설명할 수 있는 것이 아닐세	諒非在說時
다만 모름지기 자신에게 절실히 체인해야 하니	秪須切己認
그런 뒤에야 비로소 참된 도를 알 수 있다네	然後乃眞知

달밤에 귀뚜라미 소리를 듣고 아이 진[1]의 시에 차운하다
月夜聞蛩音 次晉兒韻

귀뚜라미 가을이 온 것을 알고	寒蟋知秋至
서늘한 밤에 새벽까지 우네	凉宵徹曉吟
규방 곁에서 우니 나른한 꿈을 놀라게 하고	傍閨驚懶夢
걸상 가까이서 우니 나그네 마음을 흔들리게 하네	近榻動羈心
가을바람의 슬픈 울림은 누가 들을 수 있으랴	哀響誰堪聽
빠른 세월은 이같이 쉬이 흘렀네	飛光許易沉
공부하는[2] 선비들에게 말을 부치노니	寄言蛾述士
삼가 이 소리를 소홀히 여기지 말게	愼莫忽玆音
자질을 부여받음에 갖가지 이름이 많으니	賦質多名色
때를 만남에 제각각 본성을 표현하네	逢時各嘯吟
누가 알리오 미물의 울림이	誰知微物響
명철한 사람의 마음 감동시킬 수 있음을[3]	能感哲人心

1 진 : 정종로의 장자(長子)인 정상진(鄭象晉, 1770~1848)으로, 자는 일진(日晉), 호는 석파(石破) 또는 어초(漁樵)이며, 문집이 전한다.

2 공부하는 : 원문은 '아술(蛾述)'로, 《예기》 〈학기(學記)〉에 "개미의 새끼는 수시로 흙을 물어 나르는 일을 익힌다.〔蛾子時術之〕"라고 한 데서 온 말이다. 개미 새끼가 수시로 흙을 물어 나르는 일을 익혀서 마침내 큰 둑을 만들듯이, 학문을 갈고 닦는 것을 의미한다.

3 미물의……있음을 : 주희(朱熹)의 〈의현보이충명추시(擬顯輔以蟲鳴秋詩)〉에 "시

붉은 여뀌에는 서리꽃이 서늘하고	紅蓼霜華冷
푸른 오동에는 달그림자가 드리웠네	靑梧月影沉
창 너머로 새벽까지 소리가 들리니	隔窗聞到曉
퍼져 나가는 것이 불평하는 소리인 듯	揚似不平音

름겨운 길손 꿈 쉽게 끊기고, 게으른 아낙 놀라 마음 어수선하네.〔易斷愁人夢, 難安懶婦驚.〕"라고 하였는데, 그 주석에 "옛말에 귀뚜라미가 울면 게으른 아낙이 놀란다고 했다." 하였다. 《朱子大全 卷9》

추회
秋懷

거친 산의 가을 해는 쉬 서쪽으로 기우니	荒山秋日易西斜
홀로 서풍을 맞으며 늙음을 탄식하네	獨溯金風歎歲華
마음은 외로운 학처럼 소나무 이슬에 놀라고	心如孤鶴驚松露
흥취는 선인의 경계로 들어 계수나무 뗏목 띄우네	興入飛仙泛桂槎
슬퍼서 차마 가을 부를 읊지 못하지만	悲來不忍吟秋賦
눈물 흘림은 새벽 피리 소리 들었기 때문이 아닐세	淚下非關聽曉笳
고개 돌려 보니 평생이 모두 취한 듯 꿈인 듯하니	回首平生都醉夢
어찌 해야 장차 만년의 절개가 국화와 같으랴	那將晩節似黃花

느낌을 적음

志感

누가 신선 사는 곳이 먼바다 너머라고 말하는가　誰道蓬壺隔遠溟
신선은 다만 흰 구름 속의 집에 있네　仙人只在白雲扃
참된 유람에 상쾌한 기운은 허백[4]에서 생기고　眞遊爽氣生虛白
장수함에 아름다운 명성은 역사서[5]에 빛나네　遐壽英名照汗靑
진자[6]가 잠자는 방술은 부질없이 평상만 있고　陳子睡方空有榻
비공[7]의 신묘한 술법은 다만 빈 병만 남았네　費公神術但餘甁

4 허백(虛白) : 청정무욕의 경지를 뜻하는 말인데, 《장자》 〈인간세(人間世)〉의 "텅 빈 방에서 하얀 광채가 뿜어 나온다.〔虛室生白〕"라는 말에서 유래한 것이다.

5 역사서 : 원문은 '한청(汗靑)'으로, 옛날에 청죽(靑竹)을 불에 구워서 그 속에 있는 수분이 빠져나오게 해서 쓰기에 편리하고 좀이 슬지 않게 한 것을 말하는데, 보통 역사서를 뜻한다.

6 진자 : 중국 오대(五代) 말 송(宋)나라 초기의 도교 사상가인 진단(陳摶, 872~989)으로, 자는 도남(圖南)이며 호는 부요자(扶搖子)이다. 잠을 잠으로써 휴양생식(休養生息)할 수 있다고 주장하였으며, 한 번에 며칠씩 잠을 자 사람들이 '수선(睡仙)'이라고도 불렀다. 그가 그린 〈선천도(先天圖)〉를 보고 주돈이(周敦頤)가 〈태극도(太極圖)〉를 그리는 등 송나라 성리학자들의 상수학(象數學)에 커다란 영향을 끼치기도 하였다. 후주(後周)의 세종(世宗)과 송나라의 태종(太宗)이 모두 후한 예로 불렀으나 출사하지 않았고 세종이 백운선생(白雲先生)이라는 호를, 태종이 희이선생(希夷先生)이라는 호를 하사하였다. 《宋史 卷457 隱逸列傳上 陳摶傳》

7 비공(費公) : 후한(後漢) 사람 비장방(費長房)을 말한다. 비장방이 호공(壺公)이란 사람을 만나 따라가 보니, 시장 거리에서 약을 파는데, 약값을 속이지 않고 병이 모두 나았으며, 지붕에 항아리를 달아 놓고 해가 지면 그 속으로 들어가므로, 따

불로장생은 예로부터 얻은 사람 없으나	長生自古無人得
오직 선현이 있어 만수를 누리네	獨有前修享萬齡

지인의 흉금 크기는 북해보다 넓으니	至人襟量濶於溟
천하의 일은 집을 나가지 않고도 알았네	天下知來不出扃
만고의 흥망은 외로운 새가 지나가는 듯	萬古興亡孤鳥過
천하의 분합은 푸른 몇 봉우리인 듯 여겼네	九圍分合數峯靑
도가의 연홍[8]은 솥을 구할 만하고	道家鉛汞堪求鼎
불가의 유리병[9]은 반드시 쓰러트려야 하네	神手琉璃絶倒甁

라 들어가 보니 하나의 별천지였다. 그는 지팡이를 하나 얻어 가지고 돌아왔는데, 이 지팡이를 짚으면 가고자 하는 곳에 저절로 갈 수 있었으나, 나중에 이 지팡이는 용이 되어서 가 버렸다고 한다. 《神仙傳 卷5 壺公》

8 연홍(鉛汞) : 납과 수은으로 단약(丹藥)을 만드는 재료인데, 그것을 먹으면 장생(長生)할 수 있다고 한다.

9 불가의 유리병 : 자신의 견해만을 굳게 지켜서 다른 사람의 견해를 받아들이지 못하는 것을 말한다. 《주자대전》 권54 〈서사원에게 답함〔答徐斯遠〕〉에 "언장은 구설을 지키는 것이 매우 견고하니, 바로 이것은 자기의 견해를 보호하고 아껴 기꺼이 스스로 독수의 탄박을 받으려 하지 않으니, 마치 사람이 거짓 금을 얻고는 감히 그것을 태워 보지 못하는 것과 같습니다. 이와 같이 하면 어떻게 길이 진보할 수 있겠습니까. 승가에 유리병자선이라는 설이 있는데, 바로 이것을 말하는 것입니다.〔彦章守舊說甚固, 乃是護惜已見, 不肯自將來下毒手彈駁, 如人收得假金, 不敢試將火煆. 如此如何得長進? 僧家有琉璃甁子禪之說, 正謂此耳.〕"라고 하였다. 이 구절에 대하여 《퇴계집(退溪集)》 권11 〈이중구 문목에 답함 주자대전의의〔答李仲久問目 朱子大全疑義〕〉에서 "유리로 병을 만들어 스스로 보배로 여기지만 그 물건은 견고하지 못하니, 만약 부딪히게 되면 곧장 부서진다. 이것으로 선을 배우다 터득하지 못하고, 거짓을 참된 것으로 인식하는 자가 만약 고승을 만나 한마디로 부딪히면 문득 가루가 되어 버리는 것을 비유한 것이다. 이것은 반드시 선문에 이런 비유가 있어서 선생(주자)께서 인용

이에서 만약 참요결을 가지고 헤아려 보면　　箇裏若將眞訣度
백년이 도리어 천수에 대적할 수 있네　　百年還可敵千齡

하여 서언장이 자기의 견해를 보호하고 아껴 기꺼이 도 있는 이에게 바름을 구하지 않는 병통을 말한 것이다.〔琉璃作甁子, 自以爲寶, 而其爲物不堅, 如有觸著, 卽便破碎. 以比學禪未得, 而認假爲眞者, 才遇高禪, 一語撞著, 便成粉碎. 此必禪門有此譬諭, 先生引之, 以言彦章護惜己見而不肯求正於有道之病也.〕"라고 풀이하였다.

남촌의 여러 장로들의 등고시에 차운하다
次南村諸長老登高韻

걸음걸음이 온통 신선이 되어 오르는 듯하니	步步渾如羽化登
선경을 전달하고자 하나 말로 표현하기 어렵네	欲傳仙景語難能
발걸음이 닿아야 바야흐로 알 것이니	脚跟到處方應識
힘써 가장 높은 층까지 올라가야 하리라	努力須攀最上層

스스로 웃다
自笑

우습다 나의 초심이 망녕되이 스스로 높아	笑我初心妄自高
작은 고을에서도 교화를 펼 수 없었네	小州無足費甄陶
어두움 밝힘에 결코 거울처럼 명철하지 못했고	燭幽苦未懸明鏡
일을 만남에 진실로 단칼에 결단하기 어려웠네	臨事誠難斷一刀
발해의 아름다운 풍속은 공 태수[10]가 오로지하였고	渤海美專龔太守
여남의 칭송하는 노래는 범 공조[11]가 빼어났네	汝南謠闃范功曹
학문을 펼침에 끝내 계획과 어긋남 절로 알겠노니	自知展蘊終違計
어찌하면 전원으로 돌아가 언덕에서 휘파람 불까	何似歸田坐嘯皐

10 공 태수(龔太守) : 한(漢)나라 때 사람인 공수(龔遂)를 이른다. 발해(渤海) 지방에 민란(民亂)이 일어나 백성들이 검(劍)을 차고 다니며 약탈을 자행하였는데, 공수가 발해 태수(渤海太守)로 부임하여 형벌로 도적들을 다스리지 않고 백성들에게 검을 가져오면 송아지 한 마리 살 돈을 주면서 "무엇하러 송아지를 차고 다니는가. 속히 검을 풀어 송아지를 사서 생업(生業)으로 삼으라." 하였다. 그 결과 백성들이 모두 양민이 되어 고을이 크게 다스려졌다. 《漢書 循吏傳 龔遂》

11 범 공조(范功曹) : 범방(范滂, 137~169)을 말한다. 자는 맹박(孟博)으로, 여남(汝南) 정강(征羌) 사람이다. 효렴(孝廉)으로 천거되었으며, 나중에 여남 태수 종자(宗資)에게 등용되어 공조(功曹)가 되어 엄정한 정치로 환관들의 발호를 억제하였다. 환제 연희(延熹) 9년에 발생한 당화(黨禍)에 연루되어 하옥되었다가 풀려났고, 영제 초년에 당고(黨錮)의 옥사가 다시 일어나서 옥중에서 죽었다. 당시 백성들이 노래를 지어 "여남 태수는 범맹박이니, 남양의 종자는 머리 끄덕여 허락만 하고, 남양 태수는 바로 잠공효인데, 홍농의 성진은 앉아 읊조리기만 하네.〔汝南太守范孟博, 南陽宗資主畫諾, 南陽太守岑公孝, 弘農成瑨但坐嘯.〕"라고 칭송하였다고 한다. 《後漢書 黨錮列傳》《史略 卷3 東漢》

무이의 죽하옹[12]이 조 자를 운으로 보여 주기에 화답하다
武夷竹下翁示鳥字和之

간결한 서재는 적막하여 사람이 없고	簡齋寂無人
송사하는 뜰에는 때때로 새만 내려오네	訟庭時下鳥
어느 곳에서 은혜로운 편지가 왔는가	何來惠好音
아울러 새로 지은 시고도 보냈네	重以新詩草
편지를 개봉함에 찬란히 빛이 나니	開緘爛有光
밝은 달을 안고 있는 듯하네	疑將明月抱
더욱 어여쁜 것은 무이산에	更憐武夷山
시야에 들어오는 푸른빛이 없어지지 않음일세	入望靑未了

12 죽하옹 : 이천섭(李天燮, 1730~1807)을 가리킨다. 본관은 여주(驪州), 자는 중장(仲章), 죽하는 그 호이다. 예천 용궁에 거주하였고, 권상일(權相一, 1679~1759)의 문인이다. 저서로는 《용학도설(庸學圖說)》, 《관성록(觀省錄)》 등이 있다.

우연히 죽하담에 닿아 즉경을 읊다

偶臨竹下潭賦卽景

푸른 나무 그윽한 골짜기에 서 있는데	綠樹臨幽壑
맑은 봄날에 그림자가 허공에 떠 있는 듯하네	春晴影若空
어여쁜 것은 가지 위의 새가	可憐枝上鳥
푸른 못 가운데서 지저귀는 것이라	啼在碧潭中

즉경

卽景

봄날 우렛소리에 잠을 깨니 睡起春雷聲
석양이 대나무 언덕을 비추네 夕陽明竹塢
조각구름 어느 곳에 떠 있었다가 片雲何處浮
들판 보리에 부슬부슬 비 내리나 野麥霏霏雨

백운대에서 유경보[13] 식 의 시에 차운하다

白雲臺次柳敬甫 栻 韻

맑은 물결과 흰 돌이	白波與白石
달빛을 받아 더욱 새롭네	得月光更新
백운대 위의 두세 사람	臺上二三子
영롱하여 세속의 사람 아닐세	玲瓏非世人

13 유경보(柳敬甫) : 유식(柳栻, 1755~1822). 본관은 진주(晉州)이고 호는 근와(近窩)이며 경보는 그의 자이다. 정종로의 문인으로, 1790년(정조14)에 진사에 합격하였다. 저서로는 《근와집》이 있다.

부질없이 지어서 벗에게 보여 주다

謾題示友人

푸른 산골 물은 끝없이 흐르고	碧澗流無盡
푸른 산은 기세가 날아오를 듯하네	蒼山勢欲飛
가을바람에 한 쌍의 나막신[14] 신고	秋風雙蠟屐
가랑비에 도롱이 한 벌 입었네	細雨一簑衣
춤추는 학은 신선 세계로 쫓아가고	舞鶴趁仙局
돌아오는 소는 주인 집을 아네	歸牛識主扉
신령한 구역 세속의 손님이 없으니	靈區無俗客
이르자마자 곧바로 담박하게 기심을 잊네[15]	到卽澹忘機

14 나막신 : 원문 납극(蠟屐)은 밀을 발라 반질반질하게 손질한 나막신을 가리킨다. 남조 송(南朝宋)의 사영운(謝靈運)이 평소 등산을 좋아하였는데, 산을 오를 때는 나막신의 앞굽을 떼어 버리고 산을 내려갈 때는 뒷굽을 떼어 걷기 편하도록 했다는 고사가 있다. 《宋書 謝靈運列傳》

15 기심을 잊네 : 원문 망기(忘機)는 담박하게 처신해서 세상과 더불어 다투지 않는 것을 비유하는 말이다. 《열자(列子)》 〈황제(黃帝)〉에 "바닷가에 사는 어떤 사람이 갈매기를 몹시 좋아하여 매일 아침 바닷가로 가서 갈매기와 놀았는데, 날아와서 노는 갈매기가 백 마리도 넘었다. 그의 아버지가 '내가 들으니 갈매기들이 모두 너와 함께 논다고 하던데, 너는 그 갈매기를 잡아 와라. 나 역시 갈매기를 좋아한다.' 하였다. 다음 날 바닷가로 나가니 갈매기들이 날아다니기만 하고 아래로 내려오지 않았다.〔海上之人有好漚鳥者, 每旦之海上, 從漚鳥游, 漚鳥之至者百住而不止. 其父曰 : 吾聞漚鳥皆從汝游, 汝取來! 吾玩之. 明日之海上, 漚鳥舞而不下也.〕"라고 하였다. 이는 전에는 갈매기를 어떻게 하겠다는 기심이 조금도 없었기 때문에 갈매기들도 무심하게 가까이한 것이요, 후에는 갈매기를 잡겠다는 기심이 있었기 때문에 갈매기들이 이를 알고 피한 것이다.

북계 우사에 쓰다
題北溪寓舍

관아가 무성한 푸른 버들 사이에 있어
수레와 말이 구름처럼 날마다 오가네
지척의 북계 우사에서 문을 닫고
마음속으로 오직 성곽 남쪽 산을 마주하네

依依官廨綠楊間
車馬如雲日往還
咫尺閉門溪北舍
意中惟對郭南山

산가를 방문하다

訪山家

돌 징검다리 놓은 시내를 나막신으로 날 듯 건너니	石蹊飛蠟屐
지는 해에 산봉우리가 반쯤 붉네	斜日半峯紅
이끼의 색깔은 시내 따라 벼랑에 이어졌고	苔色沿溪壁
솔 소리는 골짜기 가득한 바람 때문이라	松聲滿壑風
산새가 많아서 사람들이 머물고	留人多澗鳥
나무하는 늙은이 있어 길을 알려 주네	指路有樵翁
어느 곳에서 신선의 절구 소리 울리나	何處鳴仙杵
푸른 산 아득한 노을 속이라네	青山杳靄中

부질없이 쓰다
謾題

첫째가는 화려한 집은 꿈도 꾸기 어려워	甲第朱門夢亦稀
누런 띠로 지붕 덮고 대나무로 문을 삼았네	黃茅覆屋竹爲扉
산관[16]은 이 시대 사람들에게 근래에 알려지니	山冠近被時人識
다시 베 짜는 아내에게 야인의 옷 짓기를 부탁하네	更囑機妻作野衣

16 산관(山冠) : 은자(隱者)가 쓰는 모자를 가리킨다.

황숙황[17] 반로 에게 주다

贈黃叔璜 磻老

군의 재주 빼어나고 또 헌걸차니	君才奇且傑
우뚝이 빼어남은 운수에 관련된 바일세	挺出運攸關
기상은 두우성을 찌르는 칼[18]이요	氣作衝牛劍
모습은 옥을 품은 산[19]인 듯하네	形疑蘊玉山
참공부는 모름지기 일찌감치 해야 하고	眞工須及早

17 숙황(叔璜) : 황반로(黃磻老, 1766~1840)의 자이다. 본관은 장수(長水)이고 호는 백하(白下) 또는 평와(平窩)이며, 상주에 거주하였고 정종로의 문인이다. 1789년(정조13)에 생원에 입격하였으나, 벼슬에 뜻을 두지 않고 학문에 전념하였다. 저서로는 《백하집(白下集)》이 있다.

18 두우성(斗牛星)을 찌르는 칼 : 두우성은 두성(斗星)과 우성(牛星)으로, 천하의 보검(寶劍)을 가리킨다. 《진서(晉書)》 권36 〈장화열전(張華列傳)〉에 "천문(天文)의 오(吳)나라 지역에 해당하는 두성(斗星)과 우성(牛星) 사이에 자기(紫氣)가 항상 있었으므로 장화가 천문에 밝은 뇌환(雷煥)에게 그 까닭을 물으니, 뇌환이 말하기를, '보검의 정기가 하늘에 닿은 것입니다.' 하였다. 그곳이 어디냐고 물으니, 풍성(豐城)이라고 하였다. 이에 장화가 뇌환을 풍성 영(豐城令)으로 삼아서 비밀리에 그 보검을 찾게 하였다. 뇌환이 풍성에 도착하여 옥사(獄舍)의 바닥을 파니 그곳에서 빛이 서린 상자 하나가 나왔고 그 상자 속에 쌍검(雙劍)이 들어 있었는데 하나는 용천(龍泉), 하나는 태아(太阿)라 쓰여 있었다. 그 뒤로 두성과 우성 사이에 비치는 자색 기운이 없어졌다."라고 하였다.

19 옥을 품은 산 : 인품과 재능이 훌륭함을 비유한 것이다. 육기(陸機)의 〈문부(文賦)〉에 "바위가 옥을 품으면 산이 빛나고, 물이 구슬을 품으면 내가 아름답다.〔石蘊玉而山輝, 水懷珠而川媚.〕"라고 한 구절에서 온 말이다. 《六臣註文選 卷17 文賦》

오로지 힘써 공부함은 한가한 틈을 내어야 하네 專力好乘閒
또 알겠노니, 공부의 무궁한 맛은 也識無窮味
진실로 잘게 씹어 먹는 것에서 온다네 亶從細嚼還

옥동[20]가

玉洞歌

백옥동 백옥동이여	白玉洞白玉洞
옥동에 백 자를 없앴으나 옥은 그대로일세	玉洞去白玉自如
조정에서 이 편액을 하사함은 진실로 뜻이 있으니	朝家是額諒有意
백 자를 말하지 않아도 흼은 절로 넉넉하네	白不待言白自餘
위로는 옥봉이 있고 아래로는 옥계가 있으니	上有玉峯下玉溪
하늘이 이 동천을 연 것이 어찌 우연이겠는가	天開是洞豈偶歟
익성공[21]을 배향함에 이에 땅을 얻었고	翼成之享爰得地
영정 그림이 지금까지 우리나라에 빛나네	影像至今照方輿
만 칸의 넓고 큰 인품은 봄기운 같고	萬間器宇三春氣
한 폭의 영정에서 엄연히 따뜻한 기운을 불어 주는 듯	一幅分明儼煦嘘
우뚝하고 당당하게 세종 시대에	嵬嵬堂堂英陵朝

20 옥동 : 경북 상주시 모동면(牟東面) 수봉리(壽峯里)에 있는 옥동서원(玉洞書院)으로, 1518년(중종13) 황희(黃喜)의 학문과 덕을 기리기 위하여 창건하였다. 1580년(선조13) 백화서당(白華書堂)으로 이름 짓고 영당(影堂)을 지어 봄가을에 향사를 지내다가 1789년(정조13) '옥동'이라는 사액을 받아 옥동서원으로 개칭하였다. 1868년(고종5) 흥선대원군의 서원 철폐 조치에도 훼철되지 않고 존속하였다.

21 익성공(翼成公) : 황희(黃喜, 1363~1452)의 시호이다. 본관은 장수(長水), 자는 구부(懼夫), 호는 방촌(厖村)이다. 상주(尙州)의 옥동서원(玉洞書院) 등에 제향되고, 세종의 묘정에 배향되었다. 저서에 《방촌집》이 있다.

이십사 년간 의정을 맡았네　二十四年政府居
포백 같은 경륜[22]으로 산악도 혜택을 입으니　布帛經綸山岳利
조선 억만년토록 큰 명예가 전해지네　朝鮮萬億流鴻譽
오랑캐를 물리친 힘[23]이 또 멀리까지 미치니　闢異之力又及遠
어찌 다만 당시 역사만 대서특필하였던가　豈獨當時史特書
맑은 사당의 큰 옥을 어찌 말할 수 있으랴만　淸廟大玉何足稱
다만 해와 별이 하늘에 빽빽한 것과 같네　直如日星森太虛
유림이 보답하여 제향함에 끝내 다함이 없음은　儒林報祀終無極
공이 이곳에서 지팡이 짚고 거니셨기 때문일세　爲是杖屨此地於
옥동 옥동이여 누구의 동천인가　玉洞玉洞是誰洞
승상의 사당이며 승상의 마을일세　丞相之祠丞相閭
지난 갑오년 서원으로 승격할 때　往在甲午陞院時
사서 전공도 따라 제향하였네[24]　沙西全公從享腒

22 포백 같은 경륜 : 평범하면서도 맛이 깊고 세상에 큰 도움이 되는 경전의 문장을 말한다. 《송사(宋史)》 〈정이열전(程頤列傳)〉에 정자를 찬미하여 "그 말씀의 아름다움이 포백과 숙속 같았다.〔其言之旨, 若布帛菽粟然.〕" 하였는데, 포백은 삼베이고 숙속은 곡물이다. 삼베와 곡물은 비단과 고기에 비하면 하찮아 보이지만 일상생활의 필수품으로 없어서는 안 될 물건이므로, 일견 보잘것없어 보이지만 살아가는 데 꼭 필요한 것을 의미한다.

23 오랑캐를 물리친 힘 : 황희가 서북(西北) 방면의 여진족(女眞族)을 막기 위하여 세종을 도와 압록강(鴨綠江) 상류에 여연(閭延), 자성(慈城), 무창(茂昌), 우예(虞芮)의 사군(四郡)을 설치하였고, 또한 동북 방면의 여진족 내침에 대비하여 두만강(豆滿江) 하류에 종성(鐘城), 온성(穩城), 회령(會寧), 경원(慶源), 경흥(慶興), 부령(富寧)의 육진(六鎭)을 설치하는 데 큰 역할을 한 것을 말한다.

24 갑오년……제향하였네 : 1518년(중종13)에 창건되어 황희(黃喜)의 영정을 모셨

큰 원로와 명현이 엄연히 위아래에 배향되니　　大老名賢儼上下
봄가을 두 번의 향사[25]에 선비들이 많았네　　春秋兩丁紛衿裾
익성공의 두 후손[26] 또한 훌륭한 자취 이었으니　　公有兩孫又繼躅
추가로 배향함이 합당하여 공의가 넉넉하였네　　允合躋配公議紓
선조와 후손이 사당에 함께 배향되니 더욱 빛나고　　祖孫同廟益有光
신령한 이치에 감응[27]하니 기쁘게 서로 응하네　　肹蠁神理悅應胥
4년 뒤 봄에 사액서원의 은혜를 입으니　　越四年春蒙院額
성군의 권장함이 특히 익성공에게 정성스러웠네　　袞奬特於公勤且
조서가 환하게 남쪽 지방에 빛나니　　紫誥煌煌耀南國

고 갑오년(1714, 숙종40)에 사서(沙西) 전식(全湜, 1563~1642)을 추가로 배향하였다. 전식의 본관은 옥천(沃川), 자는 정원(淨遠), 호는 사서(沙西), 시호는 충간(忠簡)이다. 유성룡(柳成龍), 장현광(張顯光)의 문인이다. 광해군의 실정으로 벼슬을 단념하고 정경세(鄭經世), 이준(李埈) 등과 산수를 유람해 세칭 상사(商社)의 삼로(三老)라 일컬어졌다. 저서에 《사서집》이 있다.

25 두 번의 향사 : 원문은 양정(兩丁)으로, 일반적으로 매년 봄가을, 즉 2월 첫 정일(丁日)과 8월 첫 정일에 사우(祠宇)에 향사하는 것을 말한다.

26 두 후손 : 희(喜)의 현손(玄孫)인 황맹헌(黃孟獻, 1472~1535)과 황효헌(黃孝獻, 1491~1532)으로, 모두 옥동서원(玉洞書院)에 배향되었다. 황맹헌의 본관은 장수(長水), 자는 노경(魯卿), 호는 월헌(月軒), 시호는 소양(昭養)이다. 중종반정에 가담하여 정국 공신(靖國功臣) 4등에 책록되었으며, 이듬해 동부승지가 되어 이과(李顆)의 옥사(獄事)를 다스린 공으로 정난 공신(定難功臣) 3등에 책록되고 장원군(長原君)에 봉하여졌다. 황효헌의 본관은 장수(長水), 자는 숙공(叔貢), 호는 축옹(畜翁)·현옹(玄翁)·신재(愼齋)이다. 중종의 명을 받아 《신증동국여지승람(新增東國輿地勝覽)》을 편찬하였다. 저서로는 《하유편(下帷編)》, 《갈굴편(渴掘編)》 등이 있다.

27 감응 : 원문의 '힐향(肹蠁)'은 본래 소리를 아는 벌레 이름으로, 신령스러운 감응(感應)이 은미한 데까지 통함을 비유하는 말이다.

대체를 중시함이 처음보다 더할 뿐만이 아니었네　體重不啻加於初
오직 당과 재, 샘과 돌은　惟是堂齋及泉石
모두 표시한 이름 없이 있는 그대로 두었네　擧無標號一任渠
제군들이 나를 동주로 삼고　諸君以我爲洞主
낱낱이 가리키며 어찌 이름 짓지 않는가 하였네　指點相謂盍名諸
내가 생각건대 옥동은 이름에 이미 옥이 있으니　余謂玉洞名旣玉
이 뜻을 미루어 이름함이 진실로 소활하지 않으리　推是義名諒不疎
혹은 그 빛남을 취하고 혹은 그 소리를 취하니　或取其輝或其聲
각종 새로 지은 이름은 다 가리켜 근거할 수 있네　種産品名咸指据
차례대로 이름 붙인 것이 스물한 가지이니　次第命之二十一
한 골짜기를 환하게 하는 것이 모두 번여[28]일세　炯煌一洞皆璠璵
이윽고 눈을 드니 경내가 매우 환상적이어서　俄頃擧目境已幻
어슴푸레 보배로운 기운이 배로 더 펴진 듯한데　恍若寶氣一倍舒
이에 옛사람이 덕을 옥에 비유한 것[29]을 생각하니　仍思古人德比玉
온화하고 공손함은 덕이 바탕이 되어서일세　溫溫其恭德基墟
인의가 마음에 근본하면 얼굴에 윤택하니[30]　仁義根心睟於面

28 번여(璠璵) : 노나라의 보옥(寶玉) 이름인데, 공자가 이르기를 "아름답도다, 번여여. 멀리서 바라보면 광채가 찬란하고, 가까이서 살펴보면 곱고도 깨끗하구나.〔美哉! 璠璵. 遠而望之, 煥若也; 近而視之, 瑟若也.〕"라고 하였다. 《初學記 卷27》

29 옛사람이……것 : 《예기》 〈빙의(聘義)〉에 "옛날에 군자는 덕을 옥에 비유했다. 온윤하면서 광택이 있음은 인이요, 진밀하면서 굳센 것은 지요, 모나면서 다치지 않는 것은 의이다.〔夫昔者君子比德於玉焉. 溫潤而澤, 仁也; 縝密以栗, 知也; 廉而不劌, 義也.〕"라는 말이 나온다.

30 얼굴에 윤택하니 : 원문은 '수어면(睟於面)'으로, 《맹자》 〈진심 상(盡心上)〉에

밝은 빛이 드러나 막을 수 없네 光輝發達無能沮
천연의 옥빛은 조탁을 필요로 하니 天然玉色由雕琢
이 공부를 어찌 꾸물거리리요 此箇工夫豈虛徐
시험 삼아 방촌 어른과 세 현인을 우러러보니 試瞻厖老及三賢
마음에 아름다운 옥을 지녀 모두 나를 흥기시키네 懷握瑾瑜摠起余
연마하여 윤택함이 옥 같음을 얻어야 磨礱溫潤得如玉
그런 뒤에 이 서원에 거함이 부끄럽지 않으리라 然後不愧居是廬
아, 옥동의 여러 선비들은 진실로 그 실지공부를 구하고자 하였으니 於乎玉洞諸賢亶欲求其實
그대들도 노력하여 앞으로 나아감에 주저함이 없기를 바라네 願君努力進就無趑趄

"군자의 본성은 인의예지가 마음속에 뿌리박혀, 그 드러나는 빛이 얼굴에 윤택하게 나타나고 등에 가득하게 나타난다.〔君子所性, 仁義禮智根於心, 其生色也, 睟然見於面, 盎於背.〕"라고 하였다.

황차야[31] 암로 의 시에 차운하여 주다 ○오언 배율 66운

次贈黃次野 巖老 ○五排六十六韻

위대하도다 태극의 오묘함이여	偉哉太極妙
오직 성인이라야 온전하게 체득할 수 있네	惟聖體能全
적감[32]은 단서도 시작도 없으니	寂感無端始
정원[33]은 어느 것이 뒤이고 어느 것이 앞이겠는가	貞元孰後先
삼재에 참여함은 순수한 본연의 모습[34]이며	參三赤立骨
사방으로 흘러감은 온통 샘이 솟는 것 같네	放四混如泉

31 황차야 : 황암로(黃巖老, 1759~1812)로, 본관은 장수(長水), 호는 정재(正齋)이며, 차야는 그의 자이다. 정종로의 문인이며, 상주 모동에 거주하였다.

32 적감(寂感) : 적연부동(寂然不動)과 감이수통(感而遂通)을 줄인 말로, 각각 정(靜)과 동(動)에 대응하는 말인데, 마음의 체(體)와 용(用)을 비유할 때에도 곧잘 쓰이는 성리학 용어이다. 《주역》 〈계사전 상(繫辭傳上)〉에, "역은 생각이 없고 하는 것도 없어 적막하게 움직이지 않다가, 느낌이 있음에 미쳐서는 마침내 천하의 일을 통한다.〔易无思也无爲也, 寂然不動, 感而遂通天下之故.〕"라고 한 데서 온 말이다.

33 정원(貞元) : 원래는 《주역》에 나오는 원형이정(元亨利貞)의 사덕(四德) 가운데 원(元)과 정(貞)을 말하는 것이지만, 여기서는 원형이정의 덕이 순환함을 말한 것이다.

34 순수한 본연의 모습 : 원문 '적립골(赤立骨)'은 《주자어류(朱子語類)》 권29 〈안연계로시장(顔淵季路侍章)〉에 "자로는 비유하자면 겉의 더러운 옷 두 벌을 벗은 수준이며, 안연은 또 그 안에 있는 속옷을 벗은 수준이고, 공자는 몸에 붙은 한삼조차도 벗고서 알몸으로 선 수준이다.〔子路譬如脫得上面兩件鏖糟底衣服了, 顔子又脫得那近裏面底衣服了, 聖人則和那裏面貼肉底汗衫都脫得赤骨立了.〕"라고 한 데에서 유래한 말로, 섞이거나 가려진 것 없이 순수한 본연의 모습이라는 뜻이다.

아 심원[35]하여 소리도 냄새도 없고[36] 於穆泯聲臭
매우 신명하여 자와 저울을 운용하는 듯하네 孔神運度權
만물을 실어 줌은 넓은 대지와 같고 載持同廣地
만물을 덮어 줌은 텅 빈 하늘과 꼭 맞네 覆幬吻寥天
해와 달은 다투며 돌아가고 日月爭回斡
금성과 옥 소리가 서로 거두고 펴지네[37] 玉金互振宣
천년토록 학문을 멀리까지 열어 주니 千秋學遠啓
여러 명철한 사람들이 계통을 세워 전하였네 羣哲統相傳
훈계의 말을 한 것은 밝은 빛처럼 은혜롭고 出訓光明惠
사람에 따라 체와 용이 원만하네 隨人體用圓
능력이 있는 사람은 옛 법도를 향해 달려가고 有能趨往軌

35 아 심원 : 원문은 '오목(於穆)'으로, 《시경(詩經)》 〈유천지명(維天之命)〉에 "하늘의 명이 아, 심원하여 그치지 않는다.〔維天之命, 於穆不已.〕"라고 하였다. 오(於)는 감탄사이고, 목(穆)은 심원하다는 뜻이다.

36 소리도 냄새도 없고 : 형이상(形而上)의 도(道)를 비유한다. 《시경》 〈대아(大雅) 문왕(文王)〉에 "상천의 일은 소리도 없고 냄새도 없다.〔上天之載, 無聲無臭.〕"라고 한 것을 원용하였다.

37 금성과……펴지네 : 금성은 종(鐘)이고 옥성은 경(磬)으로, 팔음(八音)을 연주할 때에 먼저 종을 쳐서 시작하고, 마지막에 경을 쳐서 소리를 거두어 음악 한 곡을 완성하는 것을 말한다. 맹자가 "공자 같은 분을 모든 성인의 지덕을 모아서 크게 이루었다고 하는 것이다. 집대성이란 바로 음악을 연주할 때 금속 악기로 시작하여 옥 악기로 소리를 거두는 것과 같다. 금으로 소리를 낸다는 것은 처음의 조리이고, 옥으로 거둔다는 것은 마침의 조리이다. 처음의 조리는 지혜의 일이고, 마침의 조리는 성인의 일이다.〔孔子之謂集大成. 集大成也者, 金聲而玉振之也. 金聲也者, 始條理也; 玉振之也者, 終條理也. 始條理者, 智之事也, 終條理者, 聖之事也.〕"라고 하였다. 《孟子 萬章下》

보잘것없는 이는 성현이 남긴 책을 읽네	無似讀遺編
궁격[38]의 공부는 애초에 분명히 드러난 것에서 해야	窮格初從顯
정미한 의리가 점점 현묘한 경지로 들어가네	精微轉入玄
성실한 마음은 실천을 다해야 하고	誠心盡踐履
실지공부는 연원에 닿아야 하네	實地接源淵
도를 얻음은 깊은 방에 거해야 하고	得道居深閫
몽매함을 열어 줌은 스승의 자리에 합당해야 하네	開蒙合丈筵
그러나 노둔하고 낮은 자질이	顧惟駑下質
어찌 봉상[39]의 인연을 얻을까	那得鳳翔緣
젊어서는 성현의 법도에 어두웠고	早歲昧繩約
중년에도 성현의 학문에 게을렀네	中年浪鑽研
아름답게 수놓은 장식이 교대로 현혹하였고	繡絺交眩奪
얼음과 불이 번갈아 마음을 태웠네[40]	冰火遞相燃

38 궁격(窮格) : 궁(窮)은 거경궁리(居敬窮理)를 뜻하고, 격(格)은 격물치지(格物致知)를 뜻하는데, 거경궁리는 잠시도 쉬지 않고 마음을 집중하여 원리를 규명하는 것을 말하고, 격물치지는 실제적인 사물을 통하여 이치를 궁구함으로써 온전한 지식에 도달하는 것을 말한다.

39 봉상(鳳翔) : 봉황이 천 길 하늘 높이 나는 것으로, 재덕(才德)이 출중한 군자를 비유한다. 한(漢)나라 가의(賈誼)의 〈조굴원문(弔屈原文)〉에 "봉황이 천 길 높이 날이여, 덕이 빛남을 보고 내려오도다.〔鳳凰翔于千仞兮, 覽德輝而下之.〕"라고 하였는데, 여기에서 온 말이다. 《文選 卷60 弔文 弔屈原文》

40 얼음과……태웠네 : 사람 마음이 경우에 따라 수시로 변화 작용하는 것을 비유한 것으로, 《장자(莊子)》 〈재유(在宥)〉에, "그 뜨겁기는 불타는 것 같고, 그 차갑기는 얼음이 어는 것 같기도 하다.〔其熱焦火, 其寒凝氷.〕"라고 하였으며, 주희(朱熹)는 〈경재잠(敬齋箴)〉에서 "잠시라도 틈이 있게 되면 온갖 사욕이 일어 불타지 않아도

북쪽으로 가서 배웠지만 초나라에 매우 부끄럽고[41]	北學堪羞楚
남쪽으로 수레 돌리면서 도리어 연나라로 갔었네[42]	南轅卻走燕
머리 돌리니 속마음이 창문처럼 환하였으나	回頭衷若牖
자신을 어루만짐에 옛 습속 버리기 어려움을 깨달았네	撫己覺難捐
다행히 성현의 글이 있는 서가에 의지하여	幸賴遺書架
대략 보배 상자의 거문고[43] 소리 듣네	粗聞寶匣絃
넓은 뜰에서 겨우 달을 보자마자	廣庭纔視月
평범한 몸이 아득히 신선이 되네	凡骨杳爲仙
시례의 공부는 좋은 맛[44]이 없고	詩禮空芻豢

뜨거워지고 얼음이 얼지 않아도 차가워진다.〔須臾有間, 私欲萬端, 不火而熱, 不氷而寒.〕"라고 하였다.

41 북쪽으로……부끄럽고 : 《맹자》 <등문공 상(滕文公上)>의 "진량은 초나라 태생이니, 주공과 중니의 도를 좋아하여 북쪽으로 중국에 가서 공부하였는데 북방의 학자들이 혹시라도 그보다 앞선 자가 없었으니, 저는 이른바 호걸(豪傑)의 선비라는 것이다.〔陳良楚產也, 悅周公仲尼之道, 北學於中國, 北方之學者未能或之先也, 彼所謂豪傑之士也.〕"라는 구절을 원용하여 유학의 도를 배우면서도 착실하지 못함을 말한 것이다. 중니는 공자의 자이다.

42 남쪽으로……갔었네 : 연나라는 중국의 북쪽에 있는 나라이니, 목적을 결코 이룰 수 없음을 형용하는 말이다.

43 보배 상자의 거문고 : 고인의 학문을 뜻한다. 증극(曾極)이 도주(道州)에 유배되었을 때, 당시 간신(奸臣) 한탁주(韓侂冑)에 의해 위학(僞學)이라는 배척을 받고 역시 도주에 유배 중이던 채원정(蔡元定)에게 부친 시에, "사해가 다 주부자를 배우지만, 징군만이 유독 그 전형이 되었구려.……거문고만 공연히 갑에 들어 있을 뿐, 줄이 끊어져 소리는 들을 수가 없구려.〔四海朱夫子, 徵君獨典刑.……瑤琴空寶匣, 絃斷不堪聽.〕"라고 하였다. 《詩人玉屑 卷19》

44 좋은 맛 : 원문은 '추환(芻豢)'으로, 가축 가운데 풀을 먹고 자라는 소와 양 같은 가축을 추(芻)라 하고, 곡식을 먹고 자라는 개와 돼지 같은 가축을 환(豢)이라 하는

아침저녁으로 부질없이 밥만 축내네　晨晡謾粥饘
때를 만나지 못해 평소 뜻과 어긋나고　蹉跎違素志
세월은 흘러 노년이 되었네　荏苒到衰年
옛사람을 사모하나 공부를 어찌해야 이루나　慕古功奚就
현인을 바라지만 행보가 크게 차이 나네　希賢步絶懸
한가한 곳에서 생활하며 시간을 보내다가　居閒思遣晷
흥을 쏟아 내거나 혹 문장을 짓네　寫興或成篇
글 짓는 작은 재주도 오히려 진부하니　小技猶陳腐
도의 밝은 근원으로 감히 돌아갈 수 있을까　昭原敢折旋
때때로 성리에 대해 분석 연구하지만　有時剖性理
설명하는 것이 걸핏하면 견강부회일세　爲說動拘牽
수염과 귀밑머리는 희어져 가고　鬚鬢向皤爾
흉금은 환히 트임이 적어지네　胸襟少豁然
차가운 못은 잠깐 거울을 펼친 듯[45]하고　寒潭乍開鑑
봄물은 거의 배를 띄울 수 있네[46]　春水庶浮船

데, 대개 입에 맞는 맛있는 육류를 가리키는 말이다. 《맹자》 〈고자 상(告子上)〉에 "의리가 내 마음을 즐겁게 함은 추환이 내 입을 즐겁게 함과 같다.〔義理之悅我心, 猶芻豢之悅我口.〕"라고 하였다.

45 거울을 펼친 듯 : 주희가 〈관서유감 이수(觀書有感二首)〉 중 첫째 시에 "반 묘의 네모난 연못에 하나의 거울이 열렸는데, 하늘빛과 구름 그림자가 함께 배회하네. 묻노니 저 어찌 이렇듯 맑은가. 근원에 활수가 있기 때문이라네.〔半畝方塘一鑑開, 天光雲影共徘徊. 問渠那得淸如許, 爲有源頭活水來.〕"라고 한 것을 원용하여 마음 상태가 명경지수(明鏡止水) 같음을 묘사하기 위한 말로 쓰였다.

46 봄물은……있네 : 주희가 〈관서유감 이수(觀書有感二首)〉 중 둘째 시에 "지난밤 강가에 봄물이 불어나니, 거대한 배가 터럭처럼 떠올랐네. 이전에 힘들여 옮기려고

조화의 본질은 표범의 얼룩만 보았고[47]	化窟斑窺豹
천기는 대장장이가 풀무질하는 것[48] 같네	天機冶弄扇
어렴풋이 복희씨 때의 용마[49]인 듯	依俙伏羲馬
고요히 곱사가 매미 잡듯[50] 하네	寂歷僂人蟬
하늘과 땅[51]을 굽어보고 우러러보며	俯仰如參兩

애썼는데, 오늘은 강 가운데 저절로 떠다니네.〔昨夜江邊春水生, 蒙衝巨艦一毛輕. 向來枉費推移力, 此日中流自在行.〕"라고 한 것을 원용하여 독서를 통해 지식이 많이 쌓이고 나니 이전에는 아무리 노력해도 이해하지 못했던 심오한 이치가 쉽게 이해됨을 묘사하기 위한 말로 쓰였다.

47 표범의 얼룩만 보았고 : 원문은 '반규표(斑窺豹)'로, 안목이 좁아 전체를 살피지 못하고 겨우 일부분만을 보았다는 말이다. 진(晉)나라 왕헌지(王獻之)가 소년 시절 도박 놀음을 옆에서 지켜보다가 훈수를 두자, 도박하던 이가 "대롱으로 표범을 보면 반점 하나만 보인다.〔管中窺豹, 時見一斑.〕"라고 한 '규표일반(窺豹一斑)' 고사를 원용한 것이다. 《晉書 王獻之列傳》

48 대장장이가 풀무질하는 것 : 《노자(老子)》 5장의 "하늘과 땅 사이에 일어나는 운동을 보면, 마치 풀무질을 하는 것 같다.〔天地之間, 其猶橐籥乎.〕"라는 말을 원용한 것이다.

49 복희씨 때의 용마 : 하도(河圖)를 말한 것으로, 복희씨(伏羲氏) 때 황하(黃河)에서 용마(龍馬)가 등에 지고 나왔다는 그림인데 이것이 복희씨에 의해 《주역》 팔괘(八卦)의 근원이 되었다.

50 곱사가 매미 잡듯 : 경지가 높아져서 일을 능숙하게 처리하는 것을 비유한 말이다. 《장자(莊子)》 〈달생(達生)〉에, 공자가 초나라로 갈 적에 매미를 아주 잘 잡는 한 곱사등이를 보고 "재주가 좋구려! 무슨 비결이라도 있소?"라고 물었다. 이에 곱사등이가 "대여섯 달 동안 둥근 구슬 두 개를 쌓아 올려도 떨어뜨리지 않으면 놓치는 경우가 적어지고, 구슬 세 개를 쌓아 올려도 떨어뜨리지 않으면 놓치는 경우가 열 번에 한 번 정도가 되고, 구슬 다섯 개를 쌓아 올려도 떨어뜨리지 않으면 마치 땅에 떨어진 물건을 줍는 것처럼 매미를 잘 잡게 됩니다."라고 대답하였다.

51 하늘과 땅 : 원문은 '삼량(參兩)'으로, 천지(天地)의 대용(大用)이다. 천원지방

아득한 천만년을 생각하네	思惟渺萬千
현주는 바야흐로 상망을 기다리고[52]	玄珠方待象
외발인 기는 더욱 노래기를 부러워하네[53]	一足更憐蚿
대개 이는 본연의 오묘한 이치인데	蓋此本然妙
예로부터 가는 곳마다 에워싸네	從來著處圜
공자가 단서를 발한 뒤에	宣尼發端後
주염계[54]는 태극도를 앞에 걸었네	濂老揭圖前
이어서 고정[55]이 분명히 밝혔으니	繼有考亭闡

(天圓地方)의 학설에 따라 하늘은 3, 땅은 2이다. 그러므로 삼천양지(參天兩地)의 설이 있다.

52 현주는……기다리고 : 《장자(莊子)》 〈천지(天地)〉에, 황제(黃帝)가 일찍이 적수 북쪽에서 노닐고 곤륜산 언덕에 올라 멀리 남쪽을 바라보다가 돌아오는 길에 현주(玄珠)를 잃어버렸는데, 눈이 밝은 이주(離朱) 등을 시켜 찾게 했으나 찾지 못하고, 결국 무심(無心)을 뜻하는 상망(象罔)이 찾아내었다는 이야기가 실려 있다.

53 외발인……부러워하네 : 자신의 분수에 만족하지 못하고 남을 부러워하는 인정을 비유한 말이다. 기는 한 개의 발을 가진 괴상한 짐승이고, 노래기는 지네와 같이 발이 많이 달린 벌레이다. 《장자》 〈추수(秋水)〉에 "기는 노래기를 부러워하고, 노래기는 뱀을 부러워한다.〔夔憐蚿, 蚿憐蛇.〕"라고 하였다.

54 주염계(周濂溪) : 주돈이(周敦頤, 1017~1073)로, 자는 무숙(茂叔)이다. 강서성 여산(廬山) 기슭에 살면서 앞에 흐르는 시내를 염계(濂溪)라 하고 서당을 염계서당(濂溪書堂)이라 하니 문인들이 염계 선생이라 불렀다. 저서로는 《통서(通書)》가 있다. 그는 음양(陰陽)과 오행(五行)의 변화에 따라 일어나는 만물의 생성에 관한 역(易)의 이치를 설명한 태극도(太極圖)를 그림으로 그리고, 여기에 설명을 붙여 〈태극도설(太極圖說)〉을 지었다. 주희(朱熹)가 주돈이를 이학(理學)의 비조(鼻祖)로 추숭하면서, 자신의 '이선기후(理先氣後)'와 '이생기(理生氣)' 등의 이론을 덧붙여서 〈태극도설〉을 상세하게 해설한 뒤부터 성리학의 기본 교과서로 자리 잡았다.

55 고정(考亭) : 주희(朱熹)의 별호인데, 복건성(福建省) 건양(建陽) 서남쪽에 있

어찌 육씨[56]를 따라 옮겨 가겠는가　寧隨陸氏遷
깨달았을 때는 붉은 과녁에 적중한 화살[57]이요　悟時紅中箭
어두운 곳은 꿰미에 꿰지 않은 엽전일세　昧處貫亡錢
만촉[58]은 의견을 달리함에서 생겨나니　蠻觸生殊議
지고 이김은 하나의 미친 일과 같네　輸贏等一癲
누가 어린아이 같은 분변력을 가지고　誰將小兒辨
대인의 선택을 받을 수 있겠는가　獲被大人甄
본성은 은하수와 달빛이 동일하게 밝음을 말하였고　語性同銀月

는 지명이다. 원래 주희가 만년에 이곳에 거주하며 창주정사(滄洲精舍)를 세웠는데, 송나라 이종(理宗)이 주자를 숭사(崇祀)하기 위해 고정서원(考亭書院)이라 사명(賜名)하였기에 고정이 주희를 지칭하는 말이 되었다.

56 육씨(陸氏) : 송(宋)나라의 육구령(陸九齡)과 육구연(陸九淵) 형제를 가리킨다. 육구연의 호가 바로 상산(象山)으로 주자(朱子)의 이학(理學)에 대해서 심학(心學)을 제창, 명(明)나라의 왕수인(王守仁) 즉 왕양명(王陽明)에게 계승되어 육왕학(陸王學)으로 지칭되는데, 정주학자(程朱學者)들로부터는 선학(禪學)이라는 비판을 받았다.

57 붉은……화살 : 《맹자》 〈만장 하(萬章下)〉의 백이목불시악색장(伯夷目不視惡色章)의 내용에 대해 황자공(黃子功)이 "'과녁에 도달하게 하는 것은 힘이지만 명중하게 하는 것은 힘이 아니다.'라는 것은 이 세 사람 즉 백이, 이윤(伊尹), 유하혜(柳下惠)는 힘만 있고 지혜는 없다는 뜻입니까?〔其至爾力, 其中非爾力, 還是三子只有力無智否?〕"라고 묻자, 주자가 "지혜가 없는 것이 아니다. 아는 것이 편벽되므로 이르는 곳 역시 편벽된 것이다. 공자 같은 경우는 화살마다 모두 홍심에 맞히지만 세 사람은 사람마다 각각 한쪽만을 맞히는 것이다.〔不是無智. 知處偏, 故至處亦偏. 如孔子則箭箭中紅心, 三子則每人各中一邊.〕"라고 대답하였다. 《朱子語類 卷58》

58 만촉(蠻觸) : 사소한 일로 싸우는 것을 말한다. 《장자(莊子)》 〈측양(則陽)〉에 "달팽이의 왼쪽 뿔에 촉(觸)나라가 있고 오른쪽 뿔에 만(蠻)나라가 있는데, 서로 땅을 빼앗으려고 수시로 전쟁을 하여 수만 명의 시체가 깔렸다."라고 하였다.

형기는 바닷물과 물방울이 크게 차이 남을 논하였네　論形異海涓
모름지기 오상의 이름을 알아야　須知五常號
비로소 큰 근원으로 돌아감을 알 수 있네　始見大原還
그대가 밝은 등불을 걸어 둔 덕분에　賴子懸明燭
절충함이 곧은 줄[59] 같았네　折衷似直弦
장단점은 비유를 통해 설명하였고　短長設譬喩
분석함은 깊고 확고함을 철저히 하였네　分析徹深堅
척안[60]은 진찰[61]을 뛰어넘었으니　隻眼超塵刹
곁가지도 주석과 부합하였네　橫枝合註箋
청빙[62]은 진실로 저절로 나왔으니　青冰諒自出

59 곧은 줄 : 아첨함이 없이 공명정대하게 일을 처리하는 것을 비유한 것이다. 남조 송(宋) 포조(鮑照)의 〈백두음(白頭吟)〉에 "곧기는 붉은 가야금 줄과 같고, 맑기는 옥호의 얼음 같아라.〔直如朱絲繩, 淸如玉壺氷.〕"라는 표현에서 원용한 것이다. 《文選 卷28》

60 척안(隻眼) : 정문안(頂門眼)이라고도 하며, 밝은 지혜의 철저한 통찰력을 지님을 말한다. 불교에서 대천세계(大千世界)를 자유롭게 주재하는 마혜수라천(摩醯首羅天)은 팔이 여덟이고 눈이 셋인데, 보통 사람과 같은 두 눈 외에 정수리에 일체의 사리를 꿰뚫어 보는 외눈을 가지고 있다고 하며 이를 정문안이라 한다. 《벽암(碧巖)》 34칙 송고저어(三十四則 頌古著語)에 "정수리에 일척안이 갖추어져 있다.〔頂門具一隻眼〕"라고 하였다.

61 진찰(塵刹) : 본래 불교에서 국토(國土)의 수가 헤아릴 수 없이 많음을 티끌에 비유한 것으로 곧 무한한 세계를 이르는 말인데, 여기서는 무수한 세계, 혹은 무수한 중생, 혹은 우주의 삼라만상 등 여러 가지로 해석될 수 있다.

62 청빙(靑冰) : 청색과 얼음으로, 제자가 스승보다 뛰어남을 말한다. 《순자(荀子)》 〈권학(勸學)〉에 "청색은 쪽에서 취하지만 쪽보다 더 푸르고, 얼음은 물이 변하여 되는 것이지만 물보다 차갑다.〔靑取之於藍而靑於藍, 氷水爲之而寒於水.〕"라는 말

간막[63]을 다시 누가 만들 수 있으랴 干鏌復誰埏
외람되이 나를 나이가 많다고 여겨 謬謂儂高齒
함께 와서 벗처럼 어깨를 나란히 하였네 偕來友比肩
부끄럽게도 자식을 잘 가르치지[64] 못했는데 愧無螟祝蠃
어찌 개미가 양고기를 사모한다[65] 하겠는가 豈曰蟻思羶
세상은 반드시 그대를 아부하는 사람이라 하며 世必阿君好
사람들은 응당 나를 흘겨보리라 人應視我睊
내가 명성을 훔친 것이 이미 지극하였으니 盜名已極矣
분수를 헤아림에 어디로 가리오 揣分曷之焉
잠시 벼슬함에도 오히려 마음이 떨렸는데 暫出猶懷慄
곧바로 돌아오니 편안히 잘 수 있었네 旋歸得晏眠
깊숙이 은거한 사슴과 돼지를 벗하고 沉冥友鹿豖
활발발한 물고기와 솔개[66]를 부러워하네 活潑羨魚鳶

에서 유래하였다.

63 간막(干鏌) : 옛날 오(吳)나라에 있었다고 하는 명검(名劍)인 간장(干將)과 막야(鏌邪)를 말한다.

64 자식을 잘 가르치지 : 양웅(揚雄)의 《법언(法言)·학행(學行)》에 "명령의 새끼가 갓 태어났을 때 나나니벌〔蜾蠃〕이 업고 가 '나를 닮아라 나를 닮아라.' 하고 빌기를 오래 하면 닮게 된다.〔螟蛉之子殪, 而蜾蠃祝之, 曰類我類我, 久則肖之.〕"라고 하였다.

65 개미가 양고기를 사모한다 : 어진 이를 흠모하는 것을 말한다. 마치 개미가 누린내를 좋아하는 것처럼 내 마음이 저절로 어진 이를 향해 간다는 뜻이다. 《장자(莊子)》〈서무귀(徐無鬼)〉에 "양고기가 개미를 사모하도록 하지 않았는데도 개미가 양고기를 사모하는 것은 양고기에서 누린내가 나기 때문이다.〔羊肉不慕蟻, 蟻慕羊肉, 羊肉羶也.〕"라고 하였다.

문득 선조가 남긴 향기가 있는 곳[67]을 보니　忽看遺芬地
많은 선비들의 경건함이 더욱 새롭네　更新多士虔
선조를 조술하고 푸른 기와집을 경영하니　述先營碧瓦
옛날을 추억하며 청전[68]을 묻네　憶舊問青氈
이미 넉넉하고 여유로운 젊은 선비[69]들이　已從容衿佩
천천히 사당에 제향할 것을 모의하였네　徐謀薦豆籩
문 앞에는 어슴푸레 눈 속에 서 있는 듯[70]하고　門前恍立雪

66 활발발(活潑潑)한 물고기와 솔개 : 《중용장구》 12장 비은(費隱)에, "시에 이르기를, '솔개는 날아서 하늘에 이르고 물고기는 연못에서 뛴다.'라고 하니 상하에 드러남을 말한 것이다.〔詩云 : 鳶飛戾天, 魚躍于淵. 言其上下察也.〕"라고 하였다. 활발발은 생동감이 넘친다는 뜻으로, 정자는 "이 한 절은 자사가 요긴하게 사람을 위한 것으로 생동감이 넘치는 곳이다.〔此一節, 子思喫緊爲人處, 活潑潑地.〕"라고 하였다.

67 선조가……곳 : 선조 황익재(黃翼再, 1682~1747)가 1794년(정조18)에 제향된 상주 봉산서원(鳳山書院)을 말한다. 그는 본관은 장수(長水), 자는 재수(再叟), 호는 백화재(白華齋)이며, 황희의 10대손이다. 저서로는 《백화재집》·《서행일록(西行日錄)》이 있다. 《입재집》 권26에 〈화재유집서(華齋遺集序)〉가 있다. 이인좌(李麟佐)의 반란에 연루되었다는 모함을 받아 구성에 유배되었다가 정조 12년 무신(1788, 건륭53)에 신원되었다.

68 청전(青氈) : 푸른 털방석으로, 가문의 유업이나 유물을 가리킨다. 진(晉)나라 왕헌지(王獻之)가 누워 있는 방에 도둑이 들어와 물건을 모조리 훔쳐 가려 할 적에 "도둑이여, 그 푸른 모포는 우리 집안의 유물이니, 그것만은 놓고 가는 것이 좋겠소.〔偸兒, 青氈我家舊物, 可特置之.〕"라고 하자, 도둑이 질겁하고 도망쳤다는 고사에서 유래한 것이다. 《晉書 王獻之列傳》

69 젊은 선비 : 원문 '금패(衿佩)'는 푸른 옷깃과 푸른 패옥(佩玉)을 말한 것으로, 푸른 복장(服裝)을 한 청년 학도를 가리킨다. 《시경》 〈자금(子衿)〉에 "푸르디 푸른 그대의 옷깃이여, 길이 생각하는 내 마음이로다.〔青青子衿, 悠悠我心.〕"라고 한 데서 온 말이다.

당 아래는 완연히 전석에서 노니는 듯[71]하네　　堂下宛遊鱣
서글피 사모하는 마음 후손들에게 더하니　　愴慕添孱裔
밭 갈고 김매며 더욱 농사를 좋아하였네　　耕耘益好田
남은 정력은 이미 재가 된 나무와 같으니　　殘精已灰木
노년에 남은 시간[72]이 얼마나 될까　　餘景幾衡璇
공자처럼 가죽끈이 끊어지는[73] 희망도 끊어지고　　望斷孔韋絶
우임금처럼 손이 부르트는[74] 부지런함도 없어졌네　　勤休禹手胼
선조의 남긴 풍화는 오히려 다스리고자 하였고　　餘徽尙欲理
번다한 학문의 단서는 다시 제거하고자 하였네　　繁緖復思剸

70 문……듯 : 정문입설(程門立雪)을 원용한 것으로, 선생의 문하에 나아가 가르침을 받는 것을 의미한다. 송나라 유조(游酢)와 양시(楊時)가 처음 정이(程頤)를 찾아갔을 때 마침 정이가 눈을 감고 앉아 있으므로 두 사람은 인기척을 내지 않고 서서 기다렸는데, 정이가 눈을 떴을 때는 문밖에 내린 눈이 한 자가량이나 쌓여 있었다고 한다. 《宋史 卷428 道學列傳 楊時》

71 전석에서 노니는 듯 : 강석(講席)을 뜻하는 말로, 전연(鱣筵)·전당(鱣堂)·전사(鱣舍) 등으로도 불린다.

72 남은 시간 : 원문 '형선(衡璇)'은 옥으로 만든 천문관측기인 선기옥형(璇璣玉衡)을 말한다. 시간의 변화에 따라 천체가 변하기 때문에, 여기서는 시간, 세월의 뜻으로 사용되었다.

73 공자처럼……끊어지는 : 《사기》 〈공자세가(孔子世家)〉에 "공자가 만년에 《역》을 좋아하여 서괘·단사·계사·상사·설괘·문언을 지었고, 《역》을 읽음에 가죽끈이 세 번이나 끊어졌다.〔孔子晩而喜易, 序彖繫象說卦文言, 讀易, 韋編三絶.〕"라고 하였다.

74 우임금처럼 손이 부르트는 : 우임금이 가정과 일신을 돌아보지 않고 치수에 부지런했던 것을 말한다. 《사기》 〈이사열전(李斯列傳)〉에 "우임금이 용문을 뚫고 구하(九河)를 소통시킬 때 손발이 부르트고 얼굴이 누렇게 초췌하였다.〔禹鑿龍門疏九河, 手足胼胝, 面目黧黑.〕"라고 하였다.

바다를 건넘에 모름지기 육지를 기약해야 하고 涉海須期岸
산에 오름에 정상에 도달할 수 있어야 하네 登山會到巓
젊은 시절 어찌 힘써 노력하지 않으랴 少年那不力
대업은 전일함보다 나은 것이 없다네 大業莫如專
밝은 대낮에는 형체를 숨길 곳이 없고 晴晝形無遁
큰길[75]에는 걸음이 넘어질 일 적네 康莊步鮮蹎
청컨대 그대는 스스로 분명히 이해하시게 請君自解的
늙은 내가 어찌 독려하겠는가 老我詎施鞭
기쁘게 증생의 봉황[76]을 보고 喜看曾生鳳
근심스레 소자의 두견새[77] 소리를 듣네 愁聞邵子鵑

75 큰길 : 원문 '강장(康莊)'은 번화한 거리 또는 사통팔달의 큰길을 의미하는데, 《이아(爾雅)》 〈석궁(釋宮)〉에 "다섯 가닥으로 통한 길은 강(康)이라 하고, 여섯 가닥으로 통한 길은 장(莊)이라 한다.〔五達爲之康, 六康爲之莊.〕"라고 하였다. 여기서는 공맹의 도를 말한다.

76 증생의 봉황 : 증생은 송(宋)나라 때의 증공량(曾公亮)으로, 그가 늙어서도 벼슬을 그만두지 않고 중서성(中書省)에 재직하고 있자, 이복규(李復圭)가 기롱하며 시를 지었는데, "늙은 봉황이 못가에 걸터앉아 떠나지 않고, 굶주린 까마귀가 대 위에서 입 다물고 가만히 있네.〔老鳳池邊蹲不去, 饑烏臺上噤無聲.〕"라고 하였다. 일반적으로 남의 직언을 듣고서 벼슬에서 물러나는 존재를 비유하는데, 여기서는 잘못된 일에 대해 직언함을 뜻한다. 《宋名臣言行錄 後集 卷6》

77 소자의 두견새 : 소자는 송(宋)나라 소옹(邵雍)으로, 그가 손님과 함께 산보(散步)하다가 낙양(洛陽)의 천진교(天眞橋) 위에서 두견새 우는 소리를 듣고는 몹시 좋지 않은 기색을 지었다. 손님이 그 까닭을 물으니 "예전에는 낙양에 두견새가 없었는데 지금 비로소 날아온 것은 이유가 있다. 앞으로 2년 이내에 임금이 남쪽 인사들을 많이 등용하여 오로지 변경(變更)만을 힘쓸 터이니, 천하가 이로부터 일이 많아질 것이다."라고 하자, 손님이 또 "두견새 소리를 듣고 어떻게 그것을 알 수 있는가?"라

외로운 소매로 외출함에 바람을 짝하였더니	偶飄孤袂出
그대들이 말 타고 연이어 옴이 매우 고맙네	多荷衆騎連
의기가 주선하는 곳이며	意氣周旋裏
이별하여 꿈에서 생각하는 곳이라	分離夢想邊
맑은 의표가 옥처럼 서 있음이 어여쁘고	淸標憐玉立
훌륭한 시는 규전[78]처럼 찬란하네	華韻爛奎躔
반복하여 읽음에 그윽한 흥취 더하니	三復添幽興
시냇가 서재에는 북두성이 고요하고 편안하네	溪齋斗靜便

고 물으니, "천하가 다스려지려 할 때는 지기(地氣)가 북쪽에서 남쪽으로 내려가고, 천하가 어지러워지려 할 때는 지기가 남쪽에서 북쪽으로 올라가는 법인데, 새는 날짐승으로 그 기(氣)를 가장 먼저 받기 때문이다."라고 한 데서 온 말로, 천하에 큰 변화가 생길 것을 의미한 말이다. 《宋名臣言行錄 外集 卷5》

78 규전(奎躔) : 28수(宿)의 하나인 규성(奎星)의 자리로, 그 별자리의 모양이 문자의 형태를 이루고 있다 하여, 문장(文章) 혹은 문운(文運)을 주관하는 것으로 인식되었다.

이담옹[79] 성유 요신 에게 시를 지어 주다

賦呈李澹翁聖兪 堯臣

황금 눈동자와 옥 발톱의 해동청[80]은　　金眸玉爪海東青
하늘을 찌르고 달과 별까지 올라갈 수 있네　　耐可衝霄入月星
애석하게도 외로이 날아가는 모습이 한 조각 눈 같아　　堪惜孤飛一片雪
다만 지금은 부질없이 학의 모습과 비슷하네　　秖今空似鶴儀形

79 이담옹(李澹翁) : 이요신(李堯臣, 1734~1815). 본관은 홍양(興陽), 자는 성유(聖兪)이며, 담옹은 그의 호이다.

80 해동청 : 매의 옛 이름 중 하나이다. 고려 시대부터 우리나라의 해주(海州)와 백령진(白翎鎭) 등에서 많이 산출되어 꿩 사냥에 애용되었다고 한다. 해청(海青), 해동청골(海東青鶻)이라고도 한다. 이덕무(李德懋)는 《청장관전서(青莊館全書)》에서 "매 중에서 가장 뛰어나고 털빛이 흰 것을 송골(松骨)이라 하고 털빛이 푸른 것을 해동청(海東青)이라 한다.〔鷹之最俊而白者曰松骨, 青者曰海東青.〕"라고 하였다.

도존당[81]의 강학이 끝나고 여러 벗들과 수회동에서 노닐며
道存堂講罷 與諸益遊水回洞

항상 평소 사는 두 지역이 먼 것을 한스러워했더니	每恨平居兩地遙
누에서 고아한 모임이 오늘 아침에 있었네	一樓高會有今朝
어여쁜 대숲의 달빛은 아름다운 비파에 비치고	嬋娟竹月明瑤瑟
쓸쓸한 솔바람은 봉황의 피리 소리와 섞이네	寂歷松颸雜鳳簫
승려는 석양을 받으며 옛 절로 돌아가고	僧帶夕陽歸古寺
나그네는 봄물 따라 높은 다리에 올라가네	客隨春水上危橋
수회동천은 예로부터 티끌세상이 아니니	洞天自古非塵境
얼마나 많은 사람들이 나무하고 바둑 두며 놀았나	幾許人間翫局樵

81 도존당(道存堂) : 현 경북 상주시 우산리에 있는 우산서원으로, 우복 정경세가 터를 닦아 당(堂)과 실(室)을 지어 후진을 가르치던 곳을 정종로가 처음 도존당이라 이름하였는데, 점차 증축하여 뒤에 우산서원으로 승격하고 정경세를 모셨다. 제암(制庵) 정상리(鄭象履, 1774~1848)가 지은 〈도존당기(道存堂記)〉에 "사림이 선생〔정경세〕을 존숭하여 받들고자 함이 더욱 성실하고 도타워 순종 정묘년(1807) 봄에 이 당을 이루었다.〔士林之欲崇奉先生者, 愈益誠篤, 至純宗丁卯春, 玆堂成.〕"라고 하였다. 《制庵集 卷6 道存堂記》

황문길[82] 인로 에게 주다

贈黃文吉 麟老

문장 솜씨는 높은 은하수도 틔울 수 있으니	文鋒決得絳河高
남쪽 지방의 문단에 너희 같은 이 드무네	南國騷壇鮮爾曹
정히 꽃다운 나이로 바른 궤도로 달려가고	好把芳年趨正軌
항상 경술을 말미암아 참된 호걸이 되네	動由經術是眞豪
어두운 거리 햇살 비치니 기린의 걸음 솟구치고	昏衢揭日騰騏步
큰 배가 바람 맞으니 바다의 파도 헤치고 가네	巨船張風湊海濤
내가 술을 즐기고자 하나 내놓을 것 없으니	我欲取酣無下物
그대의 글솜씨로 술안주를 삼았으면	擬將君筆佐觴醪

82 황문길(黃文吉) : 황인로(黃麟老, 1785~1830)이다. 본관은 장수(長水), 자는 문길, 호는 우평자(雨坪子)로 상주 모동에 거주하였다. 정종로의 문인이다.

유공범 작우 에게 주다

贈柳公範 綽遇

아름다운 시구는 문단에서 깃발을 높이 세웠으니 繡句騷壇立幟高
그대의 재주와 기상이 출중함을 사랑하였네 愛君才氣出凡曹
항상 상제가 임한 듯한 뜻[83]을 품고 있었기에 常懷上帝如臨志
비로소 문왕을 기다릴 필요 없는 호걸[84]이 되었네 方作文王不待豪
눈은 구슬을 매단 듯 이치를 밝게 알고자 해야 하며 眼欲懸珠明燭理
마음은 바다를 포용하듯 파도가 일지 않게 해야 하네 胸須涵海莫揚濤
예로부터 오묘한 도는 평범한 데 있으니 從來妙道尋常在
우선 술잔[85]에 막걸리나 조금 따르세 且向山樽淺酌醪

83 상제가……뜻 : 항상 상제가 자리에 임해 있는 것처럼 공경하라는 뜻으로, 《시경》 〈대아(大雅) 대명(大明)〉에 "상제가 그대에게 임하셨으니 그대의 마음에 의심하지 말지어다.〔上帝臨女, 無貳爾心.〕"라고 하였다.

84 문왕을……호걸 : 《맹자》 〈진심 상(盡心上)〉에 "문왕을 기다린 후에 흥기하는 자는 범민이니, 호걸의 선비 같은 경우는 비록 문왕이 없더라도 오히려 흥기할 수 있다.〔待文王而後興者, 凡民也, 若夫豪傑之士, 雖無文王, 猶興.〕"라고 하였다.

85 술잔 : 원문은 '산준(山樽)'으로, 산과 구름 모양이 그려져 있는 제기(祭器)의 이름이다. 여기서는 술잔을 뜻한다.

삼가 주상의 건강이 좋지 않음을 듣고 오언율시를 읊어 짓다

恭聞玉候違豫 吟成五律

새벽에야 잠시 잠들었는데	到曉乍成寐
아스라이 꿈을 꾸었네	迢迢夢有之
봉영[86]에서 약초를 구하고	蓬瀛求藥草
분진[87]에서 의원을 방문하였네	汾晉訪醫師
균악[88]이 요전[89]에서 울리고	勻樂生瑤殿

86 봉영(蓬瀛) : 봉래(蓬萊)와 영주(瀛洲)의 병칭으로, 방장(方丈)과 함께 바다 가운데에 있다고 전하는 삼신산(三神山)을 가리킨다.

87 분진(汾晉) : 산서성(山西省) 태원(太原) 지역인 분수(汾水)가 춘추 시대에 진(晉)나라에 속했기 때문에 그렇게 말한다. 진나라 조간자(趙簡子)가 병이 났을 때 편작(扁鵲)을 불러 치료한 적이 있다. 아래 주 88) 참조.

88 균악(勻樂) : 균천광악(鈞天廣樂)을 가리킨다. 균천은 상제(上帝)가 사는 곳이고 광악은 광대(廣大)한 음악으로 천상(天上)의 음악을 뜻한다. 《사기》 〈조세가(趙世家)〉에, 조간자(趙簡子)가 병이 나서 5일 동안 사람을 알아보지 못하니, 편작(扁鵲)이 보고 말하기를, "옛날에 진 목공(秦繆公)이 일찍이 이러하여 7일 만에 깨어났다. 깨어난 날에 공손지(公孫支)더러 이르기를, '내가 상제(上帝)의 처소에 갔는데 몹시 즐거웠다.' 하였는데, 지금 주군(主君)의 병이 그와 꼭 같다."라고 하였다. 이틀 반이 지나서 간자가 깨어나더니 대부(大夫)에게 이르기를, "내가 상제의 처소에 가서 심히 즐거웠다. 온갖 신(神)과 더불어 균천(鈞天)에서 노니는데, 광악(廣樂)의 구주(九奏)와 만무(萬舞)가 삼대(三代)의 악과 같지 아니하여 그 소리가 인심을 감동하게 하였다."라고 하였다.

89 요전(瑤殿) : 천상(天上) 별계에 있는 상제(上帝)가 거처하는 궁전이다.

봄빛이 주상의 눈썹[90]에서 생겨나네 春光上彩眉
남산의 푸르름[91]을 시로 읊조려 南山青入詠
다시 늙은 신하의 시를 올리네 更獻老臣詩

90 주상의 눈썹 : 원문 채미(彩眉)는 곧 팔채미(八彩眉)의 준말인데, 《공총자(孔叢子)》 〈거위(居衛)〉에 "옛날 요임금은 키가 10척이었고, 눈썹은 여덟 가지 채색으로 나뉘어 있었다.〔昔堯身脩十尺, 眉分八彩.〕"라고 한 데서 온 말로, 전하여 성인(聖人) 또는 제왕의 눈썹을 가리킨다.

91 남산의 푸르름 : 남산의 장수함과 송백의 푸르름으로, 만수무강을 기원하는 송축을 말한다. 《시경》 〈천보(天保)〉에 이르기를, "초승달과 같으며, 해의 떠오름과 같으며, 남산의 장수함과 같아서 이지러지지 않고 무너지지 않으며, 송백의 무성함과 같아 그대를 계승하지 않음이 없도다.〔如月之恒, 如日之升, 如南山之壽, 不騫不崩, 如松栢之茂, 無不爾或承.〕"라고 하였다.

이국빈 한용 의 시에 차운하여 주다

次贈李國彬 漢容

큰 도는 푸른 하늘과 같으니	大道如青天
가장 두려운 것은 곁길이 있는 것이라	最怕有傍歧
경술은 근본이 되고	經術是爲本
문장은 곧 그 지엽이네	文章乃其枝
마음이 잠시라도 깨끗하지 않으면	靈源乍不澄
사특한 기운이 이미 모퉁이를 침범하네	邪氣已干陲
성인의 가르침은 밝기가 단 같으니	聖訓炳如丹
후학들이 어찌 규범을 어기겠는가	後學寧違規
지극한 이치는 도에 깊이 나아감에 있으니	至理在深造
환히 알아야 비로소 의심이 없네	洞見方無疑
파초 심의 줄기처럼 날마다 불어나고 자라야	蕉心日滋長
파초의 잎이 바야흐로 무성해지네[92]	蕉葉方葳蕤

92 파초의……무성해지네 : 송(宋)나라 철학자 장재(張載)의 '파초 시'에, "파초의 속이 차서 새 가지가 뻗고 나면, 새 속이 돌돌 말리면서 슬며시 벌써 따라오네. 새 속을 보고 우리의 새 덕을 기르고, 금방 따르는 새 잎을 보고 우리의 새 지식 기르기를.〔芭蕉心盡展新枝, 新卷新心暗已隨. 願學新心養新德 旋隨新葉起新知.〕"이라고 한 데서 온 말인데, 웅강대(熊剛大)의 주설(註說)에 "새 심으로 새 덕을 기른다는 것은 덕성을 높이는 공부에 해당하고, 새 잎으로 새 지식을 넓힌다는 것은 학문을 말미암는 공부에 해당한다.〔新心養新德, 尊德性工夫也; 新葉起新知, 道問學工夫也.〕"라고 하였다. 《張子全書 卷13 雜詩》

탄식하노라 흰머리의 늙은이가 된 나는　　歎我白髮翁
청춘 시절 헛되이 보냈음을　　虛度靑春時
세월을 가벼이 내던지지 말라　　光陰莫輕擲
이전의 본보기가 진실로 이에 있다네　　前鑑實在玆

옳도다 우리 유학의 선비가　　可矣吾黨士
규범을 따르고 갈림길로 가지 않음이　　遵軌不分歧
현관[93]의 빗장을 열고자 한다면　　擬啓玄關鑰
강학의 나뭇가지를 함께 잡고 올라야 하리　　同攀講樹枝
감격스럽게도 그대가 옛 성인에 뜻을 둠이 많아　　感君多古意
책상자 가지고 영남의 변두리로 찾아왔네　　携笈到嶺陲
생각건대 나는 매우 늙고 도리에 어긋났지만　　顧我老悖甚
실로 벗들의 경계에 힘입은 바가 많았네　　實賴朋友規
견고한 나무[94]를 다듬지 않으면　　堅木休相攻
어찌 의심을 봄 얼음처럼 풀 수 있으랴　　春冰詎解疑
물줄기를 찾아야 비로소 근원에 이르고　　尋流始到源
뿌리에 감추어야 비로소 무성한 꽃을 피울 수 있네[95]　　晦根方敷蕤

93 현관(玄關) : 현묘(玄妙)한 도(道)의 관문이다. 《보등록(寶燈錄)》에, "현관을 크게 열고 바른 눈을 유통케 한다.〔玄關大啓, 正眼流通.〕"라고 하였다.

94 견고한 나무 : 학문을 뜻하는 말로, 《예기》 〈학기(學記)〉에 "질문을 잘하는 사람은 견고한 나무를 다듬는 것과 같아 그 쉬운 것을 먼저 하고 그 절목을 뒤로한다.〔善問者, 如攻堅木, 先其易者, 後其節目.〕"라고 하였다.

95 뿌리에……있네 : 나무는 가을이 되면 그 힘을 뿌리에 감추기 때문에 봄에 화려한 꽃을 피운다는 뜻으로, 성대한 덕을 뜻한다. 송나라 학자 병산(屛山) 유자휘(劉

원컨대 평이한 데에서 시작하되 願從平易地
참공부는 많은 시간이 쌓여야 하네 眞工積多時
공부를 시작함은 우연이 아님을 알겠으니 發軔知不偶
언덕에 오르기를 거의 이에서 시작해야 하리 登岸庶自玆

배를 타면 항구에만 떠 있지 말고 乘舟莫泛港
양을 기르면 갈림길로 가지 말라[96] 牧羊休臨歧
방초 핀 둑을 지팡이 짚고 거닐며 麾笻芳草堤
부상[97]의 가지에 닻줄을 매었네 繫纜扶桑枝
떠돌아다니며 각각 자득하여 浮遊各自得

子翬)가 《병산집(屛山集)》 권6 〈자주희축사(字朱熹祝詞)〉에서 한 말이다. 유자휘가 "나무는 뿌리에 감추어야 봄에 잎이 성하게 피고, 사람은 몸에 감추어야 정신이 안에서 살찐다.〔木晦於根, 春容燁敷; 人晦於身, 神明內腴.〕"라고 하였다.

96 양을……말라 : 다기망양(多岐亡羊)이란 고사를 차용하였다. 양자(楊子)의 이웃 사람이 양을 잃어서 그 무리를 다 동원하고 다시 양자의 종까지 동원하여 찾으려 하였다. 이에 양자가 묻기를 "양 한 마리를 잃었는데 찾으러 가는 사람이 어찌 이렇게 많은가?" 하자, 그가 말하기를 "갈림길이 많기 때문입니다." 하였다. 찾으러 갔다가 돌아오는 것을 보고, 양자가 "양을 찾았는가?" 하고 묻자 "잃었습니다." 하였다. 양자가 다시 "어째서 잃었는가?" 하자, 그가 말하기를 "갈림길 속에 다시 갈림길이 있어 양이 어디로 갔는지 알 수 없기에 돌아오고 말았습니다." 하였다. 이에 심도자(心都子)가 말하기를 "대도(大道)는 갈림길이 많아 양을 잃고 학자는 방도(方道)가 많아 생명을 잃는다." 하였다고 한다. 《列子 說符》 여기서는 본연을 잃고 헤매는 것을 비유한 것이다.

97 부상(扶桑) : 동해에 있다고 전해지는 전설상의 나무로, 그 아래에서 해가 떠오른다 하여 해가 뜨는 동쪽 바다를 가리킨다. 여기서는 멀리 동해 바다까지 유람함을 말한다.

아득히 하늘 끝까지 연구하세　茫茫天一陲
사물을 관찰하여 자신을 반성하고　覽物以反己
도에 나아감은 진실로 규범이 있네　造道良有規
눈은 밝은 거울을 매단 듯　眼要懸明鏡
삼라만상에 환하여 의심이 없고자 해야 하고　萬象燭無疑
마음은 봄볕과 같아　心欲同陽春
뭇 사물들에게 불어 주어 무성케 하고자 해야 하네　羣物噓成蕤
일삼되 구차히 결과를 미리 기약하지 말 것[98]이니　有事苟勿正
지극함을 아는 것은 절로 때가 있다네　會極自有時
말하노니 그대는 기억하라　要言君記取
경에 전일하면 이와 같음에 이른다는 것을　一敬致如玆

98 일삼되……것 : 《맹자》 〈공손추 상〉에서 호연지기를 설명하면서 "반드시 일삼음이 있으면서도 효과를 미리 기대하지 말아서, 마음에 잊지도 말며 조장하지도 말아 송나라 사람처럼 하지 말지어다.〔必有事焉而勿正, 心勿忘, 勿助長也, 無若宋人然.〕"라고 하였다. 의리를 쌓는 데 있어 급하게 서두르지 말고 하나하나 차근차근 쌓아 갈 것을 말한다.

묘군[99] 사상 재로 이 거창에서 돌아왔기에 그 시에 차운하여 권면하는 뜻을 보이다

卯君士相 宰魯 自娥林還 次其韻以示勸勉之意

바란 것은 자네가 날개를 펴고 구름 위로 올라가 望君矯翼上雲程
만 리의 먼 하늘을 잠깐 사이에 가는 것이었네 萬里長霄一瞥行
백설곡[100]의 읊조림이 쇠잔하니 소리는 쓸쓸하고 雪曲吟殘聲寂歷
아름다운 시구 다 모으니 한 해가 저무네 瑤華拾盡歲崢嶸
용은 변화를 두려면 모름지기 먼저 칩거해야 하고 龍存變化須先蟄
봉은 문장을 갖추고 난 뒤라야 우네 鳳備文章乃後鳴
진중한 공부는 부지런함만 한 것이 없으니 珍重工夫勤莫若
장차 게으른 마음을 성 방비하듯 해야 하네 且將懈意防如城

99 묘군(卯君) : 훌륭한 아우를 뜻하는 말이다. 송나라 소식(蘇軾)이 그의 아우인 소철(蘇轍)이 묘년(卯年)에 출생했다 하여 소철을 묘군이라고 불렀는데, 소철 역시 문장으로 이름이 났었다. 여기서는 입재의 동생 정재로(鄭宰魯, 1755~1812)를 말한다. 자는 사상(士相)으로 문장이 매우 뛰어나고 시를 잘 지었다.

100 백설곡 : 〈양춘백설가(陽春白雪歌)〉를 말한다. 너무도 고상해서 따라 부르기 힘든 노래이다. 송옥(宋玉)의 〈대초왕문(對楚王問)〉에 나오는 고사로, 어떤 사람이 영중(郢中)에서 처음에 〈하리파인(下里巴人)〉이란 노래를 부르자 그 소리를 알아듣고 화답하는 사람이 수천 명이었고, 〈양아해로(陽阿薤露)〉를 부르자 화답하는 사람이 수백 명으로 줄었고, 〈양춘백설가〉를 부르자 화답하는 사람이 수십 명으로 줄었다. 이렇게 곡조가 더욱 높을수록 그에 화답하는 사람이 더욱 적었다. 《文選 卷23》

동강의 달빛 아래 배 띄웠다는 소식을 듣고 느낌을 부질없이 펴다

聞東江泛月 謾叙所懷

창강의 달빛 아래 배 띄우고 오야가 지났으니　泛月滄江五夜過
소년들의 고아한 흥취 또한 응당 많았겠지　少年高興也應多
시험 삼아 텅 빈 집에 한가히 누운 늙은이를 보라　試看閒臥虛堂老
이곳의 풍광이 동강에 비해 어떠한가　本地風光較若何

일찍이 강원[101]에서 배 띄웠던 지난날 추억하니　憶曾江院泛舟過
눈에 가득한 풍광이 대부분 생각나네　滿目風烟領略多
이날 꿈속의 혼도 초대받지 못하였으나　是日夢魂招不得
도리어 몸은 무하[102]에 들어간 듯하네　却疑身世入無何

101 강원(江院) : 도남서원을 말하는 것으로, 서원이 낙동강 가에 있기 때문이다.

102 무하(無何) : 무하유지향(無何有之鄕)의 준말로, 유무(有無)와 시비(是非) 등 모든 대립적 요소가 사라진 이상향(理想鄕) 혹은 선경(仙境)을 뜻하는 말이다. 《장자》 〈소요유(逍遙遊)〉에 "지금 자네가 큰 나무를 가지고 있으면서 쓸모가 없다고 걱정한다면, 어찌하여 아무것도 없는 시골 마을[無何有之鄕]의 광막한 들판에다 심어 놓으려고 하지 않는가."라고 한 데서 나온 말이다.

아우가 옴을 기뻐하여

喜卯君來

골짜기에 떨어져 살지만 바라보면 먼 곳은 아닌데 分居山曲望非遙
늘그막에 매일 아침 만날 기회가 없었네 垂老無緣會每朝
나의 글씨는 까마귀 같아 섬지[103]를 더럽히고 我筆烏鴉塗剡紙
자네의 시는 주봉 같아 윤소[104]와 조화롭네 君詩朱鳳和倫簫
외로운 누에서 종일토록 산봉우리의 구름 바라보고 孤樓盡日看雲岫
굽 낮은 나막신으로 숲을 거닐며 판교를 건너네 短屐穿林度板橋
마주 앉아 산 빛이 어두워진 것도 몰랐더니 對坐不知山色暝
돌아갈 때 멀리 돌아오는 나무꾼의 발자국 소리와 뒤섞이네 歸跫時雜遠歸樵

103 섬지(剡紙) : 종이의 별칭으로, 섬(剡)은 원래 진한(秦漢) 시대에 회계군(會稽君)에 속한 현인데, 그곳에서 종이가 생산되기 때문이다.

104 윤소(倫簫) : 영윤(伶倫)의 퉁소로, 황제(黃帝) 헌원씨(軒轅氏)가 악관(樂官) 영윤에게 악률(樂律)을 만들라고 명하자, 영윤이 해계(嶰谿) 골짜기 대나무를 취하여 12개의 통(筒)을 만든 다음 봉황의 울음소리를 듣고서 12음률을 구별했는데, 수컷 울음소리로 육률을 삼고 암컷 울음소리로 육려를 삼았다고 한다. 《呂氏春秋 仲夏紀 古樂》

두보의 시에 차운하여 바다에서 노닌 것을 뒤늦게 적어 함께 갔던 여러 사람에게 보이다

次杜詩韻追述海遊 示同行諸君

정미년[105] 가을 구월에	赤羊秋九月
나는 갑자기 멀리 가게 되었네	鄭子倏遠適
말을 채찍질해도 길은 끝이 없으나	策馬路無盡
뜻은 희혁[106]까지 다하고자 하네	意欲窮羲赫
사람이 우주 안에서 살면서	人生宇宙內
어찌 길이 그윽하고 고요하기만 하겠는가	焉得長幽闃
들으니 동명의 물은	聞道東溟水
하늘에 닿아 더 이상 끝이 없다 하네	粘天更無壁
별들은 반쯤 물에 잠겼고	星辰蘸一半
해와 달은 지척 거리에서 뜨네	日月生咫尺
길게 휘파람 불며 신선 세계로 내려가	長嘯下丹邱
흉금을 열어 근심과 적막을 흩어 버리네	披襟散愁寂
자연의 바람이 나를 위해 불어오니	天風爲我來

105 정미년 : 원문은 적양(赤羊)으로, 붉은색은 천간에서 병(丙)과 정(丁)에 해당하고 양은 지지에서 미(未)에 해당하기 때문이다. 정미년은 1787년(정조11)으로, 정종로의 나이 50세 때이며, 영양(英陽)에 가 누이 조씨 처(趙氏妻)를 만나고, 이어 만곡(晩谷) 조술도(趙述道)를 방문하였다.

106 희혁(羲赫) : 혁희(赫曦)라고도 하며, 눈부시게 빛나는 태양을 말하는데, 여기서는 해가 뜨는 동쪽 바다를 말한다.

만 리에 쏴아 하고 울리네　萬里鳴淅瀝
이름이 관어대[107]라는 대가 있어　有臺名觀漁
천 길의 바위에 깎은 듯이 서 있네　削立千丈石
큰 바다가 그 아래를 둘러　大洋環其下
바다 물결이 밤낮으로 부딪치네　滄海晝夜激
구름과 노을은 아득히 보였다 사라지고　雲烟杳明滅
고래들은 서로 물을 내뿜네　鯨鯢相噴射
손가락으로 가리키는 곳 텅 비어 끝이 없으나　指點極虛無
신령한 신선이 자리 잡은 곳일세　靈仙安所宅
함께 온 두세 사람　同來二三子
마음이 트여 백중을 다툴 만하네　曠懷堪仲伯
땅의 신령함이 예로부터 드러나　地靈著自古
풍토가 자못 외지지 않네　風土頗不僻
술을 가져와 게와 조개를 구워　携酒炙蟹螯
나에게 권하며 좋은 만남을 펴네　勸我展良覿
돌아봄에 문득 석양이 지니　顧眄忽夕陽
하늘과 바다는 서로 붉고 푸르네　天海交紫碧
모두 괴이하게 여기노니 땅이 동쪽으로 향함에　共怪地向東
어디에서 이와 같이 갈라졌는가　何從如許坼

107 관어대(觀漁臺) : 저본의 漁는 魚의 오류인 듯하다. 관어대(觀魚臺)는 영해부(寧海府)에 있는 누대 이름이다. 이색(李穡)의 〈관어대부(觀魚臺賦)〉에 "관어대는 영해부에 있다. 동해의 석벽 밑에 있어서 노는 물고기를 셀 수 있으므로 이렇게 명명한 것이다.〔觀魚臺在寧海府, 臨東海石崖下, 游魚可數, 故以名之.〕"라고 하였다. 《牧隱詩藁 卷1》

분명히 깊은 물속에	分明積水底
섬들이 서로 이어졌기 때문일세	島嶼相連脈
뱃사람들 바람 타는 데 익숙하여	舟人慣乘風
험한 파도 건너도 마음은 근심하지 않네	涉險心不戚
일본과 유구[108]가	日本與琉球
옷의 띠만큼 가느다랗게 보이네	視如衣帶隔
여러 해 동안 조개 캔 여인들은	多年采蛤女
모발이 모두 붉게 변하였네	毛髮爲盡赤
때때로 상어를 만나면	有時逢鮫鰐
빠르기가 칼날이나 화살촉 피하는 것 같네	捷若避鋒鏑
집집마다 고기잡이로 생활하니	家家以漁生
해산물이 모두 산처럼 쌓였네	水族皆山積
위대하도다 다함이 없는 저장고여	偉哉無盡藏
육지의 진미는 감히 대적할 수 없도다	陸珍不敢敵
한눈에 큰 바다를 다 보려고	一眼盡大海
일 없이 자주 자리를 옮기네	無事頻移席
다만 끝이 없는 바다만 본다면	但見無涯際
어찌 물줄기의 순역을 알리오	寧知流順逆
물길이 통하지 않는 곳에	水道所不通
다시 얼마나 많은 오랑캐가 있는가	更有幾蠻狄
들으니 옛날의 이마씨[109]는	聞昔利瑪氏

108 유구(琉球) : 대만과 일본 사이에 있는 여러 섬을 통틀어 유구군도(琉球群島)라고 하는데, 서기 1879년 일본이 점령하여 충승현(冲繩縣)으로 고쳤다.

바다를 건넘에 계책이 많아서 涉海能饒策
범선을 띄워 사방을 끝까지 다니고 縱舤窮四極
책을 저술하여 자못 분류하고 분석하였다 하네 著書頗類釋
탄식스럽도다 문견이 좁은[110] 사람은 堪嗟井觀者
국량과 지취가 어찌 그리 궁박한가 局趣何所迫
웃으며 그대들을 데리고 돌아와 笑携諸君歸
붓을 잡아 옛일을 기록하네 援筆記疇昔

109 이마씨(利瑪氏) : 이마두(利瑪竇)로, 마테오 리치(Matteo Ricci, 1552~1610)의 한역음(漢譯音)이다. 이서태(利西泰)라고도 한다. 이탈리아 출신 예수회의 선교사로, 최초로 중국에 와서 선교 활동을 하였다. 명나라 만력제(萬曆帝)의 신임 아래 포교 활동을 허가받았으며, 천주교와 과학 등 서양 학술서의 중국어 번역에 힘썼는데, 그중에서도 가장 유명한 것이 유클리드 기하학의 역서인 《기하원본(幾何原本)》, 세계지도 위에 각종 천문학적·지리학적 설명을 덧붙인 《곤여만국전도(坤輿萬國全圖)》이다. 그 밖에 세계지도인 《산해여지전도(山海輿地全圖)》가 있다. 대표적인 저서로는 《천주실의(天主實義)》가 있다.

110 문견이 좁은 : 원문의 '정관(井觀)'은 우물 속에 앉아서 하늘을 쳐다본다는 좌정관천(坐井觀天)에서 온 말로, 문견(聞見)이 좁음을 비유한다.

종질 상리[111]가 낙역시사에서 돌아와 그가 지은 율시 한 편을 전해 주었다. 그 운에 따라 즉사를 읊었다

從姪象履歸自洛驛詩社 傳渠所作一律 步其韻詠卽事

골짜기 바람이 조금 스치니 버들가지 기울고	谷風微拂柳條斜
산골 눈이 완전히 사라지니 죽취일[112] 지나가네	澗雪全消竹日過
야객은 밝은 달 비치는 협곡에 정이 빼어나고	野客勝情明月峽
산가는 흰 구름 낀 언덕에서 조그맣게 모이네	山家小會白雲坡
사슴은 따뜻한 볕을 따라 동산에 올라가 잠자고	鹿隨暖景登園睡
새는 봄의 소리를 내며 나무 가득히 노래하네	鳥作春聲滿樹歌
들으니 정월 보름인 오늘 저녁은	聞說上元今夕是
좋은 술 가져다 취해도 많이 혐의하지 않는다 하네	芳尊取醉不嫌多

111 상리 : 정상리(鄭象履, 1774~1848)로, 본관은 진양(晉陽), 자는 중소(仲素), 호는 제암(制庵)이며 정익로(鄭翼魯)의 아들이다. 저서로 《제암집(制庵集)》이 있다.

112 죽취일(竹醉日) : 음력 5월 13일을 이르는 말이다. 이날이 대나무를 옮겨 심는 최적의 날이라고 하는데, 절조가 강해서 무척 까다로운 대나무도 이 날만은 술에 취한 듯 정신이 몽롱해지며 나른해지기 때문에 이식해도 잘 살아난다고 한다. 그런 뜻에서 이날을 죽취일(竹醉日) 혹은 죽미일(竹迷日)이라고 한다.

임하옹 이덕무[113] 경유 에게 쪽지를 보내 초청하다
簡邀林下翁李德懋 敬儒

그대 집은 완연히 북계의 북쪽에 있는 듯하니 君家宛在北溪陽
멀리서 갈대[114]에 이슬빛 젖었으리라 생각하네 遙想蒹葭浥露光
새로 자란 흰머리는 이별한 뒤 많아지고 白髮新莖添別後
한 점의 푸른 등불은 시 읊는 곁에서 반짝이네 青燈一點耿吟傍
시냇가의 단풍은 해를 등지니 다투어 비단이 되고 溪楓背日爭成錦
울타리의 국화는 서리 맞으니 정히 향기를 뿜네 籬菊迎霜政吐香
혹시 우산을 찾기 위해 거듭 말에 멍에 얹으면 儻爲尋山重命駕
서풍이 불어서 오는 길이 본래 길지 않으리 西風來路本無長

113 이덕무(李德懋) : 이경유(李敬儒, 1750~1821)로 본관은 연안(延安), 호는 임하(林下), 덕무는 그의 자이며, 식산(息山) 이만부(李萬敷)의 증손이고, 음보(蔭補)로 참봉이 되었다. 저술로 《창해시안(滄海詩眼)》이 있고, 저서로 《임하집》이 있다.

114 갈대 : 떨어져 있던 벗이 방문해 주어 기쁘다는 말이다. 《시경》 〈겸가(蒹葭)〉에 "갈대가 푸르고 푸르니, 흰 이슬이 서리가 되었도다. 이른바 저분이 저 물가의 한쪽에 있도다.〔蒹葭蒼蒼, 白露爲霜. 所謂伊人, 在水一方.〕"라고 하였는데, 이는 떨어져 있는 벗이 그리워 지은 시이다. 이 시에서 이슬이 맺힘은, 이슬이 서리가 되기 전에 그리워하는 벗이 찾아오기를 바라는 마음을 표현한 것이다.

권후명 煦 에게 차운하여 주다

次贈權厚明 煦

바탕과 문채를 다 갖춘[115] 이 어른 있으니	抱質懷文有此翁
의관을 갖춘 모습 의젓이 고인의 풍모를 띠고 있네	衣冠儼帶古人風
오늘 서로 알게 된 것이 늦었다고 말하지 마오	莫言今日相知晩
늘그막의 흉금은 또한 절로 같으니	歲暮襟期也自同

115 바탕과……갖춘 : 바탕과 문채, 즉 내용과 형식이 어느 한곳으로 치우치지 않고 잘 조화된 군자라는 뜻이다. 《논어》 〈옹야(雍也)〉에 "바탕이 문채보다 지나치면 촌스럽게 되고, 문채가 바탕보다 지나치면 겉치레에 흐르게 되나니, 문채와 바탕이 조화를 이룬 뒤에야 군자라고 할 수 있다.〔質勝文則野, 文勝質則史, 文質彬彬然後君子.〕"라고 하였다.

노자능 계심 과 함께 회원대 시[116]에 차운하다
與盧子能 啓心 共次懷遠臺韻

홀로 암대에 올라 옥금을 연주하니 獨上巖臺抱玉琴
사람 곁의 계수나무 떨기는 녹음이 짙네 傍人叢桂綠陰陰
옛 곡조 연주함 오히려 서툴다고 누가 가여워하리 誰憐古調彈猶澁
순임금 조정에 짐승을 춤추게 한 음악[117]을 알지 못하네
未知虞廷舞獸音

크게 순박함이 온전하니 거문고 두지 않고 大朴全來不畜琴
온종일 턱을 괴고 소나무 그늘에 앉았네 支頤終日坐松陰
누가 알리오 겹겹의 산봉우리 시냇물 돌아 흐르는 곳
誰知疊嶂回溪裏
본디 졸졸 흐르는 태고의 소리가 있음을 自有泠泠太古音

116 회원대 시 : 회원대(懷遠臺)는 우복(愚伏) 정경세(鄭經世)가 경영한 우산이십경(愚山二十景) 가운데 하나이다. 정경세가 병오년(1606, 선조39)에 지은 〈우곡잡영이십절(愚谷雜詠二十絶)〉에 회원대를 읊은 시가 있는데, "천 길 암대에서 거문고를 안고서, 날이 저물도록 황우를 노래하네. 산은 멀고 물은 길어 찾아오는 사람 없고, 그저 어조만이 지음이 되어 주네.〔巖臺千尺抱瑤琴, 詠歎黃虞坐暮陰. 山遠水長人不到, 只應魚鳥是知音.〕"라고 한 것을 차운하였다. 정경세의 시는 《우복집》 권1에 실려 있다.

117 순임금……음악 : 원문 '우정(虞廷)'은 순임금의 조정으로, 성군의 태평한 치세를 의미한다. 《서경》 〈익직(益稷)〉에 "순임금이 창작한 음악인 소소를 연주하자, 봉황이 듣고 찾아와서 춤을 추었다.〔簫韶九成, 鳳凰來儀.〕"라는 내용이 나온다.

무현금 가진 도령[118]은 거문고를 가장 잘 알았으니 無絃陶令最知琴
청풍 부는 다섯 그루 버드나무[119] 그늘에 고아하게 누웠네
高臥淸風五柳陰
생각건대 희황의 꿈[120]에서 깨어난 뒤에도 想得羲皇夢罷後
균천 천제의 음악[121]은 아직도 여운이 남았으리 勻天帝樂尙餘音

118 무현금 가진 도령(陶令) : 무현금(無絃琴)은 줄이 없는 거문고이며, 도령은 팽택 영(彭澤令)을 지낸 도잠(陶潛, 365~427)이다. 《송서(宋書)》 〈도잠열전(陶潛列傳)〉에 "도잠은 음률(音律)을 모르면서 소금(素琴) 한 벌을 집에 두었는데 줄이 없었다. 술기운이 얼큰하면 손으로 어루만져 뜻만 부쳤다.〔潛不解音聲, 而畜素琴一張無絃. 每有酒適, 輒撫弄以寄其意.〕"라고 하였다. 즉 마음으로 음악을 느낄 뿐 손으로 악기를 연주하지 않았다는 것이다.

119 다섯 그루 버드나무 : 도잠은 고향에 은거하며 집 주위에 버드나무 다섯 그루를 심고 오류선생(五柳先生)이라고 자호하였으며, 〈오류선생전(五柳先生傳)〉을 지어 그 즐거움을 표현하였는데, 끝부분에 "술 거나히 마시고 시를 지어 자신의 뜻을 즐기니, 무회씨의 백성인가, 갈천씨의 백성인가?〔酣觴賦詩, 以樂其志, 無懷氏之民歟? 葛天氏之民歟?〕"라고 하여 욕심 없이 소박하게 사는 자신의 삶을 상고(上古)의 백성에 빗대었다.

120 희황의 꿈 : 희황(羲皇)은 상고 시대의 복희씨(伏羲氏)를 말한다. 도잠(陶潛)이 〈여자엄등소(與子儼等疏)〉에서 "오뉴월 여름철에 북창 아래에 누워 있다가 서늘한 바람이 잠깐 불어오면 스스로 희황 이전의 사람이라고 여기곤 했다.〔五六月中, 北窓下臥, 遇涼風暫至, 自謂是羲皇上人.〕"라고 한 것을 원용하였다. 《陶淵明集 卷7 與子儼等疏》

121 균천 천제의 음악 : 원문 균천(勻天)은 하늘의 한복판으로, 천제(天帝)가 사는 곳이다. 조간자(趙簡子)가 혼수상태에서 깨어나 대부(大夫)들에게 말하기를 "내가 상제가 있는 곳에 갔었는데, 매우 즐거웠다. 백신(百神)들과 균천에서 놀 때 광악을 아홉 번 연주하고 온갖 춤을 추었는데, 삼대(三代)의 음악과 달라 그 소리가 마음을 동요하였다."라고 하였다. 《史記 扁鵲列傳》

노자능의 시에 차운하여 주다

次贈盧子能

우는 말은 쓸쓸하고 낙조는 기우는데	鳴馬蕭蕭落照斜
십 년 만에 지금 비로소 내 집에 이르렀구려	十年今始到吾家
중양절 뒤에 국화주 대접함을 의아히 여기지 마오	莫嫌把酒重陽後
아직 동쪽 울타리에는 술에 띄울 국화가 남았다오	猶有東籬可泛花

달을 노래하다

詠月

문득 여라 덩굴에 달이 뜨는 것을 보니	忽看蘿月上
먼저 대숲에 바람이 은미하게 부네	先送竹風微
밝은 달[122]은 뜬구름이 다 걷히고	玉宇浮雲盡
은하수에는 늘어선 별들이 드무네	銀河列宿稀
밝게 비치니 소나무 골짜기가 드러나고	昭森露松壑
쏟아지는 달빛에 이끼 낀 돌이 보이네	歷落見苔磯
밤새도록 누각이 텅 비고 밝으니	徹夜樓虛白
아이를 불러 등불을 치우게 하네	呼兒去燭輝

122 밝은 달 : 원문의 '옥우(玉宇)'는 경루옥우(瓊樓玉宇)의 준말로, 신화 속에 나오는 월궁(月宮) 속의 누각을 말한다. 여기서는 달을 가리킨다.

즉경

即景

쓸쓸한 가을 산에 해가 지니	蕭瑟秋山暮
아득한 밤 골짜기는 희미하네	蒼茫夜壑微
용은 먼 강해로 돌아가고	龍歸江海遠
기러기는 드문드문 있는 곡식으로 내려오네	鴈下稻粱稀
푸른 벼랑에 나무꾼의 길이 생겼고	翠壁生樵徑
붉은 단풍은 낚시하는 바위에 자랐네	丹楓出釣磯
하늘에는 오직 달만 있어	天空獨有月
만 리에 정히 달빛이 흐르네	萬里正流輝

즉사

卽事

등불은 쇠잔한데 밤은 더욱 길고　　燭殘宵更永
닭은 우는데 새벽은 아직 멀었네　　鷄唱曙猶微
백발은 가을에 짧아진 머리를 빗질하고　　白髮梳秋短
주현[123]은 달빛 희미함에 운치가 있네　　朱紘韻月稀
이끼는 사슴이 잠자는 골짜기에 무성하고　　苔深眠鹿洞
물억새는 물고기 뛰는 바위에 서늘하네　　荻冷躍魚磯
어찌하면 근심스런 구름을 걷어 내어　　那得愁雲捲
주렴에 햇살이 빛나게 할 수 있을까　　簾旋燦日輝

123 주현(朱紘) : 《예기(禮記)》 〈악기(樂記)〉에 "청묘의 슬은 붉은 현으로 되어 있고 소리가 느릿하여서, 한 사람이 선창하면 세 사람이 화답하여 여음(餘音)이 있다.〔清廟之瑟, 朱紘而疏越, 壹倡而三嘆, 有遺音者矣.〕"라고 한 데서 온 말로, 좋은 거문고 줄을 뜻한다. 뛰어난 시문을 뜻하는 말로도 쓰인다.

황화재[124]의 복관을 읊은 시에 차운하여 황유안[125] 태희에게 주다

次黃華齋復官韻 贈黃幼安 泰熙

선왕이 다만 공을 사환[126]했을 뿐만 아니라　先王不特賜公環
여러 번 이조에 명하여 직첩을 돌려주었네　屢命銓臣職牒還
몇 년이나 은혜로운 조서가 궁궐에 지체되었던가　幾載恩綸淹鳳闕
하루아침 원통한 부르짖음이 임금을 감동시켰네　一朝冤籲動龍顔
어두움을 밝히는 성상의 거울은 천하를 아울렀으니　燭幽聖鑑兼天下

124 황화재(黃華齋) : 황익재(黃翼再, 1682~1747)로, 본관은 장수(長水), 자는 재수(再叟), 호는 백화재(白華齋)이며, 황희의 10대손이다. 1728년(영조4) 통정대부(通政大夫)에 올라 종성 부사가 되었다. 이때 도순무사 오명항(吳命恒)과 영남 안무사 박사수(朴師洙)와 함께 청주에 이르러 이인좌(李麟佐)의 반란을 평정하는 데 공을 세웠다. 그러나 도리어 적도들에 연루되었다는 모함을 받아 구성에 유배되었다. 저서로는 《백화재집》, 《서행일록(西行日錄)》이 있으며, 상주의 봉산사(鳳山祠)에 제향되었다. 《조선왕조실록》 정조 12년 무신(1788) 11월 10일 조에 〈조덕린·황익재의 죄명을 씻어 주다.〔蕩滌趙德隣黃翼再罪名〕〉라는 기사가 있는 것으로 보아 이때 복관된 듯하다.

125 황유안(黃幼安) : 황태희(黃泰熙, 1735~1793)로, 본관은 장수(長水)이며 상주 모동에 거주하였다. 정종로의 딸이 황태희의 아들 황석로(黃錫老)에게 시집갔으므로 정종로와 황태희는 사돈 간이다.

126 사환(賜環) : 환(環)은 끝이 이어진 고리 모양의 패옥(佩玉) 이름으로, 이는 곧 사면(赦免)을 뜻한다. 《순자(荀子)》 〈대략(大略)〉에 "사람을 끊을 때는 결로써 하고, 끊었던 사람을 도로 부를 때는 환으로써 한다.〔絶人以玦, 反絶以環.〕"라고 한 데서 온 말이다.

절개를 장려하는 특별한 영예는 세상에서 빼어나네 獎節殊榮絶世間
옥옹[127]도 이 경사를 함께하였다고 들었으니 聞說玉翁同此慶
분명히 영남의 아름다운 운수일세 分明休運嶺中關

127 옥옹(玉翁) : 조덕린(趙德隣, 1658~1737). 본관은 한양(漢陽), 자는 택인(宅仁), 호는 옥천(玉川)이다. 1728년(영조4) 이인좌(李麟佐)의 난이 일어나자 영남 호소사(嶺南號召使)에 임명되어 의병을 모집하여 대구로 내려갔으며, 난이 평정되자 파병(罷兵)하였다. 그러나 도리어 적도들에 연루되었다는 모함을 받아 제주도에 유배되어 그곳에서 죽었다. 《조선왕조실록》 정조 12년 무신(1788) 11월 10일(무진)조에 〈조덕린·황익재의 죄명을 씻어 주다.〔蕩滌趙德隣黃翼再罪名〕〉라는 기사가 있는 것으로 보아 이때 복관된 듯하다.

구고사[128] 등서루 시운에 삼가 차운하다
謹次九皐社登西樓韻

등서로 이 누를 이름한 것이 좋으니	好把登西號此樓
고사리를 캐 먹은 높은 절의 천추토록 함께하네[129]	採薇高節幷千秋
두견새 우는 창밖에 달은 밝은데 원통함은 영원하고[130]	

128 구고사(九皐社) : 경북 영주시 단산면 구구리 도인봉 아래에 소재했던 사당으로, 서한정(徐翰廷, 1407~1490)의 위패를 모셨다. 영조 29년(1753) 창건 당시에는 구고서당이라 하였는데, 정조 10년(1786)에 구고사로 고쳤으며, 홍선대원군의 서원 철폐령으로 1870년(고종7)에 훼철되었다. 서한정은 본관은 달성(達城), 호는 돈암(遯菴)이며, 세조(世祖)가 즉위하자 달성에서 가족을 이끌고 소백산(小白山)으로 들어가 은둔(隱遁)하였다. 저서로는 《돈암일집(遯庵逸集)》 1책이 있다.

129 등서로……함께하네 : 원문 등서(登西)는 서산, 즉 수양산(首陽山)에 오른다는 뜻으로, 백이(伯夷)와 숙제(叔齊)가 주(周)나라 무왕(武王)이 주(紂)를 정벌하는 것을 반대해서 간하다가 듣지 않자, 수양산으로 들어가 고사리를 캐 먹으면서 노래하기를, "저 서산에 올라가 고사리를 캐도다. 포악함으로 포악함을 바꾸면서도 그른 줄을 모르도다.〔登彼西山兮, 采其薇兮. 以暴易暴兮, 不知其非兮.〕" 하였다. 《史記 伯夷列傳》 세조에게 왕위를 빼앗긴 단종을 위해 서한정이 절의를 바쳐 은둔한 것이 백이숙제에 비견됨을 표현한 것이다.

130 두견새……영원하고 : 두견새는 일명 자규(子規)라고도 한다. 세조(世祖)가 단종을 몰아내어 영월(寧越)로 연금(軟禁)시키면서 노산군(魯山君)으로 강등(降等)하였다. 단종은 영월의 자규루(子規樓)에서 두견새가 구슬피 울자 "달 밝은 밤 자규새는 구슬피 우는데 시름겨워 자규루에 기대노라. 네 울음 슬퍼 내 마음 괴롭구나 네 소리 없으면 이내 시름 없을 것을. 이 세상 괴로운 사람에게 말하노니 부디 춘삼월에 자규루에 오르지 마오.〔月白夜蜀魄啾, 含愁情依樓頭. 爾啼悲我聞苦, 無爾聲無我愁. 寄語世上苦勞人, 愼幕登春三月子規樓.〕"라고 하였다. 즉 이곳에서 울던 두견

鵑啼月白冤終古

은행나무에 봄이 돌아오니 이치가 어두움을 밝혔네[131]

鴨樹春回理闡幽

숙종이 능을 축조하니[132] 참으로 성대한 덕이요　肅考封陵眞盛德

충신이 능지를 읽으니 오히려 남은 근심 있었네[133] 忠臣讀誌尙餘愁

새를 가리킨 것이다.

131 은행나무에……밝혔네 : 원문의 '압수(鴨樹)'는 압각수(鴨脚樹)의 준말로, 은행나무의 별칭이다. 은행잎이 오리발 모양으로 생겼기 때문에 붙여진 이름이다. 여기서는 순흥의 읍내 중앙에 있는 오래된 은행나무를 말하는데, 금성대군(錦城大君)과 함께 단종 복위 운동에 참여했던 순흥 부사 이보흠(李甫欽)이 죽고 고을이 폐해지자, 그 은행나무도 뒤따라 말라 죽어 온 고을 사람들이 비통에 잠겨 있었다. 그런데 어떤 노인이 지나가다가 말하기를 "홍주(興州) 고을이 폐해져서 은행나무가 죽었으니 은행나무가 살아나면 홍주가 회복될 것이다."라고 하매, 고을 백성들이 그 말에 감개(感慨)하여 오랫동안 그 말을 전송(傳誦)해 왔는데, 1681년(숙종7) 봄에 비로소 은행나무에 새 가지가 나고 잎이 펴지더니 계해년(1683)에 과연 홍주부(興州府)가 회복되었다고 한다. 《梓鄕誌 順興誌 古蹟 鴨脚樹》

132 숙종이 능을 축조하니 : 1698년(숙종24)에 노산군(魯山君)의 위호(位號)를 회복하여 묘호(廟號)를 단종으로, 능호(陵號)를 장릉(莊陵)으로 한 것을 말한다. 《端宗實錄 附錄》

133 충신이……있었네 : 《조선왕조실록》 영조 34년 무인 10월 4일 조에, 예조 판서 홍상한(洪象漢)이 아뢰기를, "신이 영월(寧越)에 있을 때 우연히 《장릉지(莊陵誌)》를 읽어 보았더니, 본릉(本陵)을 복위(復位)한 것은 지난 무인년 10월 28일이었는데, 신규(申奎)의 소(疏)로 인하여 그리하였습니다. 장릉의 화소(火巢) 안에 사육신(死六臣)의 창절사(彰節祠)가 있는데, 고 감사 홍만종(洪萬鍾)과 이천 부사(伊川府使) 박태보(朴泰輔)가 힘을 합쳐서 개수(改修)하였던 것입니다. 그런데 화소 안에 있는 사당을 옮겨서 건립하기를 청합니다."라고 하였다. 영조가 승지들에게 명하여 쓰게 하기를, "지금 예조 판서가 아뢰는 것을 들어 보니, 단종〔端廟〕께서 복위(復位)하신 간지(干支)가 금년 이달 28일과 같다고 하므로 서글픈 심회(心懷)를 억누르기

물줄기에 백 척의 누각이 선 것은 무슨 까닭인가 臨流百尺緣何起
다만 선생이 옛날 노닐던 곳이기 때문일세 只爲先生此舊遊

가 어려워, 마땅히 제문(祭文)을 친히 짓고, 대신(大臣)을 보내서 제사를 섭행(攝行)하게 한다. 듣건대, 사육신의 창절서원(彰節書院)이 능침(陵寢) 동구(洞口)에 있다고 하는데, 도신(道臣)으로 하여금 즉시 수리 보수하도록 하라."라고 하였다.

계사가 완성되어 반계 김자경[134] 상흠 에게 감사하다

稧舍成 謝磻溪金子敬 相欽

선생[135]이 아름다운 자취를 남기신 곳에　　杖屨遺芬地
정과 대가 오래도록 빗장이 잠겨 있었네　　亭臺久掩關
우뚝이 새 누각을 세우니　　奐輪起新閣
공부하는 소리[136]가 이 산에 회복되었네　　絃誦復玆山
물과 바위는 기이한 경치를 더하고　　水石添奇勝
구름과 노을은 담담하고 한가함을 새롭게 하네　　雲霞更澹閒
용문 천고의 운치[137]가　　龍門千古韻
완연히 상자 가운데로 돌아왔네　　宛向匣中還

134 김자경(金子敬) : 김상흠(金相欽)으로, 본관은 상주(尙州), 자는 자경(子敬), 호는 반옹(磻翁) 또는 성헌(誠軒)이며, 경북 상주에 거주하였다.

135 선생 : 원문의 '장구(杖屨)'는 지팡이와 신발로, 어른에 대한 경칭(敬稱)으로 쓰이는데, 사람을 직접 가리키지 않고 딸린 물건을 들어 존경하는 뜻을 표현하는 것이다.

136 공부하는 소리 : 원문 '현송(絃誦)'은 '弦誦'과 같으며, 수업을 전수하고 송독하는 것을 말한다. 현악기에 맞추어 노래하는 것을 현가(弦歌), 음악 없이 낭독하는 것을 송(誦)이라고 한다. 《예기》 〈문왕세자(文王世子)〉에 "봄에는 금슬(琴瑟) 없이 시의 악장을 읊조리고, 여름에는 현악기에 맞추어 시를 노래한다.〔春誦夏弦〕"라는 내용이 보인다.

137 용문 천고의 운치 : 좋은 거문고를 말한다. 한(漢)나라 매승(枚乘)의 글에 "용문의 오동나무는 높이는 백 자이고 가지가 없는데……그 뿌리는 반은 죽고 반은 살아,……이를 베어 거문고를 만든다.〔龍門之桐, 高百尺而無枝,……其根半死半生,……使琴摯斫斬以爲琴.〕"라고 하였다. 《文選 卷34 七發》

고금의 일을 널리 듣고	博聞今古事
시비가 관련된 곳에 선하게 대처하네	善處是非關
자취를 거두고 반계의 물가에 살면서	斂跡居磻水
소리 높여 노래하며 백화산을 마주하네	高歌對華山
텃밭의 채소를 아이 보내 베어 오게 하고	園蔬遣兒剪
들에서 술 따름에 벗과 함께하니 한가롭네	野酌共朋閒
외람되이 나와 함께 정을 나누며	謬與吾儂款
임천을 즐거이 왕래하였네	林泉樂往還

근암서원[138]의 여러 어른들의 시에 차운하여 주다

次贈近巖諸老

소년 시절 멀리 천하를 두루 노닐려고 하였더니	少日遐遊擬八荒
도리어 중도에 문득 길을 잃었네	却臨中路忽彷徨
심성의 본모습은 원래 끝이 없으니	風光本地元無限
반 이랑의 연못이 구만리 하늘을 머금고 있네	半畝塘涵九萬蒼

밝은 해는 시간을 재촉하여 넓은 대지로 떨어지니	白日催年下大荒
나를 위해 잠시도 머뭇거린 적이 없다네	不曾爲我暫徊徨
원컨대 그대는 젊은 시절에 참공부를 하게	願君及早眞工下
잠깐 사이에 눈도 어둡고 또 머리도 센다네	頃刻眸昏又髮蒼

138 근암서원(近巖書院) : 경상북도 문경시 산북면에 세워진 문경 지역 최초의 서원이다. 1665년(현종6)에 지방 유림의 공의로 홍언충(洪彦忠)과 이덕형(李德馨)의 학문과 덕행을 추모하기 위해 창건하고 위패를 모셨다. 1693년(숙종19)에 김홍민(金弘敏)과 홍여하(洪汝河)를 추가 배향하였으며, 1786년(정조10)에 이구(李榘), 이만부(李萬敷), 권상일(權相一)을 추가로 배향하였다. 1868년(고종5)에 훼철되었다가 1982년 9월에 유림에 의해 복원되었다.

호암 정복여[139] 업 의 시에 화운하여 주다
和贈蒿菴鄭復汝 墣

예로부터 나의 도를 창주에 부쳤으나[140]	從來吾道付滄洲
늘그막에 근원을 찾아 비로소 배를 대었네	向晩尋源始泊舟
끝없는 노을과 물결은 아득한 포구를 헤매게 하고	不盡烟波迷極浦
가없는 바람과 달[141]은 높은 누각에 가득하네	無邊風月滿高樓
궁달을 분수에 맡기니 누가 그 즐거움을 알랴	窮通任分誰知樂
비방과 명예 마음에서 잊으니 절로 근심 멀어지네	毁譽忘情自遠愁
벗에게 가서 많은 말을 하고자 하지만	欲向故人多少話
어느 곳이 그대 사는 성주인지 모르겠네	不知何處是星州

139 정복여(鄭復汝) : 정업(鄭墣, 1752~1814)으로, 본관은 청주(淸州), 자는 복여(復汝), 호는 호암(蒿庵)이다. 한강(寒岡) 정구(鄭逑)의 후손으로, 경북 성주(星州)에 거주하였다. 저본에는 '墣'으로 되어 있으니, 잘못이다.

140 나의……부쳤으나 : 원문의 '창주(滄洲)'는 주희(朱熹)가 무이산(武夷山) 창주정사(滄洲精舍)를 지어 강학하던 곳으로, 신선(神仙)이 사는 곳을 비유하기도 하고 은사(隱士)의 거처를 뜻하기도 한다. 그가 지은 악부시(樂府詩) 〈수조가두(水調歌頭)〉에 "영원히 인간 세상 일을 버리고, 나의 도를 창주에 부치려 하노라.〔永棄人間事, 吾道付滄洲.〕"라는 말을 인용한 것이다. 《朱子大全 卷10》

141 가없는 바람과 달 : 주희(朱熹)의 〈육선생화상찬(六先生畫像讚)〉에서는 주돈이를 가리켜 "맑은 바람 밝은 달빛은 가없고, 뜨락의 풀은 파랗게 어우러졌네.〔風月無邊, 庭草交翠.〕"라고 하였다. 여기에서는 이를 인용하여 정업의 마음도 주염계와 같음을 말하였다.

이치기[142] 도 의 시에 차운하여 주다

次贈李致器 鍍

나는 벽진 이씨를 사랑하니　吾愛碧珍氏
대대로 이름을 드날린 훌륭한 자손이 있었네　揚名世有孫
가난[143]해도 분수에 따라 도를 즐기고　簞瓢隨分樂
가정에서의 가르침[144]에 들은 바를 존숭하였네　詩禮所聞尊
한나라 왕실은 모용[145]과 맹민[146]을 버려두었고　漢室遺茅孟

142 이치기(李致器) : 이도(李鍍, 1760~1821)로, 본관은 벽진(碧珍), 자는 치기, 호는 적와(適窩)이다. 칠곡(漆谷) 석전(石田)에 거주하였으며 최흥원(崔興遠)의 외손이다. 1819년(순조19)에 생원시에 합격하였다.

143 가난 : 원문 '단표(簞瓢)'는 단사표음(簞食瓢飮)의 준말이며, 대그릇에 담은 밥과 표주박에 든 물이라는 뜻으로, 가난한 생활을 말한다. 《논어》 〈옹야(雍也)〉에 "어질구나 안회여! 한 대그릇의 밥과 한 표주박의 마실 것으로 누추한 마을에 사는 고생을 다른 사람들은 그 근심을 견디지 못하거늘 안회는 그 즐거움을 고치지 않았으니, 어질구나 안회여!〔賢哉回也! 一簞食一瓢飮在陋巷, 人不堪其憂, 回也不改其樂, 賢哉回也!〕"라고 하였다.

144 가정에서의 가르침 : 원문 시례(詩禮)는 시례지훈(詩禮之訓)의 준말로, 가정에서 가르침을 받음을 말한다. 공자의 아들 이(鯉)가 뜰에서 공자 앞을 빠른 걸음으로 지나다가 공자로부터 시(詩)와 예(禮)에 대하여 배웠느냐는 말을 듣고 그에 대한 가르침을 받은 일에서 유래하였다. 《論語 季氏》

145 모용(茅容) : 후한(後漢) 진류(陳留) 사람으로, 자는 계위(季偉)이다. 행실이 단정하고 절도가 있었으며 효성이 지극하였다. 하루는 모용이 일행과 함께 나무 아래에서 비를 피하였는데, 다른 사람은 편안한 자세로 앉아 있었으나 모용은 홀로 공손한 모습으로 단정히 앉아 있었다. 당시의 명사인 곽태(郭泰)가 지나가다가 이를 보고, 그의 특이함을 기특하게 여겨 마침내 함께 얘기를 나누고 인하여 그의 집에

낙양의 물가에는 석홍[147]과 온조[148]가 늙었네　　洛涯老石溫
더욱 어여쁜 것은 창해의 달빛이　　更憐滄海月
푸른 산의 저녁에 와서 비치는 것일세　　來照碧山昏

유숙하였다. 다음 날 아침 모용이 닭을 잡아 반찬을 만들자, 곽태는 자신을 위하여 마련하는 것이라고 생각하였는데, 조금 뒤에 그의 어머니에게 공양하고 그는 채소 반찬으로 곽태와 함께 밥을 먹었다. 곽태가 일어나 절하고 말하기를 "그대는 어질다." 하고는, 인하여 학문을 하도록 권하여 모용이 마침내 덕을 이루었다. 《後漢書 郭泰列傳》

146 맹민(孟敏) : 후한(後漢) 때 사람으로, 등에 시루를 지고 가다가 발을 헛디디는 바람에 그만 시루가 땅에 떨어져 깨지고 말았는데, 맹민은 뒤도 돌아보지 않고 가 버렸다. 이 광경을 목격한 곽태(郭泰)가 맹민에게 그 이유를 물으니, 맹민이 대답하기를, "이미 시루가 깨졌는데 돌아본들 무슨 소용이 있는가."라고 하였다. 곽태는 그의 자질을 훌륭하게 여겨 학문하기를 권하였고 10년 만에 맹민의 이름이 크게 알려졌다고 한다. 《後漢書 郭泰列傳》

147 석홍(石洪) : 771~812. 자는 준천(濬川)으로, 하남(河南) 사람이다. 훌륭한 행실이 있었으며 명경(明經)으로 뽑혔으나 은거하여 벼슬에 나아가지 않았고, 공경(公卿)이 누차 천거하였으나 부름에 응하지 않았다. 이후에 조정에서 조서를 내려 소응위 집현 교리(昭應尉集賢校理)로 삼았다. 문장을 잘 지었으며 서법에도 뛰어났다. 《新唐書 石洪列傳》

148 온조(溫造) : 765~835. 자는 간여(簡輿)로, 병주(幷州) 기현(祁縣) 사람이다. 일찍이 왕옥산(王屋山)과 낙양(洛陽)에 은거했었는데, 이후 덕종(德宗)·목종(穆宗)·문종(文宗)을 섬기며 관직이 예부 상서(禮部尙書)에까지 이르렀다. 《舊唐書 溫造列傳》 당나라 한유(韓愈)가 지은 〈송온조처사서(送溫造處士序)〉에 "동도(東都 : 낙양(洛陽))는 진실로 사대부의 기북(冀北)인 셈이다. 재능을 자부하고 깊이 은둔하여 재능을 자랑하지 않는 자는 낙수(洛水)의 북안(北岸)에 있는 석생(石生 : 석홍(石洪))이요, 남안(南岸)에 있는 온생(溫生 : 온조(溫造))이었다."라고 하였다.

이경림[149] 영진 과 이별하며 주다

贈別李景霖 英鎭

새벽녘에 나그네 출발하니	際曉旅人發
여윈 말이 울며 나아가지 않네	羸驂鳴不行
의복은 서리 내린 싸늘한 나무를 지나가고	衣經霜樹冷
길은 눈 내린 밝은 봉우리를 돌아가네	路轉雪峯明
좋은 모임은 외로운 등불만 있어도 되니	勝會孤燈在
다음 기약은 가을 풀 자랄 때일세	前期秋草生
매화꽃 봉우리 터지려는 것을 보니	梅花看欲綻
서글픈 심정 어찌할꼬	惆悵若爲情

149 이경림(李景霖) : 이영진(李英鎭). 정종로의 장인 이민현(李民顯, 1703~1784)의 아들로, 본관은 전주(全州)이고 충청도 제천에 거주하였다.

남종백[150] 한조 의 시에 화운하여 보내다
和寄南宗伯 漢朝

그대와 이별하던 때를 생각하니 憶與君別時
그윽이 만날 기약 세모로 정하였지 幽期指歲暮
아득한 매령 꼭대기 迢迢梅嶺頭
달은 소나무 사이 길에 밝네 月白松間路

무슨 일로 아름다운 기약 저버렸나 何事負佳期
서성이다 날이 이미 저물었네 徘徊日已暮
그대 있는 곳에 부질없이 내 마음 두었으니 仙山空在心
꿈속의 길이 뚜렷하네 歷歷夢中路

쓸쓸한 옛 절간에서 寥落古禪宮
외로운 등불에 홀로 그대를 향하네 孤燈爾獨向
책을 안고 가서 그대와 종유하고자 하나 抱書欲往從
눈 덮인 산 정상에는 길이 끊어졌네 路斷雪峯上

아득히 구름 사이의 큰 기러기는 杳杳雲間鴻

150 종백(宗伯) : 남한조(南漢朝, 1744~1809)의 자이다. 본관은 의령(宜寧), 호는 손재(損齋)이며, 딸이 정종로의 자부(子婦)가 되었다. 저서로 《손재집(損齋集)》 15권이 있다. 《입재집》 권45에 〈손재 남공 행장(損齋南公行狀)〉이 있다.

날아서 어디로 가려 하는가　飛飛欲何向
벗에게 보낼 편지를 맡겨서　憑寄故人書
은근히 그대 사는 고개 위에 전하네　殷勤傳嶺上

강청지[151] 세백 와 문거[152] 세륜 에게 주다

贈姜淸之 世白 文擧 世綸

홍문관 사간원의 나그네가	玉署薇垣客
나란히 너울너울 대나무 문에 이르렀네	聯翩到竹關
두건을 젖혀 쓰고[153] 맑은 물가에서 맞이하여	岸巾迎碧水
손을 잡고 푸른 산에 앉았네	携手坐靑山
책상자의 책으로 밤새도록 즐기고	箱帙終宵樂
거문고와 바둑으로 반나절 한가하네	琴碁半日閒
원컨대 그대들은 나와 함께 은거하여	願君同我隱
성곽 남쪽으로 돌아가지 마시게	休向郭南還

151 강청지(姜淸之) : 강세백(姜世白, 1748~1824)으로, 본관은 진주(晉州), 호는 호린(皓隣)이고, 청지는 그의 자이다. 상주 봉대(鳳臺)에 거주하였다. 교리(校理), 응교(應敎) 등을 역임하였고, 정종로의 문인이다.

152 문거(文擧) : 강세륜(姜世綸, 1761~1842)으로, 본관은 진주(晉州), 호는 지원(芝園) 또는 지포(芝圃)이며, 문거는 그의 자이다. 정종로(鄭宗魯)의 문인이다. 저서로 《북정록(北征錄)》이 있다.

153 두건을 젖혀 쓰고 : 원문의 '안건(岸巾)'은 두건을 뒤로 젖혀 써서 이마가 훤히 드러나게 하는 것으로, 전의되어 소탈한 태도나 격식을 차리지 않는 옷차림을 형용하는 말이다.

상사 이성용 지권 의 토실 시에 차운하다

次李上舍聖用 之權 土室韻

흙을 쌓아 움집 만듦은 하루도 걸리지 않았는데 築土爲窩不日成
사방을 두른 담장이 성처럼 두텁네 四圍墻壁厚如城
견고한 기둥은 겸손하게 항상 힘을 지탱하고 堅凝木遜常支力
지붕 덮은 띠풀은 마땅히 줄기가 생겨날 때 하네 覆盖茅宜自茁生
눈 덮인 토굴은 추위가 멀어지니 따뜻한 집과 같고 雪窟寒遙眞暖屋
무더위에도 그늘이 넉넉하니 시원한 정자 같네 炎天陰足等凉亭
그 가운데 지극한 뜻을 아는 사람 없으니 箇中至趣無人識
그대가 집을 지음이 세속의 정과 다름이 어여쁘네 憐爾經綸異俗情

죽하[154]의 시에 차운하여 신흘남[155] 치봉 에게 주다

次竹下韻 寄申屹南 致鳳

기개는 풍진세상에서 벗어났으나	氣槩風塵外
문장의 화려함은 월로[156] 가운데 있네	詞華月露中
이 사람과 서로 보지 못하건만	伊人不相見
강물은 날마다 동으로 흐르네	江水日流東

154 죽하(竹下) : 이천섭(李天燮, 1730~1807)의 호이다. 앞의 주 12) 참조.

155 신흘남(申屹南) : 신치봉(申致鳳, 1738~?)으로, 본관은 평산(平山), 자는 문서(文瑞), 흘남은 그의 호이다. 순암 안정복의 문인이며, 정종로, 남한조(南漢朝)와 교유하였고, 유고가 전한다.

156 월로(月露) : 음풍농월(吟風弄月)의 소재인 풍화월로(風花月露)의 준말로, 사시(四時)의 경치를 말한 것인데, 문사(文詞)는 화려하나 내용이 없는 시문(詩文)을 비유한다.

조사위[157] 호연 의 구당중수 시에 차운하다

次趙士威 虎然 舊堂重修韻

몇 년 동안 수리하여 올 가을에 끝마치니	幾年營葺了今秋
이 일을 이 도에 옮겨 도모할 만하네	玆事堪移此道謀
집을 윤택하게 하고자 할 때 몸 또한 윤택해지고	屋欲潤時身亦潤
당을 수리한 곳에 덕도 아울러 수양하네	堂經修處德兼修
추워짐에 틈으로 찬 기운이 스며들까 오히려 두렵고	寒來罅隙滲猶懼
청소해도 티끌이 쌓일까 다시 근심하네	掃去塵埃積更憂
집을 짓던 그 당시 원래 절로 넉넉했기에	結構當年元自足
다만 임시방편[158]으로 수리해도 충분히 온전하다네	只應牽補十分周

157 사위(士威) : 조호연(趙虎然, 1736~1807)의 자이다. 본관은 풍양(豊壤), 호는 구당(舊堂)이며, 뒤에 목수(沐洙)로 개명하였다. 1796년(정조20) 사도세자의 죽음을 둘러싼 임오의리(壬午義理)를 주장하는 응지소(應旨疏)를 올릴 때 소수(疏首)로 추대되어, 상소 초안을 작성하였다. 저서에 《구당집(舊堂集)》이 있다.

158 임시방편 : 원문의 '견보(牽補)'는 담쟁이덩굴을 끌어다가 새는 지붕을 덮는다는 '견라보옥(牽蘿補屋)'의 줄인 말로, 근본적인 해결책을 강구하지 않고 임시로 미봉책을 쓴다는 뜻이다.

이계강에게 차운하여 주다
次贈李季强

머리카락이 하얗게 센 승선교의 객[159]이	白髮仙橋客
오래된 골짜기 숲에 푸른 나귀 타고 있네	靑騾古洞林
풍진세상에서 허송세월한 늙은이	風塵虛送老
강해에 자신을 알아주는 벗[160]이 적네	江海少知音
술을 마시니 바람이 얼굴에 불어오고	把酒風來面
거문고 연주하니 달이 마음에 비치네	彈琴月照心
복사꽃 흐르는 물이 불어나니	桃花流水漲
아마도 다시 무릉도원을 찾은 듯하네	儻復武陵尋

159 승선교(升仙橋)의 객 : 벼슬길에 나아가 공명을 이루는 영광을 누린 사람을 말한다. 한(漢)나라 성도(成都)의 북쪽에 승선교란 다리가 있었는데, 사마상여(司馬相如)가 처음 장안(長安)에 들어가서 공명을 구할 적에 이 다리를 지나면서 다리 기둥에 제하기를 "말 네 마리가 끄는 높은 수레를 타지 않고서는 이 다리를 다시 건너오지 않겠다."라고 하였는데, 뒤에 사마상여는 높은 자리에 올라 사마를 타고 이 다리를 다시 건넜다. 《太平御覽 卷73》

160 자신을 알아주는 벗 : 원문은 '지음(知音)'으로, 춘추 시대 백아(伯牙)가 금(琴)을 타면서 고산(高山)에 뜻을 두면 종자기(鍾子期)가 "높고 높기가 마치 태산과 같도다!〔峨峨兮若泰山〕" 하고, 또 유수(流水)에 뜻을 두면 "넓고 넓기가 마치 강하와 같도다!〔洋洋兮若江河〕"라고 하였다는 고사에서 유래하였다. 《列子 湯問》

봉촌 즉사

鳳村卽事

서풍이 밤낮으로 불어와	西風日夕吹
뜬구름을 다 거두어 가네	捲盡浮雲去
백발의 두세 사람	白頭三兩人
달을 보며 한가롭게 이야기하네	對月閒相語
어른거리는 뽕나무 심은 마을에는	掩暎桑柘村
닭과 개가 이리저리 흩어지네	鷄犬散來去
사람들은 각자 자신의 일을 하니	人人各事事
고요히 싸우고 다투는 소리 전혀 없네	寂無鬪爭語
술은 세 잔을 다 비우고	酒飮三盃盡
책은 몇 줄을 읽어 보네	書看數行去
유연히 뜻이 맞는 곳에 앉으니	悠然得意坐
물만 흐르고 산은 말이 없네	水流山無語
시신은 불러도 오지 않고	詩神招不來
잠 귀신은 몰아내도 가지 않네	睡魔驅不去
베개에 기댔다가 잠깐 만에 깨어나니	倚枕忽醒耳
오직 꾀꼬리 지저귀는 소리뿐이네	一聲黃鳥語

늙은이는 적막함을 견디지 못하고 老人不堪寂
젊은이를 찾아가네 爲尋少年去
얼마 후 담소하던 모든 사람들이 俄皆談謔者
단정히 앉아 도리어 말이 없네 危坐却無語

논할 만한 일이 별로 없는데 別無事可論
만나면 떠나고자 하지 않네 逢輒不欲去
비로소 알겠네 같은 기운끼리 서로 구함[161]은 始知同氣求
침묵하거나 말하는 것과 관련된 것이 아님을 非關默與語

161 같은……구함 : 의기투합(意氣投合)과 같은 뜻으로, 《주역》〈건괘(乾卦) 문언(文言) 구오(九五)〉에 "같은 소리끼리 서로 응하며, 같은 기운끼리 서로 찾는다. 물은 축축한 곳으로 번져 가고, 불은 건조한 곳으로 타들어 간다.〔同聲相應, 同氣相求. 水流濕, 火就燥.〕"라고 한 데서 온 말이다.

황숙황[162]이 병석에서 일어나 방문한 것에 감사하여
謝黃叔璜病起來訪

그대의 병이 이미 나은 것에 놀라고 기뻤는데	驚喜吾人病已蘇
얼굴빛이 예전에 비해 더욱 윤이 나네	容顏比昔更敷腴
타고난 호걸스런 선비는 의당 끝까지 길하리니	天生傑士宜終吉
나는 좋은 벗이 있어 외롭지 않을 수 있네	我有良朋得不孤
장마가 끝난 맑은 못은 선명하기가 거울 같고	潦盡碧潭明似鏡
구름 낀 푸른 산은 활기가 그림에 더해지네	雲來青嶂活添圖
아양곡[163] 몇 가락은 연주해도 다함이 없으니	峩洋數曲彈無盡
또 소나무 난간에 기대어 술 마시며 소리치네	且倚松欄酒斝呼

162 숙황(叔璜) : 황번로(黃磻老, 1766~1840)의 자이다. 본관은 장수(長水), 호는 백하(白下)로 상주 모동에 거주하였다. 1789년(정조13)에 생원시에 합격하여 성균관에서 공부하였다.

163 아양곡(峩洋曲) : 백아(伯牙)가 지음(知音)인 종자기(鍾子期)를 만나 연주한 악곡으로, 고산유수곡(高山流水曲)이라고도 한다.

강덕조[164] 봉흠 의 신옥 시에 차운하다

次姜德祖 鳳欽 新屋韻

그대의 청운의 뜻은 일찍 벼슬하리라 여겼더니	謂爾靑雲早致身
만년의 자취도 오히려 세속의 티끌을 피한 듯하네	晩蹤還似避紅塵
노니는 용마가 역참에 있으나 내가 탈 것 아니요	遊龍滿驛非吾騎
상서로운 봉이 뜰에서 춤추니[165] 나의 좋은 때라	祥鳳儀庭是我辰
긴 두레박줄로 몇 년 만에 옛 우물을 푸랴[166]	脩綆幾年能汲古
경전[167]에서 오늘 아침 새로워짐을 바로 알겠네	斷編今日好知新
조만간 날아올라 가는 것을 볼 수 있으리니	會看早晩飛騰去
기꺼이 자연에서 은둔하는 사람이 되겠는가	肯作林間遯伏人

164 강덕조(姜德祖) : 강봉흠(姜鳳欽, 1762~1822)이다. 본관은 진주(晉州), 자는 덕조(德祖, 德祚), 호는 남애(南厓)이다. 경현재(警弦齋) 강세진(姜世晉, 1717~1786)의 아들이다. 정종로의 문인으로, 상주 봉대(鳳臺)에 거주하였으며 죽우사(竹雨社) 시단에서 활약하였다.

165 상서로운……춤추니 : 성군(聖君) 혹은 태평성대를 의미하는 말이다. 《서경》 〈익직(益稷)〉에 "소소를 아홉 번 연주하니 봉황이 와서 춤을 춘다.〔簫韶九成, 鳳凰來儀.〕"라고 한 데서 온 말이다.

166 긴……푸랴 : 옛 전적(典籍)을 연구하는 것을 깊은 우물에서 물을 푸는 것에 비유한 것으로, 한유(韓愈)의 〈추회시(秋懷詩)〉에 "어리석음으로 돌아감에 길이 평탄함을 알겠고, 옛 우물에서 물을 품에 긴 두레박줄을 얻었어라.〔歸愚識夷塗, 汲古得脩綆.〕"라고 한 구절에서 유래하였다.

167 경전 : 원문 '단편(斷編)'은 단편잔간(斷編殘簡)의 줄인 말로, 성현의 경전을 말한다.

인과 의를 누가 여관이라 말하였나[168]	仁義誰言一宿廬
마음을 기쁘게 하는 것은 성현의 글만 한 것이 없네	悅心無若聖賢書
하늘에 달린 부귀영화 어찌 반드시 부러워하랴	在天榮貴何須艷
자신에게 절실한 참된 공부는 삼가 소홀하지 말게	着己眞工愼莫踈
아름다운 거문고 백 년 동안 연주해도 끝이 없고	瑤瑟百年彈不盡
벽에 걸린 등불은 밤늦도록 비춰도 아직 남았네	壁燈殘夜照還餘
새집 지은 이날 새 기쁨이 넉넉하니	新家此日新歡足
그대가 인[169]을 얻었음을 볼 수 있겠네	會見吾人得廣居

168 인과……말하였나 : 《장자》 〈천운(天運)〉에 "인의는 선왕의 거려이다.〔仁義, 先王之蘧廬.〕"라고 하였다. 거려(蘧廬)는 지금의 여관이란 말과 같다.

169 인 : 원문은 '광거(廣居)'로, 《맹자》 〈등문공 하(滕文公下)〉의 "천하의 넓은 집에 거처하다.〔居天下之廣居〕"라고 한 데서 유래하였다.

황맹경[170] 신로 에게 주다

贈黃孟耕 莘老

그대가 옛사람의 마음이 많음을 사랑하여	愛君多古意
이레 동안 함께 암혈에 있었네	七日共巖關
지극한 맛은 서책[171]에 넉넉히 있고	至味餘黃卷
그윽한 만날 기약은 푸른 산에 있네	幽期在碧山
경계가 깊어짐에 달갑게 우러르고 굽어보며	境深甘偃仰
객이 흩어짐에 더욱 한가롭네	客散更優閒
빼어난 경치 볼수록 더욱 좋으니	絶景看逾好
어떻게 그대를 돌려보낼 수 있겠나	那能送爾還

170 황맹경(黃孟耕) : 황신로(黃莘老, 1755～1852)를 가리킨다. 본관은 장수(長水), 호는 양와(懹窩)이며, 맹경은 그의 자이다. 상주 모동에 거주하였다. 1780년(정조4)에 생원시에 합격하였으며 청렴함으로 칭송을 받았다.

171 서책 : 원문 '황권(黃卷)'은 책을 가리키는데, 좀이 슬지 않도록 황벽(黃蘗)나무의 즙을 짜 서책에 발랐던 데에서 유래하였다.

거문고를 연주하며

彈琴

세 자의 외로운 거문고 집 안 깊은 곳에 있어	孤琴三尺在堂深
적막한 가운데 만고의 소리를 머금었네	寂歷中含萬古音
아양곡 연주가 끝나자 사람은 보이지 않고[172]	彈罷峩洋人不見
산 위의 반달만 대숲을 비추네	半輪山月照篁林

172 아양곡……않고 : 세상에 나를 알아줄 사람이 없음을 비유한 말이다. 아양곡(峩洋曲)은 백아(伯牙)와 종자기(鍾子期)의 고사에 나오는 곡조이다. 백아가 일찍이 높은 산에 뜻을 두고 거문고를 퉁기자, 종자기가 듣고서 "좋도다. 높고 높아서〔峩峩〕 마치 태산(泰山) 같구나."라고 풀이하였고, 또 백아가 흐르는 물을 염두에 두고 거문고를 퉁기자, 종자기가 "좋도다. 넓고 광대하여〔洋洋〕 마치 강하(江河) 같구나."라고 풀이하였다. 그 후 백아는 종자기가 죽은 뒤로 자기의 거문고 소리를 이해하는 사람이 없음을 탄식하면서 마침내 거문고를 부숴 버리고 다시는 연주하지 않았다고 한다.

유상원[173] 심춘 과 남자호[174] 한호 의 용사[175]강회 시에 차운하여 주다

次贈柳象遠 尋春・南子皜 漢皜 龍寺講會韻

본성을 읊은 여러 시는 모두 같은 마음이니　詠性諸詩共一心

염락풍아[176]가 오히려 지금까지 존재하네　洛濂風雅尙存今

절간 창에 달은 밝고 두 말들이 술은 깨끗하며　禪窗月白朋樽潔

책상에는 등불이 푸르고 강회는 깊어 가네　書几燈靑講座深

173 유상원(柳象遠) : 유심춘(柳尋春, 1762~1834)을 말한다. 그의 본관은 풍산(豊山), 자는 상원, 호는 강고(江皐)로 유성룡(柳成龍)의 후손이다. 1786년(정조10) 사마시에 합격하여 생원이 되고, 학행으로 천거되어 세자익위사 익찬(世子翊衛司翊贊)을 거쳐 익위(翊衛)가 되었다. 평소에 《주자대전(朱子大全)》을 탐독하여 성리학에 조예가 깊었으며 시문에도 능하였다.

174 자호(子皜) : 남한호(南漢皜, 1760~1821)의 자이다. 본관은 의령(宜寧), 초명은 한탁(漢濯), 호는 성재(誠齋)이다. 생부는 남필석(南必錫)이고 남필관(南必觀)에게 양자로 들어갔다. 어려서 퇴계학파인 족종형 남한조에게 수학하였고, 정종로가 41세 되던 1778년(정조2) 그의 첫 제자가 되었다. 저서로 《성재집》이 전한다.

175 용사 : 청룡사(靑龍寺)를 말한다. 경상북도 상주시 중동면 오상리 비봉산(飛鳳山) 중턱의 가파른 절벽 위에 세워졌는데, 1674년(현종14)에 창건되었다고 전해지며, 중창과 관련된 기록이 인근 도남서원(道南書院)에 보관되어 있다고 한다. 풍광이 뛰어나 예로부터 시인 묵객들이 많이 찾았다.

176 염락풍아(濂洛風雅) : 중국 원(元)나라 김이상(金履祥)이 《모시풍아(毛詩風雅)》를 본떠서 만든 6권의 시선집으로, 염계(濂溪)의 주돈이(周敦頤), 낙양(洛陽)의 정호(程顥)와 정이(程頤) 등 송나라 성리학자 48명의 시를 선발하여 실었다. 여기서는 이들의 시가 염락풍아와 같다는 의미이다.

늙은 나는 스스로 발걸음이 멀어짐을 자초하였으니	老子自貽蹤跡阻
늦은 밤에도 오히려 몽혼을 보내 찾게 하네	殘更猶遣夢魂尋
그 가운데 오묘한 논의 누가 나은지 알겠으니	箇中妙論知誰勝
혹 궁산으로 부쳐 주어 내 마음을 위로해 줄는지	儻寄窮山慰我襟

아우를 애도하며

悼卯君

사람들은 우리 집을 선을 쌓은 가문이라 말하는데	人道吾家積善門
게다가 그대의 자성이 약하거나 몽매하지 않았네	況君資性不柔昏
깊고 깊은 마음은 깊은 연못 물인 듯하고	沉深臆有重淵水
굳세고 강한 몸은 화려하게 꾸민[177] 끌채와 같았네	堅韌身同五楘輈
장수를 누릴 것은 이에서 점칠 수 있었고	享得遐齡從可卜
많은 복을 받을 것은 이것이 근원이었네	膺來多福此爲源
2남 2녀가 모두 시집 장가 갔으니	二男二女皆婚娶
세상 사는 맛은 근래에 또한 말할 만하였네	世味年來亦足言
잠시 외출함에 홀어머니는 문에 기대 기다리셨고	乍出偏慈輒倚門
일심으로 힘을 쏟아 늙어도 게으르지 않았네	一心傾注老無昏
이미 자식을 길러 가정을 이루게 하였고	旣殫鞠養成家室
또 영화롭게 사두마차 치달릴 것을 바랐네	且望榮華騁駟轅
소과에 몇 번 합격함에 멀리 헤어짐을 슬퍼하였고	蓮榜幾參悲落落
어머니를 번갈아 모심에 끊임없이 기뻐하였네	萱闈迭侍喜源源

177 화려하게 꾸민 : 원문 '오목(五楘)'의 '오(五)'는 다섯 군데를 묶었다는 뜻으로 단단하게 하기 위한 것이고, '목(楘)'은 문채가 나는 모양이다. 《시경》 〈진풍(秦風) 소융(小戎)〉에 "병거(兵車)라 수레 턱이 얕으니 다섯 곳을 묶은 굽은 끌채로다.〔小戎俴收, 五楘梁輈.〕"라고 하였는데, 이에 대한 주자의 주에 "또 가죽으로 다섯 곳을 묶어서 그 문채가 찬란한 것이다.〔又以皮革, 五處束之, 其文章歷錄然也.〕"라고 하였다.

지금까지 뼈에 새겨 잊기 어려운 점은 至今銘骨難忘處
수복을 그대에게 기약하며 항상 말했던 것일세 壽福期君每有言

차마 남쪽 언덕에서 묘지 입구를 바라보니 忍向南坡望墓門
솔바람 소리 쓸쓸하고 황혼에 달이 떴네 松聲寂歷月黃昏
의원들은 많은 곳에서 신령한 약을 주었으나 醫從幾處投靈藥
사람들은 당시에 상여 수레를 전송하였네 人向當時送素轅
꼭지를 함께한 형화[178]가 어찌 홀로 시들었나 幷蔕荊花胡獨悴
지류가 나누어진 시냇물도 본래 근원은 같다네 分流溪水本同源
하늘이 우리에게 운명을 매우 다르게 하였으니 天於我輩偏殊命
외로운 그림자의 슬픈 마음을 어찌 말로 다 하랴 隻影悲懷詎盡言

178 형화(荊花) : 박태기나무에 피는 꽃인 자형화(紫荊花)의 줄인 말로, 다닥다닥 붙어 꽃이 피므로 흔히 형제간의 우애를 상징한다. 남조(南朝) 양(梁)나라 때 경조(京兆) 사람인 전진(田眞)에게 두 아우가 있었는데, 부친이 사망한 후 세 형제가 전 재산을 서로 나누었다. 오직 집 앞의 자형나무 한 그루만 남게 되자, 세 형제가 의논하여 이것마저 쪼개서 나누기로 하였다. 다음 날 자형나무를 나누려고 가서 보니 나무가 마치 불에 탄 것처럼 말라 죽어 있었다. 이에 세 형제가 크게 뉘우치고 다시 재산을 합하기로 하니, 그 나무가 금방 다시 살아났다고 한다. 《續齊諧記·紫荊樹》

유혜천 광악 에 대한 만사
晩柳惠天 光渥

영남의 벌열 가운데 누가 이와 같을까　閥閱山南孰與同
그대의 얼굴과 법도가 선공[179]과 닮음을 사랑하였네　愛君顔範類先公
집안을 다스림에 하동[180]의 가르침을 삼가 지켰고　刑家謹守河東訓
세상에 처함에 유하[181]의 풍도를 넉넉히 들었네　處世優聞柳下風
행동거지를 단정히 하여 과거 시험[182]을 포기하였고　整步手違蓮桂折

179 선공(先公) : 유성림(柳聖霖, 1711~1790)으로, 본관은 풍산(豐山), 자는 국윤(國潤), 호는 이안당(易安堂)이며, 유성룡(柳成龍)의 5대손이다. 식산(息山) 이만부(李滿敷)를 사사(師事)하였다. 《입재집》 별집 권6에 그의 행장인 〈위빈처사 풍산 유공 행장(渭濱處士豐山柳公行狀)〉이 있다. 광악은 그의 둘째 아들이다.

180 하동(河東) : 당(唐)나라 때 하동 절도사(河東節度使)를 지낸 유공작(柳公綽)을 가리킨다. 문종(文宗) 때의 명신으로, 자는 관(寬)이며 뒤에 이부 상서(吏部尙書)에 이르렀다. 가법이 엄숙한 것으로 이름이 났으며, 그 아들 중영(仲郢)이 그 가법을 잘 지켰다는 내용이 《소학》 〈선행(善行)〉에 실려 있다.

181 유하(柳下) : 유하혜(柳下惠)로, 노(魯)나라 대부 전금(展禽)이다. 유하(柳下)에 살았고 시호가 혜(惠)이기 때문에 유하혜라 부르게 되었다. 《맹자》 〈공손추 상(公孫丑上)〉에는, "유하혜는 더러운 임금을 섬기는 것을 부끄러워하지 않았으며 작은 벼슬을 낮게 여기지 않았다.〔柳下惠, 不羞汚君, 不卑小官.〕" 하였고, 《맹자》 〈만장 하(萬章下)〉에, "유하혜의 풍모를 들은 사람은 비루한 사람이 너그러워지며 야박한 사람이 돈후해진다.〔聞柳下惠之風者, 鄙夫寬, 薄夫敦.〕"라고 하였다.

182 과거 시험 : 원문의 '연계(蓮桂)'는 과거 시험에 합격하는 것을 말한다. 생원과 진사의 소과에 급제한 것을 연방(蓮榜)이라 하고 대과에 급제한 것을 계방(桂榜)이라고 한다.

굶주린 배를 정결히 하여 나물밥으로 배를 채웠네 潔飢腸任藿藜充
어찌하여 좋은 사귐을 맺고 거듭 결혼[183]한 후손이 如何好結重姻後
갑자기 명을 재촉하여 짧은 쑥밭에 묻혔는가 遽促遐籌掩短蓬

183 거듭 결혼 : 정종로의 고조(高祖) 정도응(鄭道應, 1618~1667)이 유진(柳袗, 1582~1635)의 딸에게 장가든 것과 정종로의 첫째 고모가 유운룡(柳雲龍)의 후손인 유성헌(柳聖憲)에게 시집간 것을 말한다.

채사광[184] 시조 에 대한 만사

輓蔡士光 著朝

우리 영남의 세족 몇 집안 가운데	吾南世族數公家
난재[185] 어른의 후손보다 다시 누가 더 뛰어날까	懶老雲孫更孰加
효성은 선조의 아름다움 드러내 관직이 높아지고	孝闡先徽官進秩
공은 후손에게 드리워져 집에 화려함이 더해졌네	功垂來裔屋添華
진공의 아들은 모두 안을 만하고[186]	陳公膝下皆堪抱

184 채사광(蔡士光) : 채시조(蔡著朝)로, 본관은 인천(仁川)이며, 사광은 그의 자이다. 《입재집》 권33 〈증 공조 판서 효자 인재 채공 묘비명(贈工曹判書孝子訒齋蔡公墓碑銘)〉에 의하면, 그는 인재(訒齋) 채형(蔡泂, 1696~1780)의 둘째 아들인데, 양자로 나갔다. 채형은 채수의 9세손으로, 85세까지 장수하였고, 3남 1녀를 두어 다복한 가정을 이루었으며, 이인좌(李麟佐)의 난 때 의병 모집 일을 맡았고, 사후에 효성으로 공조 판서에 증직되었다. 이러한 사실에 근거할 때, 혹 이 작품이 채형에 대한 만사가 아닌지 의심스럽다.

185 난재(懶齋) : 채수(蔡壽, 1449~1515)로, 본관은 인천(仁川), 자는 기지(耆之), 시호는 양정(襄靖)이다. 1469년(예종1) 추장문과(秋場文科)의 초시(初試)·복시(覆試)·전시(殿試)에 장원함으로써 이석형(李石亨)과 함께 조선 개국 이래 삼장(三場)에서 연이어 장원한 사람이 되었다. 만년에 벼슬을 버리고 경상도 함창(咸昌)에 쾌재정(快哉亭)을 짓고 은거하며 독서와 풍류로 여생을 보냈다. 저서에 《난재집(懶齋集)》 2권과 고전소설 《설공찬전(薛公贊傳)》이 있다.

186 진공의……만하고 : 진공은 후한(後漢) 때의 진식(陳寔)을 가리킨다. 진식의 아들인 진기(陳紀)와 진심(陳諶) 두 사람이 서로 우열을 가릴 수 없을 정도로 총명하고 효성스럽기로 유명하였다. 그래서 진식이 "원방은 형 되기 어렵고 계방은 아우 되기 어렵다.〔元方難爲兄, 季方難爲弟.〕"라고 하여, '난형난제(難兄難弟)'라는 고사가 생겼다. 진심의 자가 계방이고 그의 형 진기의 자가 원방이다. 《後漢書 陳寔列

육자의 수레는 모두 찾아다니기에 기뻤네[187] 陸子車頭摠喜過
팔순을 누리고 오복[188]을 온전히 하였으니 享得八旬全五福
어른이 돌아가심은 탄식할 것 없으리 如翁乘化不須嗟

傳》 여기서는 아들이 모두 훌륭함을 뜻한다.

187 육자의……기뻤네 : 육자는 한(漢)나라 육가(陸賈)를 가리킨다. 육가가 천금(千金)을 꺼내어 다섯 아들에게 나누어 주고 나서 "내가 너희들 집에 들르면 인마(人馬)와 주식(酒食)을 극진하게 대접하도록 하라. 나는 열흘을 기한으로 번갈아 가며 너희들 집에 머물 것이다."라고 말했던 고사가 전한다. 《漢書 陸賈傳》 여러 자식들의 극진한 봉양을 받음을 말한다.

188 오복(五福) : 《서경(書經)》 홍범(洪範)에 "오복(五福)은 첫째는 장수, 둘째는 부(富), 셋째는 강녕(康寧), 넷째는 덕을 좋아하는 것, 다섯째는 고종명(考終命)이다."라고 하였다.

경현재[189] 강공 세진 에 대한 만사

輓警弦齋姜公 世晉

길게 울부짖고 다시 길게 울부짖노니 長嘯復長嘯
근래 영남의 운기가 어찌 그리도 궁한가 邇來嶺中運氣何其窮
큰 덕을 가진 선배들이 차례로 돌아가시니 先輩長德次第歿
지금 또 우리 경현재 어른을 위해 통곡하네 今又哭我弦齋翁
어른은 서울의 벌열 가문으로 翁是京華閥閱家
높은 벼슬과 빛나는 영광은 짝할 이 없네 冠冕奕舃無與同
대대로 과거 급제함이 턱 밑 수염 뽑듯[190] 하니 代取黃甲如摘頷下髭
명공거경이 많이 배출되어 조종이 되었네 名公巨卿錯落爲祖宗
모헌[191] 어른의 문채도 또 매우 빼어나 慕老文彩又殊絶

189 경현재(警弦齋) : 강세진(姜世晉, 1717~1786)으로, 본관은 진주(晉州), 자는 사원(嗣源)이며, 정종로의 아우 정재로(鄭宰魯, 1755~1812)의 장인이다. 1753년(영조29) 식년시(式年試) 3등에 입격하였다. 저서로는 《경현재집》이 있다.

190 과거……뽑듯 : 원문 '황갑(黃甲)'은 과거에 갑과(甲科)로 급제하는 것을 말한다. 급제인의 이름을 황지(黃紙)에 써서 권말(卷末)에 붙이므로 이렇게 부른다. 《山堂肆考》 수염 뽑듯 아주 쉽게 과거에 급제했다는 뜻이다. 한유(韓愈)의 〈기최이십육입지(寄崔二十六立之)〉 시에 "해마다 과거 급제자를 취하는 것이, 흡사 턱 밑의 수염을 뽑듯이 했네.〔連年收科第, 若摘頷底髭.〕"라고 하였다.

191 모헌(慕軒) : 강필신(姜必愼, 1687~1756)의 호이다. 본관은 진주(晉州), 자는 사경(思卿), 호는 모헌(慕軒)이며, 강세진(姜世晉)의 아버지이다. 이인좌의 난 때 원종 일등공신에 책봉되었으나 탕평책을 반대하는 등 대신과의 불화로 벼슬을 그만두고 물러나 학문에 전념하였다. 저서로 《모헌집(慕軒集)》이 전한다.

선조의 아름다움을 잘 계승하니 趾美襲休
경현재 어른이 어릴 때부터 빼어남은 마땅하도다 宜翁穎發自幼沖
평소 책 좋아하기를 구운 고기 좋아하듯[192] 하여 平生嗜書若嗜炙
정수를 씹어 맛봄에 매우 아름답고 진하였네 咀嚼英華極都穠
어느덧 묵병[193]의 다섯 수레가 눈앞에 진열하니 居然墨兵五車列於眼
글은 명주 만 곡이 가슴에 쌓인 듯하네 明珠萬斛貯其胸
과거 문장을 지음이 물동이를 쏟는 것 같으니[194] 發爲程文如建瓴
당시의 무리들이 모두 공경하였네[195] 一時流輩皆下風
당시의 뜻과 기상은 어찌 그리도 우뚝하였던가 當年志氣何崢嶸
스스로 발걸음이 무지개를 능가하기를 기약하였네 自期步武凌烟虹
옥서와 금규[196]는 분수 안의 물건으로 보았으니 玉署金閨視爲分內物

192 책……좋아하듯 : 주희(朱熹)의 〈재거감흥(齋居感興)〉에 "책을 열심히 읽어 구운 고기를 좋아하는 것보다 더 좋아한다.〔劬書劇嗜炙〕"라고 한 표현을 끌어온 것이다.

193 묵병(墨兵) : 창작(創作)을 할 때 먹을 찍어 붓을 놀리는 것이 마치 용병(用兵)하는 것과 같다는 뜻으로, 서화(書畫)와 시문(詩文)을 가리킨다.

194 물동이를……같으니 : 원문은 '건령(建瓴)'으로, 사세(事勢)가 아주 용이함을 비유한다. 《사기》 〈고조본기(高祖本紀)〉에 한나라 전긍(田肯)이 고조에게 용병의 유리한 형세에 대해, "마치 지붕 꼭대기에 앉아 물병을 거꾸로 들고 아래로 쏟을 때처럼 막힘이 없을 것이다.〔譬猶居高屋之上建瓴水也〕"라고 진언했다는 내용이 나온다.

195 공경하였네 : 원문 '하풍(下風)'은 순하풍(順下風)을 줄인 말이다. 《장자》 〈재유(在宥)〉에, 광성자(廣成子)가 남쪽으로 머리를 돌리고 누워 있을 때, 황제(黃帝)가 "발치로부터 무릎걸음으로 나아가 두 번 절하고 머리를 조아리며 물었다.〔順下風, 膝行而進, 再拜稽首而問.〕"라는 말이 나온다.

196 옥서(玉署)와 금규(金閨) : 옥서는 옥당(玉堂)과 같은 말로, 조선조에서는 예문관이나 홍문관을 지칭하였다. 금규는 한(漢)나라 때 궁궐의 문인 금마문(金馬門)으로, 본디 학사(學士)들이 대조(待詔)하던 곳이었는데, 전하여 조정(朝廷)을 가리킨다.

조만간 임금의 정치를 빛나게 하고 아울러 찬미하였으리
早晏黼黻皇猷兼笙鏞

얼마 후 아버지를 따라 영남으로 낙향하여 俄隨先子落吾南
학문하며 더 이상 세속의 욕심에 연연하지 않았네 契活非復軟塵紅
만년에 사마시에 합격하여 낮은 관직을 받았으나 晩占司馬衣青衫
소과 합격이 어찌 영달함이 될 수 있으랴 小成豈足爲榮通
지산[197]에 터를 잡아 물가 사이에 집을 지으니 卜築芝山開水間
상주[198]의 한 지역이 동쪽에서 푸르렀네 商顔一髮青於東
묵묵히 사십 년간 은둔하여 사니 默默幽居四十載
골목길이 쓸쓸하여 명아주와 쑥이 자랐네 門巷蕭條生藜蓬
날마다 경전을 펴고 지극한 맛을 부치니 日披墳典寄至味
세상의 모든 일이 큰기러기 털처럼 가벼웠네 世間萬事輕如鴻
장부는 궁하나 학업은 썩어 없어지지 않으니 丈夫窮當業不朽
예로부터 작가를 다 파악하여 담장을 엿보았네 盡把古來作者窺垣墉
시는 한위로부터 원명에 이르렀으며 詩自漢魏及元明
문은 남화경[199]에서 시작하여 공동[200]에 이르렀네 文起南華至崆峒

197 지산(芝山) : 경북 상주시 모서면(牟西面)에 있다. 원래 이름은 대지(大旨)인데, 고을 이름이 한(漢)나라 상산사호(商山四皓)가 고조(高祖)를 피하여 장생불사한다는 자지(紫芝)를 캐 먹고 살았던 상산(商山)과 같았기에 지산으로 이름을 바꾸었다고 하였다. 《警弦齋集 卷3 移居芝山記》

198 상주 : 원문 '상안(商顔)'은 사람의 얼굴 형태와 비슷한 모양의 상산이라는 뜻으로, 경북 상주를 가리킨다.

199 남화경(南華經) : 당(唐)나라가 노자(老子) 이담(李聃)을 조상으로 삼아 현원황제(玄元皇帝)로 추존하고 장자(莊子)를 남화진인(南華眞人)으로 높였기 때문에

빗장을 뽑고 자물쇠를 열어 깊은 경지에 들어가　抽關啓鍵入三昧
순정하고 흠 있음과 도의 쇠퇴하고 성함을 환히 알았네
洞見醇疵與汚隆
흥이 나면 장소에 따라 곧바로 시를 지으니　興到隨境輒有作
붓을 대면 왕왕 규룡이 생동하는 듯하였네　落筆往往生虯龍
형악이 우뚝이 섬에 봄 구름이 걷힌 듯하고　衡岳特立春雲捲
삼협 물이 쏟아짐[201]에 세찬 가을 물결인 듯하네　三峽倒流秋濤洶
아름다운 산빛의 자연스러움은 더욱 빼어난 듯하고　秀色天然尤奇絶
선명한 맑은 물에는 붉은 연꽃이 핀 듯하네　分明綠水紅芙蓉
이 훌륭한 솜씨가 어찌 다만 음풍농월[202]일 뿐이랴
此箇大手豈直批風與抹月
덕망을 기록하고 또 공명을 새길 수 있네　端可紀德又銘功
빼어나고 보배로운 재주를 품고도 시험할 수 없었으나

《장자(莊子)》를 《남화경》이라고 한다.

200　공동(崆峒) : 공동 도사(崆峒道士) 주희(朱熹)를 가리킨다. 주희가 지은 《참동계고이(參同契考異)》의 말미에 '공동 도사 추흔(崆峒道士鄒訢)'이라고 쓴 바 있는데, 이는 주희가 가탁한 이름이다.

201　삼협 물이 쏟아짐 : '삼협'은 중국 사천성에서 호북성 경내로 흐르는 양자강 상류의 구당협(瞿塘峽), 무협(巫峽), 서릉협(西陵峽)을 말한다. 골짜기에 쏟아져 흐르는 물처럼 거침없는 문장을 비유한다. 송(宋)나라 진사도(陳師道, 1053~1101)의 시 〈차운하여 학자에게 답하다〔次韻答學者〕〉 4수 가운데 제1수에 "붓 아래 삼협의 물을 기울이고, 흉중에는 특별히 봄기운 품었네.〔筆下倒傾三峽水, 胸中別作一家春.〕"라고 한 구절이 있다. 《後山集 卷8 次韻答學者》

202　음풍농월 : 원문의 '비풍말월(批風抹月)'은 세속을 떠나 자연의 경지에 자유자적함을 이르는 말로, 음풍농월(吟風弄月)과 같은 뜻이다.

懷奇抱珍不得試

누가 천구와 홍벽[203]이 더러운 먼지 모래 가운데 묻힌 것을 애석해하랴 誰惜天球弘璧埋翳塵沙中

긴 세월 동안 기꺼이 적막한 물가를 지키며 長年甘守寂寞濱

때때로 야로들과 함께 소요하였네 時與野老同鞋節

평소 성품은 겸손하고 절대 오만함이 없어 雅性兼挹絶無傲

사는 곳마다 남들에게 오직 온화하고 공손하였네 着處向人惟溫恭

생활함에 참된 성품에 따라 스스로 단속하니 起居任眞自規矩

온화한 얼굴에 맛이 있음이 순정한 술과 같았네 色笑有味如醇醲

원근의 선비들이 모두 사모하고 기뻐하며 遠邇章甫皆慕悅

어른의 행동 독실함과 말 충성스러움에 감복하였네 服翁行篤兼言忠

나는 다행스럽게도 과갈 말갈로 이어졌고 小子何幸聯瓜葛靺鞨

아우가 연이어 기러기를 예물로 드리니 기럭기럭 하고 우네[204]

季方相繼執鴈鳴嗈嗈

이로부터 인연이 되어 곁에서 모시며 自是夤緣侍杖几

203 천구(天球)와 홍벽(弘璧) : 모두 나라의 귀중한 보물을 뜻한다. 《서경》 〈고명(顧命)〉에 "옥을 오중(五重)으로 하며 보물을 진열하니, 적도와 대훈과 홍벽과 완염은 서서에 있고, 대옥과 이옥과 천구와 하도는 동서에 있다.〔越玉五重, 陳寶, 赤刀大訓、弘璧、琬琰在西序, 大玉、夷玉、天球、河圖在東序.〕"라고 하였다.

204 나는……우네 : 과갈(瓜葛)은 덩굴이 뻗어 서로 얽힌 외와 칡으로, 집안의 혼인으로 맺어진 관계를 말한다. 말갈(靺鞨)은 말갈아(靺鞨芽)를 말하는데, 홍마노(紅瑪瑙)라고도 하며 붉은빛이 나는 투명(透明)한 주옥(珠玉)의 이름이다. 기러기는 혼인에 사용하는 물품으로 혼인을 뜻한다. 정종로의 아우인 정재로(鄭在魯, 1755~1812)와 정종로의 중부인 정의모(鄭義模, 1709~1756)의 맏아들인 정익로(鄭翼魯, 1737~1795)가 각각 강세진(姜世晉)의 첫째 딸, 둘째 딸과 혼인한 것을 말한다.

덕을 보고 가르침을 받든 것이 지금 몇 해였던가 覲德承誨今幾冬
지난날 어른 집에 방문했을 때를 생각하니 記憶曩時造高軒
도가 보존되어 마음이 화락함을 직접 보았었지 目擊道存心爲融
가까운 곳에 관아가 있어 거마가 날마다 치달렸으나
咫尺官門車馬日馳逐
문을 닫고 물리치니 허공으로 달아난 듯하였네 閉戶卻掃有若逃虛空
그 가운데 남은 물건이 전혀 없고 箇中了無餘物色
다만 벽에 가득한 도서에는 좀벌레[205]가 때때로 이리저리 다니네
只是滿壁圖書碧魚時橫縱
감실에는 옥 뺨 같은 매화가 피었고 龕開玉腮梅
뜰에는 푸른 수염 같은 소나무가 드리웠네 庭垂蒼髯松
넘실대는 분지[206]에 작은 물고기 기르는데 盈盈盆池養小魚
물에 비친 석류와 국화는 몇 떨기 꽃이 피었네 倒影榴菊花數叢
그 가운데 몇 자의 푸른 돌 봉우리 우뚝하고 中有石峯突兀青數尺
아침저녁으로 물방울 떨어지니 남기가 자욱하네 朝暮滴滴嵐氣濃
어른은 그 곁에 앉아 손에 주역 책을 들고 翁坐其傍手持易一卷
한가로이 때때로 다시 복희와 신농[207]을 꿈꾸었네 閒來時復夢羲農

205 좀벌레 : 원문 '벽어(碧魚)'는 책이나 옷을 갉아먹는 좀벌레를 가리키는 '벽어(壁魚)'의 오자로 생각된다. 두보(杜甫)의 〈귀래(歸來)〉 시에 "문을 여니 들쥐가 달아나고, 책을 펼치니 좀이 말라 버렸네.〔開門野鼠走, 散帙壁魚乾.〕"라고 하였다.

206 분지(盆池) : 땅에 동이를 묻고 물을 부어 작은 못을 이룬 것인데, 여기에 관상용 수생(水生) 화초를 심는다.

207 복희(伏羲)와 신농(神農) : 주역의 8괘와 64효를 만든 전설상의 성군을 말한다. 《제왕세기(帝王世紀)》에, "포희씨(庖羲氏)가 팔괘(八卦)를 만들고 신농씨(神農

나를 보고 환하게 자신의 문장 논할 것을 허락하셨는데 見我粲然許論文
작은 막대기로 큰 종 울리기[208]를 기다릴 필요 없었네 不待寸筳鳴洪鍾
곧바로 만고의 지식을 가지고 문장에 드러내니 直將萬古入揄揚
흉금이 넓고 넓어 푸른 바다처럼 넓었네 胸襟浩浩滄溟洪
어른의 말씀 들으면 누군들 그 묘함 깨닫지 못하랴 聽得翁言誰不悟其妙
마치 쇠빗으로 흐린 눈을 깎아 어둠을 열어 주는 듯하네 若有金篦刮瞙開昏矇
여유로운 날 그윽함을 찾아 나의 우산으로 들어와 暇日尋幽入吾洞
어린 종들과 함께 시냇가에서 꽃놀이하였네 踏花傍溪偕小僮
나귀 등에서 망건 비껴쓰고 어깨 들썩이며 시 읊으니 欹巾驢背聳吟肩
짐 꾸러미는 단출하고 오직 시통만 있었네 行裝草草惟詩筒
모래밭 갈매기와 물가 학은 모두 기다리는 듯하고 沙鷗汀鶴捴如待
흰 구름은 푸른 산봉우리에서 절로 일어나네 白雲自起青蘿峯
서로 만나 한번 웃으며 방초에 앉으니 相逢一笑坐芳草

氏)가 그것을 다시 중복시켜 육십사괘(六十四卦)로 만들었다."라고 하였는데, 여기서 말한 포희씨는 바로 오제(五帝) 중의 한 사람인 태호 복희씨(太昊伏羲氏)이다.

208 작은……울리기 : 자신의 시를 상대방에게 주어 화답하기에는 너무 수준이 낮다는 뜻의 겸사이다. 성어(成語)로 이정당종(以筳撞鐘)이라 한다. 한나라 동방삭(東方朔)의 〈답객난(答客難)〉에 "대롱 구멍으로 하늘을 엿보고, 바가지로 바닷물을 재며, 가는 대나무로 종을 치는 격이다.〔以筦窺天, 以蠡測海, 以筳撞鍾.〕"라고 하였다.

향기로운 술을 가득 따름에 거문고 울리네 滿酌香醪鳴枯桐

어른은 백설가[209] 노래하고 나는 유수곡[210] 노래하니 翁歌白雪余流水

기쁨과 즐거움이 다하기 전에 마음이 만겹이었네 歡樂不盡心萬重

때때로 낚싯대 드리워 함께 고기 낚으며 有時投竿共釣魚

맑은 못을 내려다보니 능화경[211]을 엿보는 듯했네 俯瞰碧潭疑窺菱花銅

때때로 운을 뽑아 함께 시를 지으며 有時拈韻共賦詩

서늘한 날씨에 산보하니 맑은 밤이 끝나는 줄 깨닫지 못했네 散步凉天不覺淸夜終

그러나 나는 실로 노둔하니 顧余實魯鈍

감히 시를 잘 짓는다고 말할 수 있겠는가 敢言能雕蟲

209 백설가(白雪歌) : 〈양춘백설가(陽春白雪歌)〉를 말한다. 너무도 고상해서 따라 부르기 힘든 노래이다. 송옥(宋玉)의 〈대초왕문(對楚王問)〉에 나오는 고사로, 어떤 사람이 영중(郢中)에서 처음에 〈하리파인(下里巴人)〉이란 노래를 부르자 그 소리를 알아듣고 화답하는 사람이 수천 명이었고, 〈양아해로(陽阿薤露)〉를 부르자 화답하는 사람이 수백 명으로 줄었고, 〈양춘백설가〉를 부르자 화답하는 사람이 수십 명으로 줄었다. 이렇게 곡조가 더욱 높을수록 그에 화답하는 사람이 더욱 적었다. 《文選 卷23》

210 유수곡(流水曲) : 춘추 시대 거문고의 명인 백아(伯牙)가 '높은 산〔高山〕'을 생각하며 거문고를 연주하니, 그의 벗 종자기(鍾子期)가 듣고서 "좋구나. 높고 높기가 마치 태산과 같도다!〔善哉! 峨峨兮若泰山.〕" 하고, 백아가 '흐르는 물〔流水〕'을 생각하며 거문고를 연주하니, 종자기가 "좋구나. 넓고 넓기가 마치 강하와 같도다!〔善哉! 洋洋兮若江河.〕"라고 하였다는 고사에서 유래하는 〈고산유수곡(高山流水曲)〉이다. 《列子 卷5 湯問》 여기서는 자신을 알아주는 지기(知己)를 뜻한다.

211 능화경(菱花鏡) : 옛날 동경(銅鏡)의 별칭이다. 동경은 흔히 육각형으로 되어 있는데, 혹 배면(背面)에 마름꽃〔菱花〕 문양을 새겼던 데서 붙여진 이름이다.

어른이 이에 나를 인도하여 시를 짓게 하고자 하여　翁乃欲引進
지은 글이 있으면 문득 공교롭다고 인정하셨네　有作輒許工
인하여 졸고를 찾아 낱낱이 열람하시고　因索拙稿一一覽
무릎을 치며 나의 재주가 비범하다고 감탄하였네　擊節歎我才非庸
오봉루를 지을 만하고[212]　五鳳樓爲可造
구화상[213]을 꿰맬 만하다고 하였네　九華裳爲可縫
어른의 장려와 인정을 받은 것이 특별한데　荷翁獎與出尋常
또 옛 도로써 나에게 기대하였네　又以古道期於儂
이 뜻이 더욱 진중하여　此意尤珍重
감개함이 내 마음에 격동하였네　感慨激微衷
알지 못하겠네, 온 세상에서　不知四海內
나를 사랑하고 나에게 바람이 공 같은 분 다시 누가 있을지
愛我望我更誰如我公

212 오봉루(五鳳樓)를 지을 만하고 : 훌륭한 문장 솜씨를 가리키는 말이다. 오봉루는 양(梁)나라 태조(太祖)가 낙양(洛陽)에 세운 높은 누각이다. 한포(韓浦)와 한계(韓洎) 형제는 송(宋)나라 때 문장으로 이름이 났었는데, 아우인 한계가 사람들에게 형의 문장 솜씨를 평하여 말하기를, "형의 문장은 허름한 초가집 같아서 겨우 비바람이나 가릴 뿐이지만, 나의 문장은 오봉루를 짓는 솜씨이다." 하므로, 한포가 촉(蜀) 땅에서 생산되는 고급 종이를 주면서 시를 짓기를, "이 종이를 얻었으나 형에게는 전혀 무용하니, 네가 오봉루를 꾸미는 것이나 도우련다.〔老兄得此全無用, 助汝添修五鳳樓.〕"라고 하였던 고사가 있다. 《古今事文類聚 別集 卷14》

213 구화상(九華裳) : 아홉 가지 화려한 의상 즉 구장 면복(九章冕服)으로, 아홉 가지 수를 놓은 임금의 면복을 말한다. 의(衣)에는 산(山)·용(龍)·화(火)·화충(華蟲)과 종이(宗彝) 등 다섯 가지를 그리고, 상(裳)에는 조(藻)·분미(粉米)·보(黼)·불(黻) 등 네 가지를 수놓았다.

해마다 아름다운 모임은 좋은 때를 뽑았으니 每歲佳會卜良辰
산에는 철쭉 피고 시내에는 단풍 드리울 때였네 山開躑躅溪垂楓
스스로 이 생에 늘 가르침을 받들며 自擬此生長奉敎
높은 의표를 우러르며 훌륭한 행적을 따르려 했네 仰高標攀高蹤
어른의 자태와 모습은 더욱 정미하면서도 강하니 翁姿況復精而剛
서리 맞은 송백이 더욱 무성하고 푸른 것에 비유하겠네 譬如松栢經霜益茂靑髼鬆
장수[214]함에는 정해진 숫자가 없으나 海屋添籌定無數
모임에서 뵈었을 때 회춘하여 도리어 아이 같았네 會見返老還孺童
바야흐로 장차 공을 기영사[215]에서 기리고자 하여 方將頌翁耆英社
남극의 상서로운 빛이 한결같이 푸르고 영롱함을 드리운 것 같기를 우러러 축수하였네 仰禱南極瑞輝一向垂葱瓏
생각지도 않게 한번 병들어 갑자기 돌아가시니 不圖一疾奄乘化
누가 병마[216]를 보내 그 흉악함을 방자하게 하였나 誰遣二豎肆其兇

214 장수 : 원문은 '해옥첨주(海屋添籌)'로, 남의 장수를 축하하는 말이다. 옛날 세 노인이 함께 만난 자리에서 어떤 자가 나이를 묻자, 모두 이루 셀 수 없을 정도로 많이 먹었다고 대답하였는데, 그중 한 사람이 말하기를 "바다가 뽕밭으로 변하면 그 때마다 산가지 한 개를 놓았는데, 지금까지 내가 하나씩 놓은 산가지가 열 칸 집에 이미 가득 찼다."라고 하였다 한다. 《東坡志林 卷2》

215 기영사(耆英社) : 기영회(耆英會)를 말한다. 기영회는 송나라 문언박(文彦博)이 서경 유수(西京留守)로 있을 때, 당나라 백거이(白居易)의 구로회(九老會) 고사를 본떠 부필(富弼)·사마광(司馬光) 등 13인의 노인을 모아 만든 모임으로, 관직은 무시한 채 나이로만 서열을 매긴 뒤 술과 시로 서로들 즐겼다. 그 뒤에 원로들의 모임을 흔히 기영회라고 칭하게 되었다. 《宋史 卷313 文彦博列傳》

216 병마 : 원문은 '이수(二豎)'이다. 《춘추좌씨전》 성공(成公) 10년 조에 "진(晉)

평생 온축한 바를 이미 펴 보지 못하고 生平所蘊旣莫展

백세의 장수함도 또 채우지 못했네 百年遐壽又不充

만년에 얻은 외손녀를 또 눈앞에서 잃었으니 暮抱女孫又令目前失

임종할 때 이 재앙이 더욱 흉하였으리라 생각하네 臨歿此禍思尤凶

텅 빈 침상에서 한낮에 곡하니[217] 성이 무너지려 하고

空床晝哭欲崩城

외로운 극인[218]의 슬픈 울부짖음이 또 하늘에 닿았네

孑孑棘人哀號又徹穹

게다가 저 규방의 여인과 시집간 딸이 矧彼幽閨及笄女

아침부터 저녁까지 무덤에서 부르짖었다고 들었네

聞道日夕叫玄宮

푸른 하늘의 보답은 비록 예로부터 어긋났다고 말하지만

나라 경공(景公)이 병이 심하여 진(秦)나라의 명의(名醫)를 청하였는데, 그가 오기 전에 경공의 꿈에 어린아이〔竪子〕 두 명이 나와 서로 말하기를, '내일 명의가 오면 우리를 처치할 것이다. 그러니 우리가 고(膏)의 밑과 황(肓)의 위로 들어가면 명의도 어찌하지 못할 것이다.' 하였다. 이튿날 명의가 와서 진찰하고는, '병이 고황의 사이에 들어갔으니 치료할 수 없습니다.' 하였다."라고 하는 내용이 나온다. 이후로 고황은 난치의 병을, 이수는 병마(病魔)를 지칭하는 말로 쓰인다.

217 한낮에 곡하니 : 원문은 '주곡(晝哭)'으로, 노(魯)나라 대부 공보목백(公父穆伯)의 부인 경강(敬姜)이 남편의 상을 당하여 낮에 곡을 하니, 공자가 예를 안다고 하였다. 남편의 상중에는 밤에 울지 않는 것이 예법이기 때문이다. 《禮記 檀弓下》 강세진의 부인이 남편의 죽음을 애도하는 것을 말한다.

218 극인(棘人) : 몹시 큰 슬픔에 빠져 있는 사람으로, 흔히 부모의 상을 당한 사람을 가리키는 말로 쓰인다. 《시경》 〈소관(素冠)〉에 "행여나 보았던가, 흰 관을 쓴 상주의 파리한 얼굴을.〔庶見素冠兮, 棘人欒欒兮?〕"이라고 한 데서 온 말이다.

蒼蒼報施雖云自古舛

어른께 이같이 인색하여 풍성하지 않을 줄 어찌 생각했으랴

豈料於翁若是嗇不豐

고을 사람들 모두 슬퍼하지만 鄕黨擧悲哀

나의 눈물은 더욱 눈동자를 적시네 我淚尤沾瞳

생각건대 어른의 마음은 본래 한 점의 티끌도 없어

念翁靈臺本無一點塵

백옥은 번거롭게 다른 산의 돌로 갈 필요 없었네 白玉不煩他山攻

또 그 문장은 지금 세상에 드문 수준일 뿐만 아니니

又其詞章不獨今世罕

곧장 고인과 함께 자웅을 다투네 直與古人相爭雄

만약 하늘이 어른에게 나이를 더해 주었다면 向使天公假以年

나 또한 그 덕에 유익해져 나의 거울을 갈고 나의 칼날을 담금질했으리라 吾亦賴之益以磨吾鏡淬吾鋒

하루아침에 나를 버리고 갑자기 그렇게 떠나시니 一朝棄我忽若遺

맑고 소탈하며 문채 나고 고아하여 세속에서 우뚝 빼어난 의용을 어느 곳에서 다시 볼까 何處更睹淸踈文雅絶俗之儀容

어른의 빈소에 가서 조문하니 試往哭翁殯

노을 잠긴 띠풀 집은 찬 달빛이 에워쌌고 烟沒茅齋寒月籠

또 돌아와 어른의 흔적 더듬으니 且歸拊翁跡

구름 깊은 옛 길은 푸른 이끼 덮였네 雲深古道蒼苔封

이로부터 말씀이 날로 멀어지니 從此謦欬日以遠

귀가 있어도 듣지 못해 오히려 귀머거리 같네 有耳莫聞還如聾

빛나고 밝은 거울을 누구와 함께 갈며 光明之鑑誰與礱

막야의 검[219]을 누구와 함께 주조하랴　鏌鄒之劍誰與鎔
이로부터 마음이 억눌려 슬픔을 이기지 못하니　以玆掩抑不勝悲
차라리 거문고 부수고 줄을 끊어 백아와 종유하고자 하네[220]
寧欲破琴絶絃與伯牙相從
끝났도다 지금 세상에　已矣今之世
어른 같은 분을 어찌 만날 수 있으랴　如翁豈可逢
다만 원하건대 자제는 무탈하게 삼년상을 끝내고
但願令胤無恙終三年
즉시 용을 잡고[221] 자주 곰을 꿈꾸시게[222]　卽時屠龍頻夢熊
어른의 후손들이 번성하고 창대하여　俾翁身後熾而昌

219 막야의 검 : 명검(名劍)의 이름이다. 춘추 시대 오나라 사람 간장(干將)이 자신의 아내인 막야(鏌鄒)와 함께 한 쌍의 검을 만들었는데, 간장이 만든 것을 웅검(雄劍)이라 하고 막야가 만든 것을 자검(雌劍)이라 하였다. 《北堂書鈔 卷122》

220 거문고……하네 : 종자기(鍾子期)는 춘추 시대 거문고의 명인 백아(伯牙)의 연주를 가장 잘 이해했던 친구이다. 두 사람은 다 춘추 시대 초(楚)나라의 음악가로, 백아가 거문고를 타면 종자기가 늘 감상했었는데, 종자기가 죽자 백아가 감상할 사람이 없음을 한탄하여, 거문고를 부수어 버리고 종신토록 다시는 타지 않았다고 한다. 《列子 湯問》

221 용을 잡고 : 혼자서 지니고 있는 특출한 기예를 뜻하는 말이다. 《장자》 〈열어구(列御寇)〉에 "주평만이 지리익에게서 용 잡는 기술을 배웠는데, 천금의 가산을 다 쏟으면서 삼 년 만에 그 기예를 완전히 익혔지만, 그 기교를 발휘해 볼 곳이 없었다.〔朱泙漫學屠龍於支離益, 單千金之家, 三年技成, 而無所用其巧.〕"라는 말이 나온다.

222 곰을 꿈꾸시게 : 사내아이를 낳는 태몽(胎夢)을 의미한다. 꿈에 곰이 보이면 아들을 낳는다는 말이 있다. 《시경》 〈사간(斯干)〉에 "길한 꿈이 무엇인가, 곰 꿈을 꾸었다네. 오직 곰 꿈이란 사내아이를 낳을 상서라오.〔吉夢維何, 維熊維羆. 維熊維羆, 男子之祥.〕"라고 하였다.

남은 경사 끊임없고 온화한 기운 화락하라　　餘慶袞袞和氣雍

많은 복이 또 외손들에게 미쳐　　繁祉茀祿又能及外裔

사자후에 뇌가 찢기 듯[223]하고 명성과 지위가 높아지리라

獅吼裂腦名位崇

또 남긴 글은 반드시 후세의 양자운[224]을 만나리니

亦有遺文定逢後世雲

어찌 다만 한때 글씨에 경도된 채옹[225]일 뿐이랴　　奚但一時傾翰邕

이 이치 기필할 수 있으나 어른은 이미 아득히 고인이 되니

223 사자후에……듯 : 외손이 잘되기를 축원하는 것으로, 주희(朱熹)의 외손 황로(黃輅)가 어려서 사자 그림을 좋아하였는데, 주희가 사위인 황간(黃榦)에게 한 폭의 사자 그림을 보내면서 말하기를 "이것은 육탐미(陸探微)의 그림인데, 《동파집(東坡集)》에 찬(贊)이 실려 있다. 이 아이가 떨쳐 일어나 포효하면 백수로 하여금 머리가 터져 죽게 만드는 사자를 닮기 바란다."라고 한 데서 유래하였다. 《朱子大全 續集 卷1 答黃直卿》 육탐미는 남송(南宋) 오(吳) 지방 출신의 유명한 화가로, 산수초목(山水草木)의 그림에 능하였다.

224 후세의 양자운(揚子雲) : 양자운은 한나라 때 사람인 양웅(揚雄)의 자이다. 한유(韓愈, 768~824)의 글에 "양웅이 《주역》에 비겨서 스스로 《태현(太玄)》을 지었는데, 사람들이 알아보지 못하고 비웃자 '세상에서 나를 알아주지 않음이 해로울 것이 없고, 후세에 다시 양자운이 있어서 반드시 좋아할 것이다.〔世不我知無害也, 後世復有揚子雲必好之.〕'라고 했다."라고 한 말이 있다. 《唐宋八大家文抄 卷4 與馮宿論文書》 여기서는 후세에 반드시 강세진을 알아줄 사람이 있을 것임을 뜻한다.

225 글씨에 경도된 채옹 : 채옹(蔡邕, 133~192)은 후한 말기의 문신이자 서법가(書法家)로, 자는 백개(伯喈)이다. 전서(篆書)와 예서(隸書)에 뛰어났으며, 예서 2분과 전서 8분을 섞어서 만든 팔분체(八分體)와 비백체(飛白體)의 창시자로 알려져 있다. 저서에는 옛 제도를 논고(論考)하고 유문(遺文)을 기록한 《독단(獨斷)》이 있다. 여기서는 강세진이 글씨만 잘 쓴 것이 아니라 문장의 내용에도 깊이가 있었음을 말한다.

此理可必翁則已冥漠

저승은 무슨 일로 돌아감이 그리도 바빴던가 九原何事歸忽忽

울며 만가를 노래하고 상여를 전송하니 泣唱輓歌送靈輀

천추만세토록 산이 슬퍼하고 물이 흐느끼며 비가 부슬부슬 내리리 千秋萬歲山哀水咽雨濛濛

조마암[226] 진도 에 대한 만사

輓趙磨巖 進道

옥천[227] 어른의 풍절은 세상에 짝할 이 드문데 玉翁風節世稀雙

한 번의 상소로 어찌하여 초강에 장례 지냈던가[228] 一疏緣何葬楚江

곧장 아들 손자까지 과거 합격자에서 삭제되니[229] 直到兒孫科又削

예부터 기이한 재앙은 말하는 것도 오히려 두렵네 向來奇禍語猶懾

226 조마암(趙磨巖) : 조진도(趙進道, 1724~1788)로, 본관은 한양(漢陽), 자는 성여(聖與), 호는 마암이다. 조덕린의 손자이며 조술도(趙述道, 1729~1803)의 형이다.

227 옥천(玉川) : 조덕린(趙德鄰, 1658~1737)의 자호이다. 본관은 한양(漢陽), 자는 택인(宅仁)이며, 다른 호는 창주(滄洲)이다. 1725년(영조1) 당쟁의 폐해를 논하는 10여 조의 상소를 올렸다가 영조의 정통성을 부정하는 흉소(凶疏)라고 지목되어 종성(鍾城)에 유배되었다. 1727년 정미환국(丁未換局)으로 소론이 집권하자 유배에서 풀려났다. 그 뒤 1736년 서원의 남설(濫設)을 반대하는 상소를 올렸다가 1725년의 상소와 연관되어 노론의 탄핵을 받고 제주로 유배 가던 중 강진(康珍)에서 죽었다. 저서로는 《옥천집》이 전한다. 《조선왕조실록》 정조 12년 무신(1788, 건륭 53) 11월 10일(무진) 조에 〈조덕린·황익재의 죄명을 씻어 주다.〔蕩滌趙德隣黃翼再罪名〕〉라는 기사가 있다.

228 한……지냈던가 : 초강(楚江)은 곧 초나라의 충신 굴원(屈原)이 소인들의 참소로 인해 쫓겨나 투신자살한 소상강(瀟湘江)의 멱라수(汨羅水)를 가리킨 것으로, 여기서는 조덕린이 원통하게 참소되어 유배 가던 도중 죽은 것을 말한다.

229 곧장……삭제되니 : 손자인 만곡(晩谷) 조술도(趙述道, 1729~1803)의 경우 1759년(영조35) 문과에 합격하고도 조덕린의 손자라는 이유로 삭과(削科)되자 과거를 단념하고 성리서를 탐독하였다. 저서로는 《만곡집》, 《유석명분변(儒釋名分辨)》, 《운교문답(雲橋問答)》이 있고 《주서강록간보(朱書講錄刊補)》를 교열하였다.

아 공이 끝내 지극히 원통함을 품고 돌아가시니 嗟公竟抱至冤歸
구구하게 한 번 급제하지 못한 것 때문이 아닐세 非爲區區一第違
조상의 외로운 충정을 드러낼 길이 없었기에 先祖孤衷無路暴
시사가 갈수록 더욱 그릇됨을 견디지 못하였네 不堪時事去尤非

예로부터 천도는 순환하기 좋아하니 由來天道好循環
그늘진 골짜기에 봄볕이 하루 만에 돌아왔네 陰谷陽春一日還
조상의 관직 회복될 때 과거 급제 또한 회복되니 先職復時科亦復
하해도 성은보다 넓다고 말할 수 없네 聖恩河海未云寬

빛나는 붉은 첩지가 조정에서 내려오니 煌煌紅紙自丹霄
보묵으로 새로 쓴 이름이 빛나네 寶墨新題姓字昭
만약 우리 공이 하루만 더 살았더라면 若使我公留一日
생전에 오늘 아침을 기뻐하며 보았으리 生前快睹有今朝

문장에 뛰어난 문벌로 갑과에 합격한 몸이니 文章家世甲科身
밝은 시대 만났다면 도를 펼 수 있었으리 遇着明時道可伸
주상의 뜻이 겨우 회복되자 사람의 일은 변하니 天意纔回人事變
공을 위해 거듭 운명이 완전히 막힘을 애석해하네 爲公重惜命全屯

두 집안 선대의 정의가 평범함을 뛰어넘으니 兩家先誼邁常倫
지금까지 의기투합한 것이 또 이십 년일세 托契於今又卄春
만사를 논하고자 함에 오직 한 줄기 눈물만 흐르니 萬事欲論惟一涕
더구나 옛날 티끌세상에서 노닐 때를 추억함에랴 況堪回憶舊遊塵

안의 현감 이만운[230]에 대한 만사

輓李安義 萬運

발을 누른 깊은 골짜기 푸르름이 하늘을 찌르니	壓簾陶峀碧參天
큰 나무 그늘에 누워서 한 해를 보내네	喬木陰中臥送年
남쪽 고을 선비 중에 누가 비견할 수 있나	南國衣冠誰得齒
옛사람의 동묵[231]도 견줄 수 없네	故家銅墨莫能肩
살았을 때 행한 자취는 오직 떳떳한 분수였고	存時寓跡惟常分
떠나던 날 남긴 정신은 오히려 옛사람의 글이었네	逝日留神尙古篇
애석하구나 어진 이들이 등용되는[232] 밝은 시대에	可惜彙征昭代際
이 어른은 무슨 일로 홀로 저세상에 가셨나	斯翁何事獨黃泉

230 이만운(李萬運) : 자세하지 않다. 안의 현감(安義縣監)을 지낸 묵헌(默軒) 이만운(1736~1820)은 사망 연대가 정종로보다 뒤이며, 벼슬도 지평(持平)에 이르렀기 때문에 제목의 원주는 무슨 착오가 있는 듯하다.

231 동묵(銅墨) : 동인묵수(銅印墨綬)의 준말로, 동으로 만든 인장과 검정색의 인끈인데, 지방관을 가리키는 말이다.

232 어진 이들이 등용되는 : 원문 '휘정(彙征)'은 《주역》 〈태괘(泰卦) 초구(初九)〉에 "띠풀을 뽑음이라, 그 무리로서 가는 것이니 길하다.〔拔茅茹, 以其彙征, 吉.〕"라고 한 데서 나온 것으로, 군자가 벗들과 함께 나아감을 말하였다. 선류(善類)가 많이 등용될 때를 뜻한다.

첨추 황경간[233]에 대한 만사

輓黃僉樞 景幹

화산의 한쪽 면은 푸르고 험준한데　華山一面碧崚嶒
아래에 신선의 거처가 있어 온갖 경치가 모였네　下有仙居萬景憑
백 년 된 큰 나무에 비와 이슬이 깊이 스몄고　喬木百年深雨露
천 척의 높은 대는 등라가 휘감았네　高臺千尺護蘿藤
마을은 소윤[234]이 지팡이에 짚신 신고 지나갔고　村依少尹笻鞋歷
사당에는 엄연히 방촌[235] 어른의 영정이 모셔졌네　廟儼厖翁影像登
이 땅에 배태된 인물은 빼어남이 마땅한데　此地胚胎宜異品
선조의 훌륭한 행실과 교화마저도 하물며 모두 능함에랴
先芬薰沐況兼能
축옹[236]의 기맥이 멀리까지 흘러왔으니　畜翁氣脈流來遠

233 황경간(黃景幹) : 1719~?. 본관은 장수(長水), 자는 응직(應直)이며, 상주에 거주하였다.

234 소윤(少尹) : 황희(黃喜)의 아들인 한성 소윤(漢城少尹) 황보신(黃保身)을 말한다. 황보신이 상주(尙州)로 이거한 이후 집안이 대대로 상주에 거주하였기에 이렇게 말한 것이다.

235 방촌(厖村) : 황희(黃喜, 1363~1452)로, 본관은 장수(長水), 초명은 수로(壽老), 자는 구부(懼夫)이며, 방촌은 그의 호이다. 황경간이 황희의 후손이기 때문에 이렇게 말한 것이다.

236 축옹(畜翁) : 황효헌(黃孝獻, 1491~1532)의 호이다. 본관은 장수(長水), 자는 숙공(叔貢), 호는 축옹·현옹(玄翁)·신재(愼齋)이다. 황희(黃喜) 정승의 현손(玄孫)으로 이조 참의와 이조 참판 등을 지냈으며, 중종의 명을 받아 《신증동국여지

화재[237] 어른의 의형을 일찍이 보고 심취하였네 華老儀形覿醉曾
예업은 어디에서 박잡함을 변화시켰나 藝業何從移雜駁
떳떳한 행실은 스스로 규범을 어김이 없었네 庸行無自背規繩
온화하고 공손한 그대 세 조정의 벼슬 버리고 溫恭子舍三朝笏
서창의 등불 아래 십 년 동안 부지런히 공부하였네 勤苦書窗十載燈
봉혈[238]의 사람은 신령한 깃털 떨치리라 기약했고 鳳穴人期靈翮奮
뛰어난 발굽은 천구[239]를 오르리라 스스로 다짐했네 天衢自儗逸蹄騰
궁통은 천명에 달렸으니 내가 관여할 수 없으나 窮通有命吾無與
진퇴를 때에 맞게 하니 누군들 칭찬하지 않으랴 舒卷隨時孰不稱

승람(新增東國輿地勝覽)》을 편찬하였다. 상주 모동면(牟東面)의 옥동서원(玉洞書院)에 배향되었으며, 저서에 《하유편(下帷編)》과 《갈굴편(渴掘編)》 등이 있다.

237 화재(華齋) : 황익재(黃翼再, 1682~1747)로, 본관은 장수(長水), 자는 재수(再叟), 호는 백화재(白華齋)이며, 황희의 10대손이다. 1728년(영조4) 통정대부(通政大夫)에 올라 종성 부사가 되었다. 이때 도순무사 오명항(吳命恒)과 영남 안무사 박사수(朴師洙)와 함께 청주에 이르러 이인좌(李麟佐)의 반란을 평정하는 데 공을 세웠다. 그러나 도리어 적도들에 연루되었다는 모함을 받아 구성에 유배되었다. 저서로는 《백화재집》, 《서행일록(西行日錄)》이 있다. 《조선왕조실록》 정조 12년 무신(1788, 건륭 53) 11월 10일(무진) 조에 〈조덕린·황익재의 죄명을 씻어 주다.〔蕩滌趙德隣黃翼再罪名〕〉라는 기사가 있다.

238 봉혈(鳳穴) : 봉황새가 사는 둥지를 말한다. 봉혈(鳳穴)에는 이전에 살던 봉황이 털을 남기는데, 훌륭한 선조의 자질을 후손이 그대로 물려받았다는 의미로 쓰인다. 여기서는 황견간이 조상의 재능을 그대로 물려받아서 자질이 훌륭하였다는 말이다.

239 천구(天衢) : 걸릴 것 없는 공중이라는 뜻으로, 벼슬길이 훤히 트여 있음을 비유한다. 《주역(周易)》 〈대축(大畜) 상구(上九)〉에 "저 하늘 거리이니, 형통하리라.〔何天之衢, 亨.〕"라고 했는데, 그 〈상전(象傳)〉에 "저 하늘 거리라는 말은 도(道)가 크게 행해진다는 것이다." 하였다

궁궐 아래 성균관에서 잠시 유학하였으나　璧水暫遊丹闕下
흰 구름 떠 있는 사립문에서 한가로이 누웠네　衡門閒臥白雲層
옛집의 법도는 후세에 전해 주고　故家模範留傳後
선배의 풍류는 벗에게 말해 주네　先輩風流說與朋
충후를 마음에 보존하니 사람들이 모두 심복하고　忠厚存心人共服
강방으로 일을 제어하니 선비들이 많이 본받네　剛方制事士多矜
결성한 기로회에 영웅은 누가 으뜸인가　結來耆社英誰右
이르는 곳마다 서당에는 명망이 더욱 높았네　到處黌堂望愈增
노인을 우대하는 은전이 이윽고 두터워져　優老有恩俄旣渥
추증의 은전이 오래지 않아 정히 서로 이어졌네　推榮非久定相仍
상산사호의 사마 수레 노래 장차 끊어지려 하니[240]　商翁駟馬歌將歇
산골 솔바람은 잠든 이에게 흥취를 보내 주네　峒峀松風睡載興
일찍이 고헌에 나아가 두터운 사랑 받았으니　夙造高軒蒙眷厚

240 상산사호의……하니 : 상산사호(商山四皓)는 진나라 말 한나라 초기에 어지러운 세상을 피해 섬서성 상산에 은거하여, 조정에서 불러도 나오지 않은 고사(高士)들로, 동원공(東園公), 기리계(綺里季), 녹리선생(甪里先生), 하황공(夏黃公)이다. 사마(駟馬) 수레는 네 마리 말이 끄는 수레로, 현달한 관원이 타는 수레를 말하는데, 전하여 부귀영화를 누리는 것을 말한다. 노래는 상산사호가 자신들의 마음을 표현하여 지은 〈자지가(紫芝歌)〉를 말한다. 그 가사에 "아득하고 아득히 먼 상락 지역에, 깊고 깊은 산골짜기 길게 뻗었네. 반짝이며 빛을 내는 영지 정도면, 굶주린 배 채우기에 충분하다네. 당우의 시대는 아득히 머니, 내 장차 어디로 돌아가리오. 고관 되어 높은 수레 타고 다니면, 걱정스런 마음이 몹시 크다네. 부귀하여 다른 사람 겁내기보다, 가난해도 뜻대로 사는 것이 더 낫다네.〔漠漠商洛, 深谷逶迤. 灼灼紫芝, 可以療飢. 唐虞世遠, 吾將安歸. 駟馬高車, 其憂甚大. 富貴之畏人, 不如貧賤之肆志.〕"라고 하였다. 《高士傳》

매양 그윽한 회포 열어 함께 수응하였네	每開幽抱與酬譍
옥봉에 봄이 따뜻하면 꽃은 다투어 피고	玉峯春暖花爭發
금수에 가을이 맑으면 달은 더욱 깨끗하였네	錦水秋晴月更澄
여생에 자주 모실 수 있으리라 스스로 생각했더니	自謂餘生頻得侍
갑작스럽게 세상을 떠나실 줄 어찌 알았으랴	那知大化奄云乘
지금부터 덕 있는 모습이 황천에서 거듭 막히니	從今德宇泉重隔
옛 훌륭한 음성 기억함에 눈물이 매양 맺히네	憶昔徽音淚每凝
옛집은 쓸쓸한데 새 주인으로 바뀌었고	舊第凄凉易新主
외로운 무덤 아득히 어느 언덕에 깃들었는가	孤墳迢遞寄何陵
어진 자손의 지기는 도리어 짝할 이 없어	賢郎志氣還非偶
대대로 이어진 명성을 거의 잘 계승하였네	奕世名聲庶克承
훗날 보답 받음이 이에 있음을 알겠으니	食報他年知在此
장차 남은 경사 있음은 성인의 말로 징험하리	且將餘慶聖言徵

조사회[241] 석간 에 대한 만사

輓趙士懷 錫簡

병성산[242]의 기상이 울창하고 우뚝한데	屛城山氣鬱嵯峨
아래에 장천[243]이 있어 밤낮으로 물결치네	下有長溪日夕波
풍경은 다름이 없으나 인사가 변하니	風景不殊人事變
석양 비치는 부서진 처마는 누구의 집인가	敗簷殘照是誰家
당당히 의론을 견지함은 타고난 자품이니	堂堂持論得天資
공은 어느 때인들 추중받지 못하겠는가	公會何時不見推
당세에 옳은 의논 없다는 말 듣지 못했으니	未聞有無當世議
만인을 대적함[244]은 또한 참으로 훌륭하였네	萬人吾往也眞奇

241 조사회(趙士懷) : 조석간(趙錫簡)으로, 본관은 풍양(豐壤)이다. 조덕윤(趙德胤, 1642~1690)의 증손이다.

242 병성산 : 경상북도 상주 사벌면에 소재한 산 이름이다.

243 장천 : 경상북도 상주 남면(南面) 장천리(長川里)로, 조석간의 선조인 조숭(趙崇)이 비로소 상주로 이거하였고, 그 뒤 조희(趙僖, ?~1507)가 장천으로 이거하였다.

244 만인을 대적함 : 《맹자》 〈공손추 상(公孫丑上)〉에 증자(曾子)가 자양(子襄)에게 "스스로 반성해 보아 바르지 못하다면 비록 천한 사람일지라도 내가 두렵게 하겠으며, 스스로 반성해 보아 바르다면 비록 천만 사람이 있는 곳에라도 나는 가서 대적할 것이다.〔自反而不縮, 雖褐寬博, 吾不惴焉; 自反而縮, 雖千萬人, 吾往矣.〕"라고 하였다. 여기서는 영남 만인소(嶺南萬人疏)에 참여한 것을 말한다. 1792년(정조 16) 4월에 영남의 선비들이 사도세자의 신원(伸冤) 등을 요구하는 이른바 영남 만인소를 올렸는데, 조석간과 정종로도 참여하였다.

당시 상옥[245]이 흐트러져 단서가 없었기에	當年商獄縱無端
불길의 시작점은 가까이 가기 어려웠네	火色初頭嚮邇難
그 가운데 홀로 세 번 들어가 따졌으니[246]	箇裏獨能三入問
엷은 구름이 닿는 높은 의리를 세상 누가 따르리	薄雲高義世誰攀

광천[247] 어른의 남긴 규범 모두 새길 만하니	廣翁遺範摠堪銘
외람되이 나에게 묘지명 짓기를 부탁하였네	謬屬吾儂爲闡明
많은 병 중에도 슬프고 간절한 말씀은	多少病中悲懇語
환하게 모두 조상을 지키려는 정에서 나왔네[248]	炳然皆出衛先情

245 상옥(商獄) : 은 상인(銀商人)을 죽이고 은을 약탈한 사건을 빌미로 일어난 옥사로, 계축옥사(癸丑獄事)를 말한다. 서얼(庶孽)의 금고(禁錮)에 대해 불만을 품은 명문 서자(庶子)인 박응서(朴應犀)·서양갑(徐羊甲) 등 7인이 강변칠우(江邊七友)라 자처하면서 여주(驪州)의 북한강(北漢江) 근처에서 시주(詩酒)로 세월을 보내다가, 광해군 4년(1612) 조령(鳥嶺)에서 은 상인을 죽이고 은을 강탈한 죄로 체포되었다. 그런데 이이첨(李爾瞻) 등이 죄인들을 꾀어 영창대군(永昌大君) 옹립을 위한 거사 자금을 마련하기 위해 일으킨 역모라고 자백하게 하였다. 이 사건으로 영창대군은 강화(江華)로 유배되었고, 인목대비의 부친 김제남(金悌男)이 사사(賜死)되었으며, 이후 인목대비의 폐위를 주장하는 논의가 일어나게 되었다.

246 홀로……따졌으니 : 《만곡집(晩谷集)》 권 14 〈승의랑 수 사헌부 지평 조공 행장(承議郎守司憲府持平趙公行狀)〉에 "조덕순의 조부 휘 정형은 진사로, 일찍이 성균관에 들어갔을 때 많은 선비들을 창도하여 이이첨을 참수할 것을 청하였다.〔祖諱廷珩進士, 嘗入泮倡多士請斬李爾瞻.〕"라고 하였는데, 계축옥사의 부당함을 말한 것인 듯하다. 조정형(趙廷珩, 1598~1650)은 본관은 풍양(豐壤), 자는 명경(鳴卿)이며, 조덕윤의 조부이다.

247 광천 : 조덕윤(趙德胤, 1642~1690)의 호이다. 본관은 풍양(豐壤), 자는 윤숙(潤叔)이다. 《입재집》 권41 〈광천처사 풍양 조공 묘지명(廣川處士豐壤趙公墓誌銘)〉에 그의 행적이 자세하다.

248 많은……나왔네 : 묘지명의 병서에 따르면, 정종로가 조석간의 묘지명 부탁을 거절하자, 그의 족질인 조목수(趙沐洙, 1736~1807)가 편지를 보내 "제가 병이 매우 위독하니, 어찌 목숨이 끊어지기 전에 묘지명을 볼 수 있게 해 주시지 않겠습니까." 라고 말하였다. 정종로가 그 말을 매우 슬프게 여겨 묘지명을 지었다고 한다.

담양 부사 이헌유[249]에 대한 만사

輓李潭陽 憲儒

문원공[250]의 후손 중에 대대로 이런 사람이 있으니	文元公世有斯人
상류[251]는 예로부터 더불어 짝할 이 없네	尙類從來莫與倫
평탄하고 트인 흉금은 사물과 다툼이 없고	坦蕩襟期無物競
순수하고 화한 기미는 순주를 마시게 한 듯하네	純和氣味飮人醇
십 년간 벼슬살이에 명망은 남들보다 뛰어났고	簪裾十載名超衆
세 고을의 지방관 생활[252]은 백성들이 칭송하였네	琴鶴三州頌在民

249 이헌유(李憲儒) : 1733~1804. 본관은 여주(驪州), 자는 경진(景眞) 또는 경진(景珍), 호는 순와(順窩)이다. 영릉 참봉(英陵參奉), 선혜청 낭청(宣惠廳郎廳), 담양 부사(潭陽府使)를 역임했다.

250 문원공(文元公) : 이언적(李彦迪, 1491~1553)으로, 본관은 여주(驪州), 자는 복고(復古), 호는 회재(晦齋)·자계옹(紫溪翁), 시호는 문원이다. 초명은 적(迪)이었으나 중종의 명으로 언(彦) 자를 더하였다. 1610년(광해군2) 문묘에 종사되었고, 경주의 옥산서원(玉山書院) 등에 배향되어 있다.

251 상류(尙類) : 훌륭한 선조를 닮았다는 말이다. 후한(後漢) 때 마원(馬援)이 자기 조카들을 경계시킨 글에서, 용술(龍述)은 신중하고 위엄 있는 사람이므로 그를 본받으면 행검(行檢) 있는 선비는 될 수 있으니, 이른바 "고니를 새기다가 못 이루더라도 집오리와 같이 될 수는 있다.〔刻鵠不成, 尙類鶩.〕"라고 한 데서 온 말이다. 《後漢書 馬援列傳》

252 지방관 생활 : 원문은 '금학(琴鶴)'으로, 고인들이 항상 거문고와 학을 행장에 지녀서 청고(淸高)하고 염결(廉潔)함을 표시했던 데서 온 말이다. 송(宋)나라 조변(趙抃)이 촉(蜀) 땅으로 들어갈 때 거문고 한 벌과 학 한 마리만 데리고 갔다는 고사에서 유래하여 지방관으로 청빈하게 살았음을 뜻한다. 《宋史 趙抃列傳》 이헌유가 재령 군

가장 좋은 것은 설성[253]에서 부지런히 질문했던 일이니

最是雪城勤問意

추억함에 갑절이나 마음 아픔을 견딜 수 없네　　不堪回憶倍傷神

수(載寧郡守), 옥천 군수(沃川郡守), 담양 부사(潭陽府使)를 역임한 것을 말한다.

253 설성(雪城) : 충청북도 음성군(陰城郡)의 옛 지명이다.

음성 현감 이지수[254]에 대한 만사

輓李陰城 之受

금호에 한 번 방문한 것 기억하니 언제였던가	錦湖一訪憶何年
확 트이고 단아한 모습 아직도 완연하네	踈雅風姿尙宛然
지위와 명망은 멀리 근곡[255]의 시대까지 올라가고	地望逈高芹谷世
흉금과 기대는 진실로 계방의 어진 이[256]를 계승했네	襟期允襲桂坊賢
잠시 성균관에 유학했으나 깨끗하여 속됨 없었고	暫遊璧水淸無俗
만년에 금헌에 앉으니 담박함이 신선 같았네	晩坐琴軒澹若仙
문단이 지금 쓸쓸하다고 들으니	聞說騷壇今寂寞
남쪽 하늘을 향해 슬픈 눈물 견디지 못하네	不堪哀淚向南天

254 이지수(李之受) : 1741~?. 본관은 연안(延安), 자는 중자(仲紫)로, 이만용(李萬容, 1694~1772)의 아들이다. 《일성록》에 따르면 1802년(순조2) 7월 26일에 음성 현감(陰城縣監)이 되었다.

255 근곡(芹谷) : 이관징(李觀徵, 1618~1695)의 호이다. 본관은 연안(延安), 자는 국빈(國賓), 호는 근곡 또는 근옹(芹翁), 시호는 정간(貞簡)이다. 이만부(李萬敷, 1664~1732)의 조부이다. 1653년(효종4) 문과에 급제하여 벼슬이 이조 판서와 행 판중추부사(行判中樞府事)에 이르렀다. 해서(楷書)로 일가를 이루었고, 만년에는 김생(金生)의 필법을 연구하였다. 저서로는 《근곡집》이 있다.

256 계방(桂坊)의 어진 이 : 계방은 세자익위사(世子翊衛司)의 별칭으로, 이지수의 아버지 이만용을 말한다.

송사무 계주 에 대한 만사

輓宋士茂 啓周

군의 의표와 품격이 아름다움을 사랑하였더니	愛君標格美
더구나 그 선조도 현명함에랴	况乃祖先賢
효도와 우애는 청전[257]의 가업이요	孝友靑氈業
풍류는 백록동[258]의 자리 같았네	風流白鹿筵
바구니의 금을 육가의 호치[259]에 나누어 주고	籯金分陸畤
술동이의 술은 백아의 거문고 줄[260]에 다했네	樽酒盡牙絃

257 청전(靑氈) : 선대(先代)로부터 전해진 귀한 유물을 가리킨다. 진(晉)나라 왕헌지(王獻之)가 누워 있는 방에 도둑이 들어와 물건을 모조리 훔쳐 가려 할 적에 "도둑이여, 그 푸른 모포는 우리 집안의 유물이니, 그것만은 놓고 가는 것이 좋겠소.〔偸兒, 靑氈我家舊物, 可特置之.〕"라고 하자, 도둑이 질겁하고 도망쳤다는 고사에서 유래한 것이다. 《晉書 卷80 王之列傳 王獻之》

258 백록동(白鹿洞) : 중국 강서성 여산(廬山) 아래에 있는 동명(洞名)이다. 당 덕종(唐德宗) 때에 이발(李渤)이 형 이섭(李涉)과 함께 은거하며 흰 사슴 한 마리를 길들여 항상 데리고 다녔으므로 사람들이 그를 '백록 선생'이라 하고 그의 거처를 '백록동'이라 하였다. 그들은 이곳에 서원을 세우고 강학했는데, 훗날 백록동서원이 되었다.

259 육가(陸賈)의 호치(好畤) : 한(漢)나라 육가(陸賈)는 여태후(呂太后)가 권력을 전횡하자 농토가 비옥한 호치(好畤)로 물러나서, 일찍이 남월(南越)에 사신으로 가서 얻은 천금을 아들 다섯에게 각각 200금씩 나누어 주어 분가시키고, 자신은 안거사마(安車駟馬)에 가무고슬(歌舞鼓瑟)하는 시종을 거느리고 자식들의 집을 돌면서 편안한 여생을 보냈다는 고사에서 온 말이다. 《史記 卷97 酈生陸賈列傳》 여기서는 특히 자식들 모두에게 이미 넉넉하게 재산을 주어 분가시킨 다음, 그 자식들의 봉양을 받으면서 전원에서 편안한 여생을 보냈다는 의미를 취한 것이다.

오십 세에 황천으로 돌아가니　半百歸泉下

슬픈 마음을 하늘에 따지고자 하네　傷心欲問天

260 백아의 거문고 줄 : 원문의 '아현(牙絃)'은 백아의 거문고 줄로, 백아(伯牙)는 거문고를 잘 타고 그의 친구 종자기는 거문고 소리를 잘 알아들었다. 종자기가 죽은 뒤 백아는 자기의 거문고 소리를 알아주는 사람이 없다며 마침내 거문고 줄을 끊고 죽을 때까지 거문고를 타지 않았다. 원문의 '지음(知音)'은 둘도 없는 지기지우(知己之友)를 의미한다. 《列子 湯問》

조학손[261] 명복 에 대한 만사

輓趙學孫 明復

아 우리 학손이여	嗚呼吾學孫
어찌하여 이미 외로운 무덤이 되었나	胡爲已孤墳
생각해 보니 지난 신유년[262]에	記昔白鷄年
은혜롭게도 나의 우산 집을 방문하였지	惠然訪山門
나는 당시 막 상복을 벗었는데[263]	余時新闋縗
위로하는 말이 매우 은근하였지	慰語甚殷勤
가만히 그대의 머리카락을 보니	窃觀子鬢髮
흰머리가 그리 많지는 않았네	星霜殊未繁
정성스레 정회를 펴니	款款叙情曲
웃는 얼굴빛이 따스한 봄 같았네	色笑春如溫
이별한 지 겨우 육 년인데	別去纔六年
평소의 편지는 모두 기쁜 소식이었네	平信每喜聞
하루아침에 사람의 일이 다르게 되어	一朝人事異
나로 하여금 두 줄기 눈물 훔치게 하네	令我雙涕抆

261 조학손(趙學孫) : 조명복(趙明復, 1747～1806)으로, 본관은 한양(漢陽), 자는 학손이며, 정종로의 매서(妹婿)이다. 출신지는 경상북도 영양(英陽) 주실(注室)이다.

262 신유년 : 원문은 '백계년(白鷄年)'으로 흰색은 천간의 신에 해당하고 닭은 지지의 유에 해당한다. 순조 원년인 1801년이다.

263 막 상복을 벗었는데 : 정종로는 1799년(정조23)에 모부인 상을 당하였으니, 이때 삼년상 마친 것을 가리키는 듯하다.

그대 집안의 지헌공[264]은	君家持憲公
이른 나이에 이미 높은 벼슬 하였지	早歲已騰騫
훌륭한 명성을 당시에 떨쳤고	英聲振當世
후손들은 맑은 덕을 전하였네	後裔傳淸芬
그윽한 월악 아래에	窈窕月岳下
친족이 모여 살며 절로 마을을 이루었네[265]	族居自成村
문장으로 인해 사람들이 모두 훌륭하게 되고	文墨人皆彬
선비들로 인해 풍속이 또 순정하게 되었네	衣冠俗又醇
그대가 그 집안의 맏아들로	君爲乃家胄
타고난 자질이 본래 남들보다 빼어났네	天資本超倫
안으로 강하고 굳센 뜻을 품었고	內懷剛介志
밖으로 부드럽고 유순한 말을 드러내었네	外出柔遜言
부지런히 과거 문장을 배워	孜孜學功令
빼어난 구절이 여번[266]이 박힌 듯했네	秀句間璵璠
공부하고 남은 힘으로 잿더미가 된 토지를 수습하여	餘力拾遺燼

264 지헌공 : 사헌부 지평(司憲府持平)을 지낸 조덕순(趙德純, 1652~1693)으로, 본관은 한양(漢陽), 자는 현보(顯甫), 호는 호봉(壺峯)이다. 조덕린의 형이다. 1679년(숙종5) 생원시에 합격하고, 1690년 식년문과에 갑과로 급제하였다. 문장에 뛰어나고 필법이 묘연하여 고시관으로부터 칭찬을 받았으며, 사람들이 그의 문장을 구전으로 암송하며 전승하였다. 벼슬은 사헌부 지평에 이르렀으며, 아우의 문집인 《옥천집(玉川集)》에 문장 일부가 전한다.

265 그윽한……이루었네 : 선조인 조종(趙琮)이 1519년(중종14) 기묘사화 때에, 조광조(趙光祖)가 화를 당하자 화를 피하여 대령(大嶺) 남쪽으로 이거하였다.

266 여번(璵璠) : 춘추 시대 노(魯)나라에서 생산되던 아름다운 옥의 이름이다. 여기서는 문장의 아름다움을 비유한다.

집안을 일으키고 전답을 개간하였네　起家拓田園
많은 다섯 자녀　兟兟五子女
차례대로 모두 혼인을 마쳤네　次第皆畢婚
옷을 지음에 새 며느리에게 명하고　縫裳命新婦
엿을 머금고 어린 손자와 놀았네[267]　含飴弄幼孫
부부가 온갖 복을 누리니　夫妻享萬福
길한 경사가 바야흐로 성대하였네　吉慶方氤氳
일찍 죽는 이가 설령 때로 있을지라도　殀殤縱時有
대체로 신세는 원만하였네　大抵身世圓
게다가 우리는 육체[268]가 건강하니　况吾鼎器牢
병마가 어찌 스스로 분주히 침범하랴　二竪渠自奔
마땅히 백 세까지 살 것으로 생각했더니　謂當延百齡
지금 육십 세에 그치고 말았네　今乃止六旬
희고 흰 옥 같은 그대 모습이　皎皎玉人容
문득 갑자기 저승에 막혔네　奄忽隔九原
거듭 생각하니 나의 늙은 누이도　重念我老妹
대낮에 어둠 밝힌 촛불[269] 같았네　有如晝燭昏

267 엿을……놀았네 : 흔히 함이농손(含飴弄孫)이라 하는데, 만년에 손주를 기르는 즐거움을 이른다. 복파장군(伏波將軍) 마원(馬援)의 딸이자 한 장제(漢章帝)의 황후인 명덕황후(明德皇后)가 "내가 엿을 물고 손주를 희롱하며 다시는 정사에 관여치 않을 것이다.〔吾但當含飴弄孫, 不能復關政矣.〕"라고 한 데서 유래하였다.

268 육체 : 원문 '정기(鼎器)'는 원래 단약(丹藥)을 단련하는 그릇으로, 여기서는 사람의 육체를 말한다.

269 대낮에……촛불 : 원문 '주촉(晝燭)'은 한낮에는 촛불을 켜도 그 불빛이 희미하

마음속으로 항상 그리움이 맺혀	中心長蘊結
슬퍼하며 잊은 적이 없었네	惻惻無時諼
노쇠하여 병듦이 이미 오래되었으니	衰疾已纏綿
어떻게 동쪽으로 수레 달릴 수 있으랴	何由驅東轅
죽어 이별한 것 일단 말하지 마오	死別且莫道
살아 이별한 것 어찌 논할 수 있으랴	生離詎堪論
문을 나가 영양을 바라보니	出門望英邑
산천에는 해운만 아득하네	山川杳海雲
옛날 기쁘게 노닐던 곳에	誰昔歡遊處
밤낮으로 꿈속의 혼만 날아가네	日夕飛夢魂
만시를 봉하여 심부름꾼에게 부치고	緘詩付使者
가슴을 치며 울음소리 몰래 삼키네	拊膺聲暗呑

듯 생이 얼마 남지 않았다는 말이다.

이윤조 지환 에 대한 만사

輓李胤祖 趾煥

이윤조 군이 오랫동안 방문하지 않기에 그 까닭을 물어보니, 그가 죽은 지 이미 삼 년이 되었다고 하였다. 아마 내가 늙고 매우 정신이 없었기에 들었으나 곧바로 잊은 것이리라. 평소 서로 함께하던 뜻을 생각함에 한마디 말이 없었을 수 없다. 그래서 애오라지 짧은 글을 지어 늦게나마 애도한다. -사언 여덟 장이며, 각 장은 네 구이다.-

즐거운 저 대산이여	樂彼之岱
오얏나무 무성하구나[270]	有菀其李
황계[271]의 물결로 뿌리를 적시니	璜派潤根
가지와 잎이 진실로 아름다웠네	柯葉寔美

이에 가지 하나가 있어	爰有一條
솟아남이 특별히 빼어났네	翹翹特秀
그 빼어남은 무엇 때문인가	其秀維何

270 대산이여……무성하구나 : 대(岱)는 상대가 살던 지역의 산 이름이며, 그곳에 이씨(李氏)가 번성하였음을 비유한 것이다.

271 황계(璜溪) : 상대가 살던 지역의 시내 이름인데, 태공 망(太公望)이 낚시질을 하다가 황옥(璜玉)을 얻었기에 그러한 이름이 붙었다는 황계에서 온 것이다.

천성을 곧바로 이루었기 때문일세　天性直遂

비와 이슬처럼 넉넉히 은택을 베푸니　雨露餘澤
하늘과 땅에 재앙이 없네　靑黃不灾
큰 집을 지음에　巨廈有構
마땅히 그 재목을 잘 골라야 하리　合克其材

산골 전원에 은거하며　偃于邱園
이 문장의 이치를 빛내었네　賁玆文理
행단과 무우대에서　壇杏雩樹
멀리 거슬러 올라가 바람 맞으며 섰네[272]　遠溯風止

때때로 맑은 그늘이　有時淸陰
나의 산문에 비쳤네　暎我山門
늙은 매화나무 곁가지에　杈枒老梅

272 행단과……섰네 : 행단은 강학하는 장소를 말하는데, 《장자(莊子)》 〈어부(漁父)〉에 "공자가 치유의 숲에서 노닐고 행단의 위에서 휴식을 취하였는데, 제자들은 글을 읽고 공자는 거문고를 퉁기며 노래를 불렀다.〔孔子遊於緇帷之林, 休坐乎杏壇之上, 弟子讀書, 孔子絃歌鼓琴.〕"라고 한 말에서 유래하였다. 무우대(舞雩臺)는 《논어》 〈선진(先進)〉에 나오는 말인데, 공자의 제자 증점(曾點)이 "늦은 봄에 봄옷이 만들어지면 관을 쓴 벗 대여섯 명과 아이들 예닐곱 명을 데리고 기수에 가서 목욕을 하고 기우제 드리는 무우에서 바람을 쏘인 뒤에 노래하며 돌아오겠다.〔暮春者, 春服旣成, 冠者五六人、童子六七人, 浴乎沂, 風乎舞雩, 詠而歸.〕"라고 자신의 뜻을 밝히자, 공자가 감탄하며 허여한 내용이 있다. 여기서는 이지환(李趾煥)이 공자의 시대로 거슬러 올라가 공자와 증점처럼 속박을 벗어나 자연 속에서 낙을 즐긴 것을 뜻한다.

봄기운이 따뜻하네 春氣爲暄

푸른 갈대의 흰 이슬처럼[273] 蒼葭白露
매양 홀로 읊조렸네 每入孤吟
어찌하여 하룻저녁에 云何一夕
확 트인 운치가 갑자기 잠겼는가 踈韻遽沉

우거진 봄풀이 萋萋春草
거친 무덤에서 삼 년 동안 묵었네 三宿荒墳
마른 나무 같은 모습의 나는 枯木形骸
아득히 듣지 못한 듯하였네 漠若無聞

자취를 더듬으니 마음 아프고 拊跡傷心
솔바람 소리에도 또한 슬프네 松聲亦悲
애오라지 거친 말을 얽어 聊搆蕪語
만사를 대신하네 以替薤詞

273 푸른……이슬처럼 : 보고 싶은 사람을 만나지 못한 안타까움을 표현한 말로, 《시경》 〈겸가(蒹葭)〉의 "갈대가 푸릇푸릇하니 흰 이슬이 서리가 되었도다. 이른바 저분이 저 물가의 한쪽에 있도다.〔蒹葭蒼蒼, 白露爲霜. 所謂伊人, 在水一方.〕"라고 한 표현을 빌려 온 것이다.

노자능에 대한 만사 사언 십사 장이며, 각 장은 네 구이다
輓盧子能 四言十四章章四句

생각하니 옛날 후재[274]는 念昔厚齋
소재[275] 어른의 아우였네 爲穌翁弟
아름다운 명성이 있어 厥有令聞
이에 영원토록 빛나리라 寔昭永世

뽕나무 가래나무 심은 곳[276]이 爰樹桑梓
상주의 남쪽이라네 于商之陽
가정교육[277]이 전해졌으니 詩禮有傳

274 후재(厚齋) : 노극신(盧克愼, 1524~1598)의 호이다. 본관은 광주(光州), 자는 무회(無悔)이다. 형 노수신(盧守愼)이 양재역 벽서 사건(良才驛壁書事件)으로 진도(珍島)에 유배되었을 때 그도 금고 처분(禁錮處分)을 당했으나 명종 말에 풀려나 돈녕부 첨정(敦寧府僉正)을 지냈다.

275 소재(穌齋) : 노수신(盧守愼, 1515~1590)의 호이다. 본관은 광주(光州), 자는 과회(寡悔), 이연경(李延慶)의 문인이다. 1543년(중종38)에 문과에 장원 급제하여 홍문관 부제학, 예문관 대제학 등을 역임하였다. 저서로는 《소재집》 등이 있다.

276 뽕나무 가래나무 심은 곳 : 원래 조상 대대로 살아온 고향을 가리키는 말이다. 상재(桑梓)는 뽕나무와 가래나무를 뜻하는데, 《시경》 〈소반(小弁)〉에 "어버이가 심어 놓으신 뽕나무와 가래나무도 반드시 공경하거든.〔維桑與梓, 必恭敬止.〕"이라는 말에서 나왔다.

277 가정교육 : 원문은 '시례(詩禮)'로, 공자의 아들 이(鯉)가 뜰에서 공자 앞을 빠른 걸음으로 지나다가 공자로부터 "시례(詩禮)에 대하여 배웠느냐?"라는 말을 듣고 그에 대한 가르침을 받은 일이 있다. 여기에서 유래하여 가정에서 부친으로부터 배

공이 이에 진실로 잘 지켰네　　公乃允臧

저 봉화 고을을 바라보니　　瞻彼化縣
산은 푸르고 물은 끝이 없네　　山蒼水泱
내가 그 사람을 그리워함이　　我懷伊人
완연히 그 가운데 있네　　宛在中央

태액지의 연꽃[278]은　　太液芙蓉
분수 밖의 물건이 아니었네　　非分外物
공에게 훌륭한 솜씨 있으니　　公有其手
어찌 꺾지 못하리오[279]　　云胡未折

그윽하고 깊은 굽은 계곡　　幽幽曲蹊
여러 사람들 벼슬로 달려가지만 자신은 숨었네　　衆趨我屛
여러 사람들 달려가지만 자신이 숨은 것은　　衆趨我屛
의리와 천명이 있기 때문일세　　曰有義命

우는 가학(家學)을 말할 때 쓴다.《論語 季氏》

278 태액지(太液池)의 연꽃 : 태액지는 원래 한 무제(漢武帝)가 건장궁(建章宮)을 지은 다음 그 북쪽에 큰 못을 만들고서 붙인 이름으로, 당나라 현종(玄宗) 때 태액지에 천엽백련화(千葉白蓮花)가 있었는데, 그 꽃이 활짝 피었을 때 현종이 귀척들을 초대해 주연을 베풀고 그 꽃을 완상하다가 좌우 신하들에게 양 귀비(楊貴妃)를 가리키며 이르기를 "어찌 말할 줄 아는 나의 이 꽃만 하겠느냐.〔爭如我解語花〕"라고 하였다.

279 공에게……못하리오 : 소과인 생원과 진사에 급제하는 것을 말한다. 소과 합격자는 연꽃을 꽂기 때문에 '연꽃을 꺾는다'는 표현을 사용한다.

밭을 갈며 날을 보내고　耕田消日
약초 캐며 봄을 보냈네　採藥送春
도연명의 이 구절[280]이　陶令此句
실로 자신의 정신을 기쁘게 하였네　實怡我神

이에 움집에 편액하고　于以扁窩
자고 일어나며 생활하였네　載寢載興
영화와 치욕을 모두 잊었으니　榮辱兩忘
흰 머리카락만 헝클어졌네　華髮鬅鬙

드디어 새삼과 담쟁이가 있어　遂有蘿蔦
소나무와 측백나무를 휘감았네　繚繞松栢
아 병진년(1796)부터　粤自赤龍
정의가 평소의 갑절이었네　誼倍平昔

열흘 동안 우산 서재에서　十日山齋
어른이 노래하면 나는 화답하였지　翁唱我和
만년의 이 즐거움　暮年此樂
그 무엇이 이보다 좋을까　夫孰有過

280 도연명의 이 구절 : 《동사강목》 제9상 의종 13년 조에 수사공(守司空) 신숙(申淑)이 당시의 정치가 심히 혼란스러운 것을 보고 벼슬을 버리고 향리로 돌아가면서, "밭을 갈며 대낮을 보내고, 약초를 캐며 싱싱한 봄을 지낸다. 물 있고 산 있는 곳에 거처하니, 영화도 없고 치욕도 없는 몸이로다.〔耕田消白日, 採藥過青春. 有水有山處, 無榮無辱身.〕"라는 시를 지었다고 되어 있으니, 혹 정종로가 착각한 듯하다.

서로 바라볼 수 있는 삼십 리의 거리인데　一舍相望
어찌 길이 멀다고 말하겠는가　道豈云遠
어른은 나귀가 없었기에　翁無驢馬
만남이 원하는 대로 되지 않았네　會莫如願

오히려 기약하였네, 남은 생에　尙期餘景
반가운 얼굴로 만날 날 있을 줄　青眼有日
모든 일이 여기에 이르렀으니　萬事至此
말하고자 하나 목이 먼저 메네　欲語先咽

아 나의 아우[281]가　嗟我卯君
문득 바람 앞의 등불 신세구나　奄忽風燭
죽은 그대를 슬퍼하고 산 아우를 슬퍼하니　哀死悼生
영혼도 응당 나와 같으리　靈應我若

몇 구의 만사[282]는　數句薤歌

281 아우 : 원문은 '묘군(卯君)'으로, 훌륭한 아우를 뜻하는 말이다. 송나라 소식(蘇軾)이 그의 아우인 소철(蘇轍)이 묘년(卯年)에 출생했다 하여 소철을 묘군이라고 불렀는데, 소철 역시 문장으로 이름이 났었다. 여기서는 입재의 동생 정재로(鄭宰魯, 1755~1812)를 말한다. 자는 사상(士相)으로, 문장이 매우 뛰어나고 시를 잘 지었다.

282 만사 : 원문 '해가(薤歌)'는 해로가(薤露歌)로, 사람의 죽음을 애도하는 노래이다. 상여가 나갈 때 부르는 노래인데, 원래 옛날 〈해로가〉의 1장(章)이 "염교 위 아침 이슬은 어찌 그리 빨리 마르는가.〔薤上朝露何易晞〕"로 시작하기 때문에 이런 명칭이 붙게 되었다.

마음먹은 것이 이미 오래되었으나	含意已久
지금에야 비로소 짓게 되니	今而始成
온통 눈물일세	有萬其漏
가장 잊기 어려운 것은	最是難忘
굳고 깨끗한 마음과 모습일세	介潔心容
조만간 황천에서	早晚重泉
부디 서로 만나세	庶或相逢

박양오 이호 에 대한 만사

輓朴養吾 頤浩

일찍이 충절 있는 판윤공[283]을 흠모했으니　忠節曾欽判尹公
고려의 남은 해가 붉은 마음에 비치었네　麗朝殘日照心紅
혹 야은[284] 어른과 의표를 함께하였으니　儻偕冶老同標揭
어찌 밝은 별이 하늘에서 빛남과 다르랴　豈異明星爛上穹

집안이 화목하고 또 화락함을 들었고　聞說家門睦且雍
또 선조의 아름다움을 계승함이 풍부함을 알았네　也知先懿襲來豐
탄식스럽도다, 두 곳은 산과 강이 막혀　堪嗟兩地山河阻
늙도록 그대 집을 왕래하지 못함이　抵老仙居莫往從

그대 재주가 평범하지 않음을 매우 기뻐했는데　剛喜君才不是庸
나에게 무슨 일로 예의를 갖추어 공경하였던가　向吾何事禮儀恭
훗날 오히려 바라기는 거듭 방문하여　他年尙冀重相訪

283 판윤공(判尹公) : 순천 박씨 성주 입향조인 고려 개성 판윤 박가권(朴可權, ?~1426)을 말한다. 조선이 건국되자 성주(星州) 수륜동(修倫洞)에 들어가 살았다. 태종(太宗)이 정경(正卿)으로 여러 차례 불렀으나 의리상 나아가지 않고 "나는 왕씨의 신하이다."라고 하였다. 임종할 때도 옛 고려의 관직을 묘갈에 쓰도록 명하였다.

284 야은(冶隱) : 길재(吉再, 1353~1419)로, 본관은 해평(海平), 자는 재보(再父), 호는 야은·금오산인(金烏山人)이다. 고려 말 조선 초의 성리학자로 목은(牧隱) 이색(李穡), 포은(圃隱) 정몽주(鄭夢周)와 함께 고려의 삼은(三隱)으로 불린다.

함께 나의를 떨치고 계수나무 숲에 기댐일세[285] 共拂蘿衣倚桂叢

아 사람의 일이 환상 속의 꽃과 같으니 吁嗟人事幻花同
흰머리의 어머니 피눈물을 흘리네 鶴髮高堂血淚紅
저승의 그윽한 혼이 만약 돌아볼 수 있다면 九地幽魂如反顧
하늘을 꿰뚫는 슬픈 한은 정히 다함이 없으리 徹天哀恨定無窮

선한 이에게 복 내리는 천심은 떳떳함을 회복하니 福善天心會復常
덕 있는 집안 남은 경사가 어찌 빛남이 없으랴 德門餘慶豈無章
알겠도다, 그대가 보답 받음이 정녕 남아 있어 知君食報丁寧在
아름다움을 계승한 자손들이 집에 가득할 줄 趾美兒孫佇滿堂

285 나의를……기댐일세 : '나의(蘿衣)'는 칡덩굴 옷이라는 뜻의 벽라의(薜蘿衣)의 준말로, 보통 산에 사는 은자(隱者)의 복장을 가리키는데, 《초사(楚辭)》 〈구가(九歌) 산귀(山鬼)〉에 "벽려로 옷을 해 입고 여라의 띠를 둘렀도다.〔被薜荔兮帶女蘿〕"라고 한 데서 유래하였다. 계수나무 숲의 원문은 '계총(桂叢)'으로, 은자가 사는 깊은 산속을 뜻하는데, 《문선(文選)》 〈초은사(招隱士)〉에, "계수나무 숲 우거져 산이 그윽하니, 구불텅 뻗은 줄기 가지 서로 얽혔어라.〔桂樹叢生兮山之幽, 偃蹇連蜷兮枝相繚.〕"라고 한 데서 유래하였다.

입재집

별집 제2권

書서

서 書

백불암 최 선생[1]에게 답하다
答百弗庵崔先生

삼가 보내 주신 편지를 받들고 노년의 정력이 젊어 왕성한 때에 비해 못하지 않음을 알았으니, 우러러 위로되는 마음 이길 수 없습니다. 저는 어머니를 모시는 생활이 여전합니다.

지금에야 비로소 선조의 무덤에 잔디를 다시 입혔습니다. 생각건대 조상에게 보답하고 집안을 지키는 일은 무릇 힘을 다하는 곳에 그 많고 또 급함을 감당하지 못함이 있습니다. 그리고 정성은 부족하고 재주는 없으니, 전에 이미 잘못된 점이 있었고 앞으로 보수할 것도 또한 생각대로 되기를 바라기는 어렵습니다.

여러 대에 걸친 조상의 제사와 가업을 받드는 것도 만약 한결같이 후손으로서 맡은 일을 그만두게 된다면, 또한 어찌 글을 읽

1 백불암(百弗庵) 최 선생 : 최흥원(崔興遠, 1705～1786)을 가리킨다. 본관은 경주(慶州), 자는 여호(汝浩)이고 백불암은 그의 호이며, 칠계(漆溪)에 살았기 때문에 칠계 선생이라 일컫기도 한다. 세자익위사 익찬(世子翊衛司翊贊)을 역임하고, 대산 이상정 등과 교유하였다. 저서로는 《백불암집》이 있다. 최흥원의 손자 최식(崔湜, 1762～1807)이 입재 정종로의 사위이다.

고 도를 말하는 것을 귀하게 여기겠습니까. 이 때문에 근심스럽고 두려워 자못 수습하여 경영하는 것을 직무로 삼았습니다. 그러나 또 제가 알지 못하는 사이에 공부하는 주된 뜻이 편중되어 갈수록 오로지 생업에 골몰하는 사람과 크게 다름이 없을 것이니, 그렇게 되면 본래 늦게 학문을 시작한 제가 이로 인하여 드디어 조금의 진보도 바라지 못할까 두렵습니다. 어떻게 하면 좋겠습니까. 이 점이 실로 요즘의 제 상황입니다. 그래서 부질없이 말씀 올립니다.

백불암께 올리다

上百弗庵

요즘 추운 겨울에 편안히 수양하며 지내시는 건강이 어떠신지요. 일양(一陽)이 비로소 생겨남에 천심(天心)이 다시 드러나는데,[2] 촛불을 밝히는 것[3] 같은 만년의 처지에 반드시 명반(銘盤)의 공부[4]를 더했으리라 생각하니 구구한 저는 크게 사모합니다.

매양 생각건대, 호상(湖上)[5]의 상사(喪事) 이후에 이 마음이 우

2 일양(一陽)이……드러나는데 : 동지에 일양이 생겨나므로 음력 11월을 뜻하는 표현이다. 소옹(邵雍)의 〈복괘시(復卦詩)〉에 "동짓날 자정에, 하늘의 마음은 변함없네. 하나의 양이 움직임을 시작할 때, 만물은 아직 생기기 전이라네.〔冬至子之半, 天心無改移. 一陽初動處, 萬物未生時.〕" 하였다.

3 촛불을 밝히는 것 : 원문은 '병촉(炳燭)'으로, 노년에 배우기를 좋아하는 것을 말한다. 춘추 시대 진(晉)나라 평공(平公)이 사광(師曠)에게 묻기를, "나의 나이가 일흔이니, 배우고 싶지만 이미 늦은 것 같다."라고 하니, 사광이 말하기를 "어찌 촛불을 밝히지 않습니까? 신은 듣건대, 어렸을 때 배우기를 좋아하는 것은 해가 처음 나와 밝은 것과 같고, 장성했을 때 배우기를 좋아하는 것은 한낮의 빛과 같고, 노년에 배우기를 좋아하는 것은 촛불을 켜서 밝은 것과 같으니, 촛불을 켜서 밝은 것이 어찌 어두운 길을 가는 것보다 낫지 않겠습니까?〔何不炳燭乎?……臣聞之, 少而好學, 如日出之陽; 長而好學, 如日中之光; 老而好學, 如炳燭之明. 炳燭之明, 孰與昧行乎?〕"라고 한 말에서 유래하였다. 《說苑 建本》

4 명반(銘盤)의 공부 : 명반은 탕(湯) 임금이 목욕하던 그릇에 명(銘)한 것을 가리킨다. 그 글에 "진실로 어느 날 새로워졌거든 나날이 새로워지고 또 날로 새로워져야 한다.〔苟日新, 日日新, 又日新.〕"라고 하였는데, 여기서는 백불암이 날마다 스스로를 돌아보고 새롭게 했다는 말이다. 《大學章句 傳2章》

5 호상(湖上) : 이상정이 살았던 안동(安東) 소호리(蘇湖里)로, 여기서는 이상정

러르며 의지할 곳이 더욱 달리 없었으나 산천이 더욱 막히고 쓸데없는 일이 방해하였습니다. 갖가지 가르침 받기를 원함은 있었으나 가서 배우지는 못했습니다. 다행스럽게도 여러 벗들이 저를 버리지 않은 덕택으로 때때로 함께 절차탁마하였습니다. 문소(聞韶 의성(義城))의 김지헌(金持憲)[6]과 본 고을의 황심기(黃審幾)[7] 같은 분은 더욱 의지할 바였는데 반년 사이에 차례대로 세상을 떠나시니, 이 유익한 벗을 잃어 외롭고 비루함이 더욱 심해졌습니다. 길을 잃고 헤매니 끝내 어떤 모습의 사람이 되고 말지 알지 못할 뿐입니다.

근래에 마을의 수재(秀才 젊은 선비) 한두 사람이 책을 안고 적막한 물가로 찾아와서 나에게 배웠으나, 절로 저 자신을 이루는 공부는 없었습니다. 그래서 항상 가르칠 때 남을 오도한 것이 적

(李象靖, 1711~1781)을 가리킨다. 본관은 한산(韓山), 자는 경문(景文), 호는 대산(大山)이다. 저서에 《사례상변통고(四禮常變通攷)》가 있다. 정종로가 40세에 이상정을 배알하고 삼 일 동안 머무르면서 가르침을 청하였다.

6 김지헌(金持憲) : 사헌부 지평(司憲府持平)에 제수된 김종경(金宗敬, 1732~1785)을 말한다. 그의 본관은 안동(安東), 자는 직보(直甫), 호는 구재(苟齋)로 김종덕(金宗德, 1724~1797)의 동생이다. 의성군 점곡면(點谷面) 사촌(沙村)에 거주하였다. 이상정(李象靖)의 문인으로 1774년(영조50)에 문과에 급제하여 남성현(南省峴) 찰방을 역임하였고 사헌부 지평(司憲府持平)에 제수되었으나 부임하지 않았다. 고향으로 돌아와 스승의 명에 따라 형과 함께 《심경강록간보(心經講錄刊補)》를 편찬하던 중 세상을 떠났다.

7 황심기(黃審幾) : 심기당(審幾堂) 황계희(黃啓熙, 1727~1785)로, 본관은 장수(長水), 자는 경초(景初)이며 심기당은 그의 호이다. 상주에 거주하였으며, 이상정(李象靖)의 문인이다. 1777년(정조1)에 생원에 합격하였다. 《대학》과 《중용》에 정통하였으며 성리학에 조예가 깊었다. 저서로 《심기당집》이 있다.

지 않을까 두려워하였습니다. 가까운 주위에 배우기를 원하는 사람으로 간혹 아름다운 자질이 있으면, 또 고니의 알을 품어 부화하는 것은 결코 월나라 닭이 할 수 있는 바가 아니라[8]고 생각하여 다른 스승에게 나아갈 것을 권하였으나, 그들은 도리어 기꺼워하지 않았습니다. 세상에 부끄럽고 또 우스운 일이 다시 이보다 심한 것이 있겠습니까.

정부(定夫)[9]는 진실로 그 반드시 분발할 날이 있을 것이라 생각했는데, 지금 어른의 편지를 받으니 기쁨과 다행을 이길 수 없습니다. 이런 사람들은 기상이 본래 국촉(局促)하지 않으니 하루아침에 강개하여 이전의 태도를 바꾸어 학문을 한다면, 그 매진하여 성취할 것은 자질이 낮고 게으른 사람에 비해 하늘과 땅만큼의 차이가 있을 뿐만이 아닙니다. 아마 갑자기 게으르고 느슨한 것으로 염려할 것은 없을 것입니다. 어떻게 생각하시는지요.

8 고니의……아니라 : 자신의 자질이 부족함을 비유한 말이다. 《장자》 〈경상초(庚桑楚)〉에 "월나라 닭은 고니의 알을 품어 부화시킬 수가 없고 노나라 닭만이 가능하다. 닭을 놓고 볼 적에 그 덕(성질)은 모두가 똑같다. 그러나 한편은 가능하고 한편은 불가능한 것은, 그들의 재주가 본디 크고 작은 차이가 있기 때문이다.〔越鷄不能伏鵠卵, 魯鷄固能矣. 雞之與雞, 其德非不同也. 有能與不能者, 其才固有巨小也.〕"라고 하였다.

9 정부(定夫) : 누구인지 분명하지 않다.

번암 채 상국[10] 제공 께 올리다

上樊菴蔡相國 濟恭

종로는 삼가 재배 올립니다. 지난해 한성에 들어갔을 때 비록 찾아뵙고[11] 잠깐 인사드렸으나 제 상황이 편치 못하여 차분히 이야기할 길이 없었습니다. 우산으로 돌아온 뒤로 은거하는 생활이 여전합니다. 오비(鰲扉 한림원(翰林院))의 소식이 아득히 봉약(蓬弱)[12] 같으나 상국을 사모하는 저의 마음은 일단 제쳐 둡니다. 구구한 제가 국사를 위하고 세도를 위하여 어르신께서 반석(磐石)같이 편안하시기를 축원하는 바가 실로 다함이 없습니다. 이 즈음에 삼가 들으니, 근래에 주상의 은혜로운 꾸짖음이 문득 내려와 귀양

10 번암(樊菴) 채 상국(蔡相國) : 채제공(蔡濟恭, 1720~1799)으로, 본관은 평강(平康), 자는 백규(伯規), 호는 번암(樊庵)·번옹(樊翁), 시호는 문숙(文肅)이다. 1743년(영조19) 문과 정시에 병과로 급제한 후 승문원 권지부정자로 벼슬을 시작하여 1793년(정조17)에는 영의정에 이르렀다. 저서로는 《번암집》이 있다. 정종로는 기유년(1789, 정조13) 6월에 광릉 참봉이 되어 임금께 나아가 사은숙배하였고, 그해 8월에 채제공(蔡濟恭)의 천거로 의금부 도사에 제수되었다.

11 찾아뵙고 : 원문은 '소문(掃門)'이다. 귀한 사람을 찾아뵙고 인사를 드리는 것을 말한다. "한(漢)나라 위발(魏勃)이 어릴 때 제상(齊相)인 조참(曹參)을 만나고 싶어 하였으나 가난한 처지라 만날 길이 없었다. 그래서 조참의 집 문 앞을 청소하여 조참을 만났다."라는 고사가 있다. 《史記 卷52 齊悼惠王世家》

12 봉약(蓬弱) : 봉래산(蓬萊山)과 약수(弱水)를 말한다. 봉래산은 삼신산(三神山)의 하나이고, 약수는 서해(西海)의 이칭이다. 둘 사이의 거리가 30만 리나 떨어져 있어 지극히 먼 거리를 표현할 때 봉래약수(蓬萊弱水)라 하며, 서로의 거리가 매우 멀어서 만날 수 없는 경우를 약수지격(弱水之隔)이라 한다. 《書言故事 地理類》

가시는[13] 행차가 있음에까지 이르렀다고 하니, 풍문으로 전해 들은 바와 서로 다르겠지요. 비록 곡절은 자세히 알 수 없으나 어르신의 붉은 충정으로 명철한 주상에게 특별한 대우를 받아 성상(聖上)의 두터운 은혜가 예전에 없던 것으로 융성함은 있고 쇠퇴함은 없으니, 어찌하여 이런 일이 있을 수 있겠습니까. 진실로 넘어지고 위급한 상황에서도 평소의 자리에 편안한 것은 정력(定力)[14]의 결과임을 알겠습니다. 신명이 또한 반드시 도우고 보호하고 있으나 팔순의 노쇠한 지경에 추위를 만나 흔들려 넘어지니 실로 근력으로 감당할 수 있는 바가 아닐 것입니다.

삼가 요즘 먹고 자는 일상생활이 과연 어떠신지 알지 못하겠습니다. 어르신의 밝은 견해는 세상에서 빼어나 앞날을 미리 아시는 것이 신과 같으니, 말과 행동에 이미 정해진 계책이 있을 것이라 생각됩니다. 먼 지방의 후생인 제가 진실로 감히 논할 수 없으나, 한스러운 바는 일찌감치 휴치(休致 늙어서 벼슬을 그만둠)하지 못하여 끝내 이런 근심을 만나신 것입니다. 그러나 어르신의 붉은 충정으로 주상의 성총이 하늘의 해처럼 이미 밝으니, 가령 마침내 폐해져 회복하지 못한다 하더라도 유감은 없을 것입니다. 만에 하나 뒷날 주상의 특별한 은혜가 있어서 사면에 그칠 뿐만이 아니

13 귀양 가시는 : 1794년(정조18), 채제공이 사도세자를 위해 역적을 토죄할 것을 주장하였는데, 우의정 김종수(金鍾秀, 1728~1799)가 소척(疏斥)하다가 방귀전리(放歸田里)되었다. 이 처벌이 가볍다고 여긴 채제공이 합문(閤門) 밖에서 면대(面對)를 청하다가 고양군(高陽郡)에 부처(付處)되었으나 곧 용서받은 일이 있다. 《日省錄 正祖 18年 4月 10日》

14 정력(定力) : 성리학에 대한 수양의 정신력을 말한다.

라면, 어르신이 분골쇄신하여 주상의 은혜에 보답하는 마음으로 마음과 몸을 다 바쳐 나랏일에 이바지하면서도 결코 사양하지 않아야 합니다. 그러나 어리석은 저의 생각은, 이로부터 사직하였다가 끝내 군주를 잘 만나 끝맺음을 잘하는 신하가 되는 것이니, 이 또한 보답하는 큰일일 것입니다. 어떻게 생각하십니까. 이 도리는 이미 어르신의 성대한 계획 가운데 있을 것인데도 참람되고 경솔하게 충심을 바치니 죄를 자복하고 죄를 자복합니다.

판서 이계수[15] 익운 에게 주다

與李判書季受 益運

채 정랑(蔡正郎)이 돌아가는 편에 보낸 사서(謝書 답장(答狀))는 아마 곧바로 보셨겠지요. 가을이 이미 끝났는데 대감의 건강은 요즘 어떠신지요. 저는 외로운 여생에 다만 아우 하나가 있어 서로 의지하였는데 집안의 재앙이 매우 가혹하여 갑자기 세상을 떠났으니, 백발의 노쇠한 나이에 찢어지는 마음이 평상의 갑절이 되었습니다. 오히려 다시 어떻게 표현하겠습니까.

이보다 앞서 보내 주신 편지의 끝부분에서 말씀하신 뜻 -소곡공(素谷公)[16]의 원통함을 씻어 주는 일- 은 대감께서 사실에 의거하여 진달하는 도리는 진실로 마땅히 이와 같아야 하겠지만, 비루한 사람

15 이계수(李季受) : 이익운(李益運, 1748~1817)으로, 본관은 연안(延安), 호는 학록(鶴麓), 시호는 정숙(靖肅)이며, 계수(季受)는 그의 자이다. 채제공(蔡濟恭)의 문인이다. 1801년(순조1) 경기도 관찰사 때 주문모(周文謨)와 관련된 천주교 신자 18인을 잡아 심문한 뒤 그중 3인을 참형(斬刑)에 처하였다. 벼슬은 예조 판서에 이르렀다.

16 소곡공(素谷公) : 입재의 외조부인 홍익귀(洪益龜, 1692~1728)로, 본관은 부림(缶林), 자는 국범(國範), 호는 소곡(素谷)이며, 정종로의 생모인 홍씨의 아버지이다. 1723년(경종3) 생원시에 입격하였다. 문장과 기절이 매우 뛰어났으나, 이인좌(李麟佐)의 지친(至親)이었기 때문에 유배되어 생을 마쳤다. 조신들이 그의 무고함을 알려 복권되었다. 후사가 끊어져 입재가 제사를 받들고, 외조부의 저술을 《소곡집(素谷集)》 4권으로 만들었다. 《입재집》 별집 권6에 〈제외왕고 소곡 홍선생문(祭外王考素谷洪先生文)〉이 있다.

인 제가 개인적으로 감사함은 마음속에 깊이 새길 뿐만이 아니니, 아마 장차 죽을 때까지 감히 잊지 못할 것입니다. 만약 집사께서 먼 지방에 있는 보잘것없는 사람을 위해 곡진하게 염려해 주지 않았더라면, 그 누가 주상 전하의 가까운 곳에서 세월이 오래 지난 일을 드러내 "만약 영조 시대에 하늘과 땅처럼 인자하고 해와 달처럼 분명하게 처분하여 줄곧 가리워졌던 실상의 나머지를 환히 밝혀 드러냄이 이와 같을 수 있었더라면, 유감이 없었을 것입니다."라고 아뢸 수 있었겠습니까. 편지의 이 말씀을 받고서 감격의 눈물이 하염없이 흘렀습니다. 만약 무덤에 계신 외조부께서 앎이 있으시다면 또한 반드시 저승에서 감격해 눈물 흘리실 것입니다. 이에 가독(家督)[17]이 관광(觀光)[18]의 행차로 인하여 대감의 집으로 찾아가 인사드리고 정성을 담은 감사의 물품을 마련하여 드리게 하였으니, 부디 굽어 헤아려 주시면 매우 다행이겠습니다.

편지 가운데 인재를 사랑하고 아끼기를 마치 자신이 그런 점이 있는 것같이 한다는 말씀 같은 경우는 반복하여 장엄하게 읽어 봄에 집사는 참으로 옛 신하의 성실하고 한결같은 뜻을 가졌음을

17 가독(家督) : 맏아들을 뜻하는데, 《사기》 〈월왕구천세가(越王句踐世家)〉에 "집에 맏아들이 있으면 그 집안의 감독이라 한다.〔家有長子曰家督〕"라고 한 데서 유래하였다. 정종로의 맏아들은 정상진(鄭象晉, 1770~1848)으로, 자는 일진(日晉), 호는 석파(石破) 또는 어초(漁樵)이고, 문집이 전한다.

18 관광(觀光) : 본디는 나라의 빛나는 덕화(德化)를 가까이서 본다는 말인데, 여기서는 임금이 친히 설행하는 과거 시험에 응시함을 이른다. 《주역》 〈관괘(觀卦) 육사(六四)〉의 "나라의 광채를 봄이니, 왕에게 손님이 됨이 이롭다.〔觀國之光, 利用賓于王.〕"라는 말에서 유래하였다.

볼 수 있었습니다. 지금 세상에 그 누가 이와 같이 할 수 있겠습니까. 이 마음을 미루어 가면 우리 유학은 아마도 크게 의지할 바가 있을 것입니다. 그러나 천하의 일은 시세(時勢)를 어찌할 수 없으니, 추천하여 장려하는 것이 도리어 그것이 매몰되도록 놓아두어 그 천명을 온전하게 할 수 있는 것보다 더 좋음만 같지 못함을 어찌 알겠습니까.

우리 같이 초야에 묻혀 사는 사람들은 다만 나라가 태평하고 백성이 편안하며 시대가 평화롭고 농사가 풍년이 들게 되며, 또 현명한 수장(守長)이 항상 와서 백성들을 다스린다면, 그 즐거움이 이보다 좋은 것은 없을 것이라고 일찍이 망녕되이 생각하였습니다. 무릇 선비가 때를 만나 등용되어 그 역량을 펼 수 있는 것은 진실로 원하는 바입니다. 그러나 이미 그렇게 할 수 없다면, 편안히 앉아 글을 읽고 선왕의 도를 노래하고 읊조리며 그 생을 마칠 수 있는 것, 이 또한 다행입니다. "대유(大有)의 세상에는 물을 마시는 것이 열정(列鼎)보다 달고, 해진 솜옷이 패옥(佩玉)보다 화려하다."[19]라고 말하지 않습니까.

19 대유(大有)의……화려하다 : 송나라 양만리(楊萬里)의 《성재역전(誠齋易傳)》 〈대유(大有)〉에 "이러한 때에 태어나면, 비록 초구처럼 교제가 없어서 진출하기는 어렵지만, 해진 솜옷이 패옥보다 훌륭하고 물을 마셔도 진수성찬을 먹는 것보다 맛이 있다.〔生斯時, 雖如初九无交而難進, 縕袍華于佩玉, 飮水甘于列鼎.〕" 하였다. 열정(列鼎)은 맛있는 음식이 담긴 정기(鼎器)를 늘어놓는다는 뜻으로, 진수성찬을 비유하는 말로 쓰인다.

목사 정기팔[20] 동교 에게 답하다

答鄭侯箕八 東教

종로는 두 번 절합니다. 산골짜기에 사는 백성이 동각(東閣)[21]을 바라봄이 하늘의 은하수처럼 높은데도 이에 외람되이 매우 지극하게 안부를 묻는 편지를 먼저 보내신 은혜를 입었으니, 한편으로는 놀라고 한편으로는 감격하여 말로 표현할 바를 알지 못하겠습니다. 편지를 통해 삼가 요즘 서리 내리는 가을에 고을살이하는 생활이 모두 편안한 줄 알았으니, 위로되는 마음 이길 수 없습니다.

저는 나이가 거의 일흔이 되어 정신과 근력이 이미 다 사라져 버렸고, 게다가 오래도록 고생하고 있던 풍현(風眩)이 종종 발작하니, 비록 몸을 일으켜 응수할 수는 있으나, 곧 혼백이 마음에 머무르지 않은 사람과 같습니다. 그래서 근년 이래로 스스로 병든 폐물로 여긴 것이 오래되었습니다. 그런데 뜻하지 않게 당영(棠營)[22]에서 그 이름을 잘못 들으시고 이에 정성스러운 마음으로 만

20 정기팔 : 정동교(鄭東教)로, 좌의정까지 역임하였던 정홍순(鄭弘淳, 1720~1784)의 아들이다. 《왕조실록》 순조 8년 무진(1808, 가경) 8월 1일(갑오)에 경상 우도 암행 어사 여동식(呂東植, 1774~1829)이 지방관우 실정과 치적을 서계한 내용 가운데 상주 목사(尙州牧使) 정동교(鄭東教)를 언급하였다.

21 동각(東閣) : 재상이나 감사, 수령이 거처하던 관사인데, 여기서는 상주 목사인 정동교(鄭東教)를 말한다.

22 당영(棠營) : 감당(甘棠)나무 밑에서 정사를 돌보았다는 뜻으로, 관찰사의 감영(監營)을 뜻한다. 《시경》 소남(召南) 감당(甘棠)에 "무성한 저 감당나무 가지를, 자

나 보려고 하여 계빈(戒賓)[23]의 명을 두기에까지 이르렀습니다.

삼가 생각건대 순상(巡相 순찰사(巡察使)의 별칭)께서 오늘날 향음주례(鄕飮酒禮)를 시행하는 것은 실로 백 년 동안 없었던 성대한 일입니다. 비록 이 보잘것없는 사람이 존체(尊體)의 뜻을 감당할 수 없으나, 애써 달려가 화려한 의식이 이루어짐을 보는 것도 또한 제 마음에 진실로 간절히 바라던 바입니다. 그러나 오직 저의 병든 상황이 위에서 언급한 바와 같아 그 직책을 받들 길이 없습니다. 그래서 이미 이 뜻을 감영에 회신하였습니다. 한번 성대한 모임에 참석하는 것도 또한 천명의 운수에 달린 것이니, 어찌 탄식과 한스러움을 이길 수 있겠습니까.

보내 주신 축미(丑味 소고기)의 경우는, 이미 반드시 갈 수 없다면 받는 것이 의리에 맞지 않으니, 이에 일단 돌려 보냅니다. 삼가 매우 송구합니다.

르지 말고 휘지도 말라, 소백이 머무시던 곳이니라.〔蔽芾甘棠, 勿翦勿伐, 召伯所茇.〕"라고 한 데서 온 말이다. 여기서는 정동교(鄭東敎)를 대신하여 말한 것이다.

23 계빈(戒賓) : 관례(冠禮)나 향음주례(鄕飮酒禮)를 행할 때 예를 주관하는 빈(賓)이 되어 주기를 청하는 일이다.

강경현재[24]에게 주다

與姜警弦齋

어제 삼가 왕림해 주심은 정히 우러러 그리워하던 저의 마음에 부응하였습니다. 저녁이 지나도록 가르침을 받든 것도 또한 안온하였으니, 이별한 이후 슬프고 허전함이 예전의 갑절이었습니다. 어찌 오직 하생(下生)에 대해 정성스런 마음이 있었기 때문이겠습니까. 실로 집사께서 사람을 감동시키는 바로 말미암은 것이니, 돌이켜 볼 때마다 문득 감사의 마음이 더합니다.

삼가 밤사이 고요히 수양하며 지내시는 건강은 다시 어떠신지요. 저는 예와 마찬가지로 지내고 있습니다. 다만 안으로는 자득(自得)한 즐거움이 없고 밖으로는 절박한 근심이 있어 한결같이 침체되어 벗어날 길이 없습니다. 이것이 저의 변변찮은 모습이니, 진실로 집사께서 이미 알고 계시는 바입니다. 그러나 평소 생활하면서 한가한 날 혹 고요히 앉아 사유하면, 비분강개한 점이 적지 않습니다. 자못 떨쳐 일어나 힘쓰려고 하지만, 저의 재주와 성품이 마땅한 바가 있는지 알지 못하고 또 아침저녁으로 저의 어리석고 게으름을 경계해 주는 현명한 스승과 좋은 벗이 없습니다. 무릇 오직 호걸의 선비라야 이에 문왕(文王)을 기다리지 않고도

24 강경현재 : 강세진(姜世晉, 1717～1786)으로, 본관은 진주(晉州), 자는 사원(嗣源)이며, 정종로의 아우 정재로(鄭宰魯, 1755～1812)의 장인이다. 1753년(영조 29) 식년시(式年試) 3등에 입격하였다. 저서로는 《경현재집》이 있다.

홍기할 수 있을[25] 뿐이며, 그 중간 수준의 재주를 가진 사람 이하는 경계해 주는 이런 도움을 받지 않는 사람이 없습니다.

삼가 스스로 생각건대 어리석고 노둔하기 짝이 없는 저는 비록 훌륭한 일을 할 수는 없으나, 만약 낙동강 좌우에 나가 노닐면서 선생 장자와 어진 사대부를 뵙고 그들의 언론을 듣고 그들의 풍류를 접할 수 있었다면, 제 마음이 조금은 넓어져 하류(下流)에서 끝나지는 않았을 것입니다. 그러나 지금 시대에는 도학(道學)으로 자임하고 문장 보기를 여사로 생각하는 사람의 경우는 진실로 이보다 더 훌륭할 수 없습니다. 이보다 수준이 낮은 경우로 질박한 행실로 일컬어지면 문채가 없고, 재주와 기예로 이름이 나면 도덕과 어긋나니, 두 가지를 겸하는 사람이 대개 드물고 한쪽을 잘하는 사람도 또한 지극한 수준인 경우를 보지 못했습니다. 아, 인물이 아득히 적음이 이와 같단 말입니까.

집사께서는 트여 있으면서도 전아하고 간결하면서도 깨끗하며, 널리 배우고 문장을 잘 지었기에 늦게 태어난 말학인 제가 진실로 감히 우러러 헤아릴 수 없습니다. 그러나 행위와 일에 드러나고 문장에서 표현된 것의 경우, 힘쓰는 바가 유속에서 벗어나 고인을 따르려는 데 있으니, 또한 집사의 뜻이 과연 얼마나 지극한지 알지 못하겠습니다. 옛날 군자의 경우, 그 행실은 각기 달랐으니 문장으로 가문을 명예롭게 한 사람도 또한 그 많음을 이루 다

25 호걸의……있을 : 《맹자》 〈진심 상(盡心上)〉에 "문왕을 기다린 후에 홍기하는 자는 범민이니, 호걸의 선비 같은 경우는 비록 문왕이 없더라도 오히려 홍기할 수 있다.〔待文王而後興者, 凡民也, 若夫豪傑之士, 雖無文王, 猶興.〕"라고 하였다.

셀 수 없습니다. 그러나 서글피 만나 뵙고자 하나 같은 시대에 살지 못한 한스러움이 있습니다. 항상 독실하게 좋아하는 바를 규범으로 삼는 사람의 경우는 반드시 그런 사람이 있을 것입니다. 그 사람을 알면 그 지극한 바를 알 수 있을 것이니, 들어 볼 만하지 않겠습니까.

지난날 집사께서 왕림하셨을 때, 다른 말을 할 겨를도 없이 이에 "자네의 글과 표현은 매우 좋았기에 내가 항상 사랑하며 완미해 마지않았네."라고 하셨으나, 이는 너그럽게 저를 장려한 말일 뿐입니다. 그러나 자신의 마음에 원하는 바를 토로함에 하는 말들이 모두 진실하다면, 이미 제 마음을 환히 살필 수 있을 듯합니다. 무릇 남에게서 이런 말을 얻는 것도 대개 적은데, 하물며 집사께 얻는 것이야 말할 것이 있겠습니까. 구구한 저의 감사함이 이에 더욱 간절합니다. 다만 제 재주와 성품의 마땅한 바를 알 수 있는 한마디 가르침의 말씀을 받들지 못했으니, 마땅히 어떤 곳에 힘써야 할지를 끝내 가르쳐 주실 수 있다면 다행이겠습니다.

지금 장차 강좌(江左)로 출발하려는데, 반드시 위대한 사람과 서로 만나 인사하고 회포를 펴는 사이에 문장과 행실을 논평하고 살필 것입니다. 저들이 만약 강우(江右)의 인물에 대해 물으면, 감히 집사로 대답하고 또 집사께서 가르쳐 주신 바로 질문하고자 하는데, 집사께서는 어떻게 생각하시는지요.

조만곡[26] 술도 에게 주다

與趙晩谷 述道

맑은 모습을 뵙지 못한 것이 문득 이미 십 년이 되었습니다. 그사이에 비록 몇 차례 서신은 왕래하였으나 매양 저 자신이 공부에 유익함을 구하는 정성이 없고 아울러 또한 하우(下愚)의 자질이 엉성함에 이르렀기에 붓을 잡아 편지를 쓰려 함에 실로 표현할 만한 말이 없었습니다. 그래서 구구하게 안부를 묻는 것 외에는 한마디 말도 우러러 학문의 단서를 물은 적이 없었습니다. 만약 우러러 질문했더라도 반드시 그 말이 과연 이치에 맞지는 않았을 것이니, 비록 고명께서 저를 돌아보고 사랑하더라도 또한 어디로 말미암아 지식을 쏟아 내어 다 말해 줄 수 있었겠습니까.

근래에 벗들과 떨어져 쓸쓸히 생활하는 가운데 비교적 그리워하고 우러르는 마음이 간절하였습니다. 시험 삼아 전후로 보내 주신 편지를 읽어 보니, 경계하고 권면하는 말이 이미 지극하지 않음이 없었습니다. 그 끝부분에 이르러서는 항상 무한한 여회(餘懷)를 말하고자 하나 말하지 못함이 있는 듯한 것이 있었으니, 이는 저를 만나 보려는 뜻이 언어 표현의 밖에 넘쳐 난다고 말할 수 있을 것입니다. 그러나 저는 무슨 까닭으로 한 점의 반성과 깨

26 조만곡(趙晩谷) : 조술도(趙述道, 1729~1803)로, 본관은 한양(漢陽), 자는 성소(聖紹), 호는 만곡이다. 영양(英陽) 주실에 거주하였으며, 대산 이상정의 문하에서 수학하였다. 저서에 《만곡집》이 있다.

달음도 전혀 없이 아득히 흘려들은 것이 이처럼 심한 데 이르렀는지 모르겠습니다. 스스로 책망한 나머지에 더욱 집사의 성대한 뜻에 탄복할 수 있었습니다. 생각건대, 그 학문에 대한 조예의 깊음은 학식이 얕고 비루한 제가 엿보아 헤아릴 수 있는 바가 아닌데, 가르침을 받들기 쉽지 않음이 정히 한스럽습니다. 뜻하지 않게 이 사촌이 방문하였기에 삼가 근래 형제간에 생활이 모두 진중함을 들었으니, 지극히 우러러 위로되는 마음을 이기지 못하겠습니다.

저는 어머니를 모시고 그럭저럭 지내고 있습니다. 오직 천연두를 두려워하는 저는 한결같이 칩거하고 있어서 이미 떨쳐 일어나 학문에 힘쓰려는 뜻이 없고, 또 사우들이 경계하고 꾸짖는 유익함도 없습니다. 이 어리석고 게으른 본성으로 인하여 더욱 무너지니, 지금 사십 년 동안 선한 모습은 하나도 없었습니다. 날마다 생활하는 가운데 비록 감히 완전히 책 읽기를 그만두지 못하여 분수에 따라 여가를 내어 대략 볼 수 있었으나, 보아도 그에 따라 곧바로 잊어버리니 보지 않은 것과 다름이 없습니다. 이와 같은데도 오히려 조금이라도 진보가 있을 수 있기를 바라겠습니까. 대개 젊은 시절 이후로 전혀 책을 읽지 않았고, 항상 섭렵한 바는 다만 공부에 긴요할 것이 없고 쓸데없이 낡은 것뿐이었습니다. 이 만년의 노경에 이르러서야 거의 "사람이 곤궁해야 근본으로 돌아간다."[27]라는 것과 같은 것에 대해 잠시 비분강개한 뜻이 있었기에

27 사람이……돌아간다 : 《사기》 권84 〈굴원가생열전(屈原賈生列傳)〉에 "하늘은 인간의 시원이고 부모는 인간의 근본이니, 사람이 곤궁하면 근본으로 돌아가게 된

무너져 엉망이 된 나머지에 발분하려고 하였지만 훌륭한 일을 할 수 없는 것이 이미 이와 같이 되었으니 참으로 애통합니다. 감히 묻건대, 그대는 근래의 학문적 조예가 과연 어떤 경지에 이르렀는지요. 몽교(夢覺)[28]의 한 관문을 이미 꿰뚫었겠지요. 그대가 이른바 "시원스레 환히 이해한 것이 마치 깊은 잠에서 깨어난 듯하다."라는 것은 과연 실제로 그 본 의미를 알아서 그 가운데 앉아 있는 것인지요? 우매한 저의 견해로는 학문을 하여 이런 경지에 도달한 그런 뒤라야 비로소 터득함이 있어 성현을 기약할 수 있음을 말할 만하다고 망녕되이 생각합니다. 어떻게 생각하시는지 모르겠습니다.

다.〔夫天者, 人之始也, 父母者, 人之本也. 人窮則反本.〕"라고 하였다. 원뜻은 사람이 곤궁에 처하게 되면 부모를 찾고 하늘에 하소연한다는 말이지만, 여기서는 천도(天道)를 찾는 학문을 한다는 의미이다.

28 몽교(夢覺) : 격물치지의 공부를 말한다. 주희(朱熹)는 "치지(致知)와 성의(誠意)는 배우는 자들이 통과하여야 할 두 개의 관문이다. 치지 공부는 꿈을 꾸느냐 잠을 깨느냐의 관문〔夢覺關〕이며, 성의 공부는 선한 사람이 되느냐 악한 사람이 되느냐의 관문〔善惡關〕이다. 치지의 관문을 통과했으면 꿈을 깬 것이요 그렇지 못하면 꿈을 꾸고 있는 것이며, 성의의 관문을 통과했으면 선한 사람이요 그렇지 못하면 악한 사람이다." 하였다. 또 격물은 몽교관(夢覺關)이고 성의는 인귀관(人鬼關)이라고 했다. 성의의 관문을 통과하면 사람이요 그렇지 못하면 귀신이라는 의미이다. 《朱子語類 卷15 大學二經下》

황심기당[29] 계희 에게 주다

與黃審幾堂 啓熙

일전에 철경(哲卿)[30]이 돌아와서 삼가 형제가 함께 생활하시는 건강이 연이어 신의 보호를 받아 편안하다고 들었으니, 어찌 우러러 기뻐하는 마음을 이길 수 있겠습니까.

《중용혹문(中庸或問)》을 간절히 빌려 베끼고자 한 것이 오래되었는데 집사께서 바야흐로 그 책을 읽고 있어서 감히 억지로 청하지 못하였습니다. 근래에 혹 이미 다 읽으셨는지 모르겠습니다. 저는 《중용장구》에 대해 끝내 완전히 다 공부하지 못하고 다만 장구(章句)의 뜻에 있어서도 또한 환히 꿰뚫어 이해할 기약이 없을까 근심합니다. 독서의 방법으로 헤아려 보면, 갑자기 《중용혹문》까지 읽는 것은 마땅하지 않은 듯합니다만, 구구한 저의 견해로는 혹 만분의 일이라도 이 책에서 계발되어 깨달음이 있다면, 또한 스스로 공부하는 계책으로 삼을 뿐만이 아닙니다. 《중용혹문》을 필사하여 실로 후인들에게 무궁토록 은혜를 베풀고자 하지만 시력이 점점 약해지는 것을 깨닫겠으니, 지금의 기회를 잃어 베끼지 못한다면 인하여 베낄 기회가 없을 것입니다. 그래서 빌리

29 황심기당(黃審幾堂) : 황계희(黃啓熙, 1727~1785)이다. 본관은 장수(長水), 자는 경초(景初), 호는 심기당(審幾堂)이다. 이상정(李象靖)의 제자로 상주 모동에 거주하였다.

30 철경(哲卿) : 정명로(鄭明魯, 1743~1799)이다. 정종로의 중부인 창주(滄州) 정의모(鄭義模, 1709~1756)의 아들이니, 정종로의 사촌 동생이 된다.

기에 급급함이 이와 같음을 면치 못하니, 부디 삼가 바라건대 이 뜻을 굽어 살펴 주십시오. 만약 《중용혹문》에 대한 공부가 이미 끝났다면 이번 편에 빌려 주심이 어떻겠습니까.

인하여 집사께서 이 책에서 터득한 바가 반드시 많을 것이라 생각되니, 혹 저를 비루하다고 여기지 말고 터득하신 바를 쏟아서 다 가르쳐 주시어 이 무지몽매한 사람이 감발하여 흥기하는 바가 있을 수 있게 해 주신다면, 지금부터 한 푼이나 한 치의 학문 가을털처럼 미세한 것이 있더라도 모두 집사의 덕일 것입니다. 그런데 사는 곳이 조금 멀어 만나 뵙기가 쉽지 않으니, 갖가지 가르침 받기를 바랄 바는 오직 편지뿐입니다.

황심기당에게 주다
與黃審幾堂

지난번에 내려 주신 답장은 받아 봄에 지금까지 위로가 됩니다. 요즘 새 가을에 형제가 함께 생활하시는 건강이 어떠신지 삼가 알지 못하겠습니다. 가뭄 끝에 한번 내린 비는 자못 장맛비가 될 조짐이 있듯이 구구한 저는 우러러 사모함이 편지를 쓰는 이때에 더욱 간절합니다.

저는 어머니를 모시고 지내는 형편이 예와 같습니다만 이달 초에 아우는 딸아이를 낳았으나 곧이어 죽어서 묻었으니 슬픈 마음을 형언할 수 있겠습니까. 선조문인록(先祖門人錄)은 이전에 편집하여 완성하려는 뜻이 있고 또 함께 일할 것으로 말씀하신 편지를 받들었는데, 그사이에 혹 이미 시도하였는지 모르겠습니다. 이곳에 약간 채록한 것이 전해지는데, 석남(石南) 신공(申公)[31]이 작성한 바라고 합니다. 그 밖에 지면(紙面)에 여러 어른들의 성과 이름을 나열하여 적은 것이 모두 백여 명이 됩니다. 분명하게 드러난 사람을 제외하면 수록해 넣을 수 있는 확실한 문자가 없는 듯합니다. 이는 마땅히 태사공(太史公)이 공문(孔門)의 제자(弟

31 석남(石南) 신공(申公) : 신준(申濬, 1678～1749)으로, 본관은 고령(高靈), 자는 문원(文遠)이며, 석남은 그의 호이다. 아버지 신강제(申康濟)가 정종로의 5대 조부 정도응(鄭道應, 1618～1667)의 사위가 되었다. 밀암 이재(李栽)에게 배웠으며 1714년(숙종40)에 사마시에 합격한 뒤로 대과에는 관심을 기울이지 않았다. 만년에는 감은와(感恩窩)라는 당호를 붙이고 문경 율리(栗里)에 거처하였다.

子)를 기록한 예[32]를 따라야 하니, 다만 이름만 남겨 두는 것도 또한 무방(無妨)하겠지요. 우연히 생각이 여기에 이르렀기 때문에 이와 같이 우러러 여쭙습니다.

32 공문(孔門)의……예 : 사마천이 《사기》 〈공자제자열전(孔子弟子列傳)〉을 쓰면서 행적을 알 수 없는 경우는 이름만 기록하여 전한 것을 말한다.

남종백[33] 한조 에게 주다

與南宗伯 漢朝

주상이 승하하시어 하늘과 땅처럼 끝이 없는 애통함은 온 나라가 동일한 바이지만, 왕위를 계승한 성주(聖主)[34]께서 어린 나이에 즉위[35]한 것은 또 주 성왕(周成王)[36]보다 두 해나 빠릅니다. 간곡하고 정성스럽게 삼가 생각건대, 곧바로 하늘에 하소연하고자 하나 그렇게 할 수 없습니다. 더구나 죄인인 저 같은 경우는 살아서 요순(堯舜) 같은 성군을 만나 외람되게도 세상에 드문 은전을 입었으나, 썩은 흙같이 보잘것없는 저는 물방울이나 티끌만큼도 보답하지 못했습니다. 게다가 어머니의 상이 아직 끝나지 않았는데 또 오늘의 국상을 만났으니 아득한 우주에 귀의할 곳이 없습니다.

33 남종백(南宗伯) : 남한조(南漢朝, 1744~1809)로, 본관은 의령(宜寧), 호는 손재(損齋)이며, 종백은 그의 자이다. 대산 이상정의 문인으로 벼슬에 뜻이 없었고 후진 양성에 힘을 썼다. 그의 딸이 정종로의 막내아들인 정상관(鄭象觀, 1776~1820)의 아내가 되었다. 저서로 《손재집(損齋集)》 15권이 있다. 《입재집》 권45에 〈손재남공행장(損齋南公行狀)〉이 있다.

34 왕위를 계승한 성주(聖主) : 조선의 제23대 왕인 순조(純祖, 1790~1834)로, 이름은 이공(李玜), 자는 공보(公寶), 호는 순재(純齋)이다. 1800년 11세 나이로 즉위하여 1834년까지 재위하였다.

35 즉위 : 원문은 '휼택(恤宅)'으로, 본래 여막을 의미하는데, 제왕의 뒤를 이어 즉위한 상주(喪主)를 이른다.

36 주 성왕(周成王) : 성은 희(姬), 이름은 송(誦)으로, 서주(西周)의 2대 군주이며, 아버지 무왕(武王)이 즉위 2년 만에 승하하자 어린 나이에 즉위하였다.

북쪽을 바라보며 부르짖고 통곡하니, 다만 피눈물이 샘처럼 쏟아질 뿐입니다.

근래에 소식이 오래도록 막혔는데, 도학 공부를 하며 지내시는 생활이 어떠신지 모르겠습니다. 온 경내가 모두 고을에 모여 아침저녁으로 애곡(哀哭)하는 반열에 참여한다고 들은 것 같은데, 집사께서도 또한 분상(奔喪)하러 가시는지요? 이 물건〔정종로〕의 경우 상중(喪中)에 있는 몸이라 평범한 사람 축에도 끼지 못할 뿐만 아니라 성중(城中)에 천연두의 기세가 아직도 깨끗이 없어지지 않았기 때문에 다만 사차(私次 사사로운 처소)에서 시냇가에 나가 아침저녁으로 애곡(哀哭)합니다. 오직 복제(服制)에 대한 조목은 제 이름이 시종(侍從)의 반열에 들었기 때문[37]에 평범한 관원과는 같지 않은 듯하니, 조만간 의주(儀注)[38]가 반포되면 반드시 지위(知委 명령을 내려서 알려 줌)하는 바가 있을 것입니다. 그러나 먼저 선배들의 문집에서 고찰해 보니, 그 점에 대해 언급한 곳은 보이지 않고 오직 한강(寒岡)이 예조의 문목(問目)에 답한 글[39]에서 "삼품 이하 생도 등에 이르기까지 모두 흰옷과 흰 두건

37 이름이……때문 : 시종(侍從)은 시종신(侍從臣), 즉 국왕을 모셔 항상 호종하는 신하로 홍문관(弘文館)의 옥당(玉堂), 사헌부(司憲府) 또는 사간원(司諫院)의 대간(臺諫), 예문관(藝文館)의 검열(檢閱), 승정원(承政院)의 주서(注書)를 총칭한다. 정종로가 1796년(정조20)에 사헌부 지평에 제수된 것을 말한다.

38 의주(儀注) : 의식의 절차, 의식에 참여할 인원과 복장, 의식에 필요한 물품의 마련 등을 상세히 정리한 것으로 행사 전에 미리 마련하였다.

39 한강(寒岡)이……글 : 《한강집》 권6 〈답예조판서(答禮曹判書)〉를 말한다. 한강 정구(鄭逑)가 66세 때인 1608년(광해군 즉위년) 4월에 예조 판서 박홍로(朴弘老)

으로 삼년상을 마친다."[40]라고 하였습니다. 그러나 이는 다만 평상의 사람에 대해 말한 것일 뿐이고 상중에 있는 사람에 대해 말한 것이 아니니 마땅히 어떻게 해야 옳겠습니까? 그러나 가만히 생각건대, 군주를 위한 상복은 매우 중하니 비록 상중에 있는 사람이라 하더라도 또한 복을 입지 않을 수 없습니다. 그래서 일단 흰 옷과 흰 두건으로 상복을 갖추어 입고 향후 초하루와 보름마다 제대로 복을 입고 북쪽을 바라보며 애곡하는 예를 행할 계획입니다. 집사의 견해로는 어떻게 생각하시는지 모르겠습니다. 만약 의주(儀注)를 볼 때가 되면, 마땅히 그에 의거하여 행해야겠지만, 한강 어른의 설이 이미 이와 같기 때문에 먼저 우러러 질정합니다. 깊이 생각하고 가르쳐 주시어 제가 지극히 합당한 곳으로 돌아갈 수 있게 해 주신다면 매우 다행이겠습니다.

가 선조대왕의 승하에 따라 대두된 세자의 복제(服制)에 관해 물어 온 것에 답하고, 아울러 내명부(內命婦), 종친(宗親), 외척(外戚), 문무백관(文武百官) 등 각기 다른 입장에 따른 복제를 국상 절목(國喪節目)이라는 이름으로 정리하여 답하였다.

40 삼품……마친다 : 《한강집》에는 "전직 3품 이하 및 생원, 진사, 생도는 흰옷, 흰 두건, 흰 초립, 흰 띠, 흰 가죽신을 착용하며 졸곡 이후에도 같은 차림을 하고 3년을 마친다.〔前銜三品以下及生員進士生徒, 白衣白頭巾白笠白帶白皮靴鞋, 卒哭後亦同, 終三年.〕"라고 되어 있다.

황유안[41] 태희 에게 주다
與黃幼安 泰熙

요즘 서리 내리는 가을인 9월에 삼가 고요히 심성을 기르며 생활하심이 모두 편안하시리라 생각하니, 우러러 위로가 되고 또 그립습니다. 저의 갑작스런 한 번의 행차[42]는 다만 주상의 은혜에 감사하려는 계획 때문이었습니다만 공교롭게도 나라에 큰일이 있었기에 감히 휴가를 아뢰어 사직하지 못하고 능이 있는 곳으로 들어가 근무하였습니다. 출번(出番 근무(勤務)를 마치고 집으로 나옴)한 뒤에 근친(覲親)을 핑계로 돌아오려고 하였으나, 겨우 보름 만에 주상께서 어떻게 이와 같은 제 마음을 들으셨는지 곧바로 고향으로 내려가지 말고 조정에 입시(入侍)하라는 명이 내려왔으니, 바로 이달 7일의 일입니다. 같은 날 대신이 또 보잘것없는 저를 그릇되이 추천하였는데, 심지어 경학과 문장이 영남제일이라는 등의 말을 가지고 비국(備局 비변사(備邊司))의 여러 당상관들이 함께 모

41 황유안(黃幼安) : 황태희(黃泰熙, 1735~1793)로, 본관은 장수(長水)이며, 유안은 그의 자이다. 상주 모동에 거주하였다. 정종로의 딸 한 명이 황태희의 아들 황석로(黃錫老)의 아내가 되었다.

42 한 번의 행차 : 정종로가 1789년(정조13) 6월, 광릉 참봉(光陵參奉)에 제수되자 선음(先蔭)으로 자처하여 도성에 나아가 사은숙배한 일을 말한다. 이후 8월, 채제공(蔡濟恭)의 추천으로 의금부 도사에 제수되어 성정각(誠正閣)에 입시하니, 상이 선조인 정경세(鄭經世)의 유택(遺宅), 필적(筆蹟)을 묻고, 이어 문집을 올리라고 명하였기에 12월에 《우복집(愚伏集)》을 올렸다.

여 있을 때 상주하여 아뢰니, 품계를 육품으로 올리고 마침내 금오랑(金吾郎 의금부 도사)에 제수함이 있었습니다. 이 어찌 결코 꿈엔들 생각했던 바이겠습니까. 또 이처럼 내실이 없는 제가 또 어찌 일 푼이라도 받들어 감당할 희망이 있겠습니까. 놀랍고 두려우며 군색하고 급박하여 몸둘 바가 없습니다.

그러나 이미 길을 나선 뒤라 피할 길이 없어 드디어 곧바로 한성으로 들어갔으나 병들어 여관에 누웠다가, 16일 이른 아침에 비로소 어전(御前)에 나아가 주상을 직접 대하였습니다. 주상의 용안은 온화하고 순수했으며, 옥 같은 목소리는 중후하였는데, 저희 가벌(家閥)과 세덕(世德)을 차례대로 하문하시고, 선조의 유집(遺集)과 연보, 부록 등의 글도 가져오도록 아울러 명하였습니다. 초야에 묻혀 지내는 미신(微臣)이 주상의 훌륭한 덕을 가까이 하여 이 같은 영광과 총애를 받들었으니, 진실로 세상에 보기 드문 은전입니다. 성왕의 명철함에 감격하여 축하함에 어찌 흐르는 눈물을 이길 수 있겠습니까. 그러나 오직 이 받은 바의 제품(題品 품계(品階))이 전혀 저의 실상과 비슷하지 않으니, 스스로 처신할 방도를 생각함에 다만 단공(檀公)의 상책(上策)[43]만 할 뿐입니다.

43 단공(檀公)의 상책(上策) : 단공은 남조(南朝) 제(齊)나라 때의 장군 단도제(檀道濟)로, 삼십육책(三十六策)을 만든 사람이다. 서른여섯 계책 중 마지막 계책인 삼십육계(三十六計), 곧 달아나는 것이 가장 상책이라 하였다. 왕경칙(王敬則)이 반란을 일으키자 조정에서 두려워하여 달아나려 하였는데, 어떤 사람이 이러한 상황을 왕경칙에게 전하자, 왕경칙이 "단공의 삼십육계(三十六計) 가운데 달아나는 것이 상책이다."라고 하였다. 《南齊書 卷1 高帝本紀, 卷26 王敬則列傳》 여기에서는 벼슬자리를 피해 달아나 은거하는 것이 상책이라는 의미로 사용하였다.

그래서 그 당시 사은숙배한 뒤에 곧바로 달아나 은둔하는 길을 출발하였습니다. 며칠 전 비로소 그윽이 은거하던 곳으로 돌아오니, 저의 사사로운 분수에 있어서는 비록 조금 편안한 듯하지만 특별한 교지가 거듭 내려옴에 그 황송한 마음을 또 어찌 말로 다 할 수 있겠습니까. 선조의 음덕으로 벼슬을 주면 나아가 벼슬하고, 사람의 재주로 벼슬을 주면 물러나 은둔하니, 이번의 벼슬에 대한 출처(出處)는 스스로 생각건대 거의 큰 잘못은 없는 듯한데 세상 사람들의 논의는 과연 어떠한지 알지 못하겠습니다.

영우원(永祐園)을 옮겨 새로 터를 잡는 것은 10월 7일이고, 현실(玄室 임금의 관(棺)을 묻은 광중)에서 내는 것은 2일입니다. 영우원의 자리가 수원읍(水原邑) 뒤로 정해졌고, 원의 이름은 현륭(顯隆)이며, 복제(服制)와 의장(儀仗)은 모두 왕례(王禮)를 사용한다고 합니다.[44] 이는 성상의 효성이 깊고 원대함을 우러러 엿볼 수 있는 것입니다.

44 영우원(永祐園)을……합니다 : 영우원은 정조의 생부 사도세자(思悼世子)의 묘이다. 저본에는 '영우원(永佑園)'으로 되어 있는데, 바로잡았다. 사도세자는 1762년(영조38) 5월 21일 뒤주 속에서 죽고 나서 배봉산(拜峯山) 아래 언덕에 예장되어 묘호를 수은묘(垂恩墓)라 하였는데 1776년(정조 즉위년) 3월 수은묘를 영우원(永祐園)으로 개칭하고, 존호도 사도(思悼)에서 장헌(莊獻)으로 개칭하였다. 1789년(정조13)에 원호(園號)를 현륭원(顯隆園)으로 고치고, 같은 해 10월 7일 경기도 화성시(華城市) 태안읍(台安邑) 안녕리(安寧里)로 이장하였다. 1899년(고종 광무3) 사도세자가 장종(莊宗)으로 추존되면서 무덤도 융릉(隆陵)으로 승격하였다.

황자익[45] 경희 에게 주다
與黃子翼 敬熙

섣달 20일의 은혜로운 답서는 초봄에 보았는데, 다만 어휘와 자획이 넉넉하고 전아하여 볼만할 뿐만 아니라 언사(言辭)도 여유롭고 넉넉하며 단정하고 여유가 있으니 평소 함양한 기상을 이미 절로 볼 수 있었습니다. 또 보잘것없는 나를 나이가 조금 많다는 것 때문에 비루하게 여기지 않고 예는 공경하고 말은 공손하며, 경계는 절실하고 바람은 깊었으니, 이는 더욱 그대의 겸광(謙光)[46]이 아름답고 사람을 대함의 두터움이 매우 성대하고 매우 성대한 것입니다. 어리석은 내가 어찌 감당할 수 있겠습니까. 그러나 그대의 두터운 뜻을 헛되고 욕되게 할 수 없어 애오라지 그대를 위하여 평소에 터득한 바를 말씀드리겠습니다.

어릴 때부터 재주와 기상이 얕았으나 선부로(先父老)께서 공거(公車 과거 공부)를 익히게 하셨으니, 만약 마음을 다하여 힘써 공부했더라면 오히려 마땅히 거자(擧子 과거 시험 응시자)의 반열에는 끼게 되어 지금 같은 보잘것없는 지경에 이르지는 않았을 것입니다. 그러나 저는 불초함이 심하고 성품 또한 매우 게을렀기에 끝

45 황자익 : 황경희(黃敬熙)로, 본관은 장수(長水)이며, 자익은 그의 자이다. 정종로의 증조부인 정석교(鄭錫僑, 1646~1700)의 딸과 결혼한 황종수(黃鍾粹, 1666~1716)의 증손자이다.

46 겸광(謙光) : 《주역》 〈겸괘(謙卦) 단사(彖辭)〉의 "겸양할수록 더욱 빛난다.〔謙尊而光〕"라는 말에서 나온 것으로, 겸손하고 예양(禮讓)하는 풍도를 말한다.

내 사양하고 거절하였습니다. 나이 스물 남짓일 때에 연이은 상례[47]의 혼란함이 겨우 안정되자 세속에 대한 온갖 생각이 아득히 사라졌습니다. 또 스스로 이 몸이 끝내 세상에 필요하여 영화를 취할 수 없음을 깨달았습니다. 다만 옛글을 읽으며 그 남은 해를 마치기를 바라니, 이 뜻도 또한 좋습니다.

만약 그 뜻을 독실하게 하고 그 정력을 힘썼더라면 설령 크게 성취함이 있을 수는 없었더라도 오히려 책을 끼고 공부하는 유림의 반열에 나열되어 지금 같은 무식한 상태에 이르지는 않았을 것입니다. 그러나 또한 이 '게으름〔懶〕'이라는 글자가 빌미가 되고 또 남은 날이 아직도 많다는 것으로 한결같이 시간을 낭비하며 지낸 지 지금 30년 세월이 갑자기 이미 지났습니다. 사람이 살면서 장수할 수 있는 경우는 드무니, 만약 50, 60년을 산다면 이미 인생의 반이 지났습니다. 조그마한 총명마저도 또한 어찌 다시 지난날과 같을 수 있겠습니까. 이른바 "뜬구름 같은 인생 부질없이 늙는다.〔浮生浪老〕"라는 것이 아마 나를 말하는 것이라 생각합니다.

그러나 글의 뜻을 알아 이해한 뒤로 곧 문사(文詞) 외에 참으로 공부할 곳이 있음을 알았기에 시험 삼아 공부해 본 것이 여러 차례였습니다. 처음에는 학문하는 길을 잃었기 때문에 조금 공부를 시작하게 되자 또 안이하게 되었으며, 중간에는 이에 그 어려움을 느껴 게으른 마음이 생겨 잠시 공부하다가 잠시 그만두어서 이에 완전히 그만두게 되었습니다. 그러나 오직 마음에는 잊을 수

47 연이은 상례 : 정종로가 19세 되던 해인 1756년(영조32) 2월 조부의 상을 당하고, 3월 중부의 상을 당하고, 5월 부친의 상을 당한 것을 말한다.

가 없었기에 때때로 고인의 격언을 얻으면 두려워하여 스스로 반성하며 비분강개한 마음이 이어졌습니다. 이때는 실로 "아침에 도를 들으면 저녁에 죽어도 좋다."[48]라는 바람이 있었으니, 실천하기를 한 달 정도라도 오래 했으면 이로 말미암아 도에 들어가는 것도 또한 거의 가능했을 것인데 끝내 또 실패하였습니다. 이런 까닭으로 나는 이 학문이란 것이 천하에서 가장 어렵다는 것을 알았으니, 비록 이에 종사하더라도 실로 터득함은 대개 죽어 관(棺)에 들어가기 전에는 내가 이미 잘할 수 있다고 쉽게 말할 수 없습니다.

문장에 대해서는 비록 소기여사(小技餘事)라고 말하지만, 그 어려움은 또한 도를 배우는 것과 다름이 없습니다. 또한 도를 배우는 것은 사람들마다 성품이 선하기 때문에 모두 할 수 있지만, 문장은 반드시 타고난 재주가 남들보다 빼어나고 많이 읽고 널리 기억하는 사람이라야 잘할 수 있으니, 이 때문에 더욱 어렵다고 말한 것입니다. 저[49]같이 노둔한 재주로 읽은 것도 없고 기억한 것도 없는 사람이 또 어찌 감히 이에 망녕되이 뜻을 둘 수 있겠

48 아침에……좋다 : 《논어》 〈이인(里仁)〉의 "아침에 도를 들으면 저녁에 죽어도 좋다.〔朝聞道夕死可矣〕"라는 구절을 원용한 것이다. 이 말에 대해서 주희는 "도는 사물의 당연한 이치이니, 참으로 이것을 얻어 듣는다면, 살아서는 이치에 순하고 죽어서는 편안하여 다시 남은 한이 없을 것이다.〔道者事物當然之理, 苟得聞之, 則生順死安, 無復遺恨矣.〕"라고 하여, 구도(求道)에 대한 열정의 토로로 해석하였다.

49 저 : 원문은 '종(從)'인데, 황경희(黃敬熙)는 정종로의 증조부인 정석교(鄭錫僑, 1646~1700)의 딸과 결혼한 황종수(黃鍾粹, 1666~1716)의 증손자이므로, 관계가 내외종(內外從)에 해당한다.

습니까. 다만 문장을 꾸미는 것을 대략 알았기에 때때로 한두 편을 지으면, 남들에게 자못 칭찬과 인정을 받았으니, 이는 마치 가난한 집이 요리에 뛰어나서 동쪽에서 빌리고 서쪽에서 구걸하여 음식을 만들면 그것을 먹은 손님들이 마침내 그 집이 풍부하게 소유하여 그런 것이라고 의심하는 것과 같습니다. 만약 역아(易牙)[50]가 맛보아 그 갑작스럽게 마련한 것을 꾸짖었다면 어찌 침뱉지 않을 것을 바랄 수 있으며, 또 어찌 그 졸렬함을 숨길 수 있겠습니까. 이런 까닭으로 남들의 칭찬과 인정을 받더라도 마음속으로 부끄러워하며 스스로 탄식하지 않은 적이 없었습니다. 그렇다면 그대께서 이른바 "어떤 인물이 첫째를 다른 사람에게 양보한다."[51]라는 것이 바로 이 사람을 가리키는 것인데도, "뜻의 중점이 문장에 있다."라고 하시면, 또한 그 실상을 살피지 않은 것입니다. 그러나 근래에 생각해 본 적이 있는데, 다만 문장이 공교롭지

50 역아(易牙) : 춘추 때 제(齊)나라 사람의 총신(寵臣)으로 요리를 잘하여 환공(桓公)의 신임을 얻었고, 자기의 자식을 삶아 바쳐서 환공에게 아첨한 인물이다. 산동성(山東省)에 있는 치수(淄水)와 승수(澠水), 두 강의 물맛이 전혀 다르나, 섞으면 그 맛을 구별해 내기가 어려운데도 역아가 섞은 두 물의 맛을 구별해 내었다고 한다. 《列子 說符》

51 어떤……양보한다 : 스스로 포기함을 비유하는 것으로, 정호(程顥)가 "첫째는 다른 사람에게 양보하고 자기는 둘째가 되겠다고 말하지 말라. 이렇게 말한다면 이는 곧 스스로 포기하는 것이 된다. 비록 인에 거하지 않고 의에 따라 행동하지 않는 자와는 그 차이가 같지 않다 할지라도, 자기 자신을 작게 여기는 것은 마찬가지이다. 학문으로 말한다면 곧 도에 뜻을 두어야 할 것이요, 사람으로 말한다면 곧 성인에 뜻을 두어야 할 것이다.〔莫說道將第一等讓與別人, 且做第二等. 才如此說, 便是自棄. 雖與不能居仁由義者差等不同, 其自小一也. 言學便以道爲志, 言人便以聖爲志.〕"라고 한 것을 원용하였다. 《二程遺書 卷18 劉元承手編》《近思錄 卷2 爲學類》

못한데도 문명(文名)을 얻은 것이 부끄러울 뿐만이 아닙니다. 만약 지극히 공교롭다 하더라도 또한 쓸데없는 군더더기의 말이니, 자신의 분수에 무슨 털끝만큼의 이익이 있겠습니까.

또 천하의 책은 다 읽을 수도 없고, 또 반드시 다 읽어야 하는 것도 아닙니다. 오직 성인의 경(經)과 현인의 전(傳)이 참으로 힘써 공부할 것이며, 그 다음은 《사기(史記)》보다 좋은 것이 없습니다. 대개 경서(經書)는 의리의 창고이며, 《사기》는 치란의 귀감(龜鑑)입니다. 이 두 가지를 분명히 알아서 절실하게 체험한다면, 만사(萬事)를 처리함에 옳지 않음이 없을 것입니다. 다만 사람이 긴요하게 힘써 공부하지 못할까 근심할 뿐입니다.

지난날 공부 과정으로 정하여 한 번 읽은 것이 이미 20년 가까이 되었습니다. 그 중간에 비록 혹 책을 펼쳐 읽은 것도 또한 모두 대충 보았습니다. 그 옛날에 학습했던 것은 모두 완전히 잊어버렸고, 새로 익힌 것은 완전히 낯섭니다. 이와 같은데도 오히려 어찌 진보를 바랄 수 있겠습니까. 간절하게 오늘부터 다시 어린아이가 배움에 들어가는 것처럼 스승에게 가르침을 받고 벗들과 강마(講磨)하며, 마음에 체득하고 몸에 징험하고자 한다면, 아마 이번 생에는 혹 그런 사람이 될 날이 있을 것입니다만, 저의 폐고(蔽痼 자신의 견해에 집착하여 생긴 고질병)가 이미 심하니 또한 어찌 바뀌겠습니까. 이는 나의 평소 처음과 끝이 현자(賢者)를 위해 말해 주기 부끄러우나 기대함이 두터움에 감동하여 많은 말을 한 것이 이에 이르렀습니다.

부디 우리 자익(子翼)은 나를 비루하게 여기지 마시고 스승에게 들은 바와 마음에 스스로 터득한 것으로 풍편을 통해 가르쳐 주어 나의 몽매함을 계발하여 경계하고 반성하여 스스로 바로잡을 수 있게 해 주시기를 매우 바랍니다. 자익 또한 마땅히 부지런히 힘쓰고 순서대로 따라가 큰 학업을 마쳐서 스승과 벗의 바람을 저버리지 않는다면 매우 좋고 매우 좋을 것입니다.

신심보[52] 필권 에게 답하다

答申審甫 必權

지난번 좌하(座下)께서 경사(京師 서울)에서 유학하며 오래도록 돌아오지 않았다는 소식을 듣고 그 객지 음식 먹기의 곤란함과 객지 생활의 괴로움을 생각하니, 저로 하여금 동동(憧憧)해 마지 않게 하였습니다. 이미 그 지기(志氣)를 펴지 못함을 슬퍼하고, 또 한번 급제하기 어려워 사람을 굽히게 함이 이에 이름을 탄식하였습니다. 그러나 오히려 공부를 많이 한 나머지에 결국 뜻한 바를 성취하고 돌아올 것을 기대하니, 그렇게 되면 비록 저의 바람에 크게 위로가 되지 못하더라도 또한 마을의 영광이 될 수 있을 것입니다.

세전(歲前)에 종형(從兄)이 우산을 나가 그대를 만나고 돌아와 그 본 바를 말하였는데, 기상과 모습, 용모와 안색이 자못 평소와 달랐지만, 다만 근래에 지은 산문이 자못 옛 작가의 의태(意態)가 있어 이전보다 나은 듯하다고 하였습니다. 어찌 이른바 '곤궁함으로 인하여 더욱 공교로워진다.'라는 것이 아니겠습니까. 빨리 편지를 보내 그 초췌(憔悴)함을 위로하고, 인하여 그 파란(波瀾)의 문장을 구해 보고서 그대에게 마음이 경도되어 달려가는 나의 사사로움을 위로하고자 하였습니다. 그러나 글쓰기에 게을러서 지금까지 과연 그렇게 하지 못하였으니, 다만 절실히 한스러울 뿐입니다.

52 신심보(申審甫) : 신필권(申必權)이다. 자는 심보, 호는 이서(伊西)이다.

이번에 삼가 편지를 받고 새해를 맞아 어버이를 모시고 생활함에 편안하고 복이 많은 줄 대략 알았습니다. 또 편지 가득 말씀하신 많은 내용은 마음속의 정을 다 표현한 말이 아님이 없습니다. 여러 번 반복하여 읽음에 매우 기뻐 맑은 모습을 뵙고 직접 말씀을 듣는 것과 다름이 없으니, 매우 다행이고 매우 다행입니다. 그러나 좌하께서 스스로를 말한 것으로 삼가 자세히 살펴보니, 비록 곡절이 많으나 큰 요점은 문장을 잘 짓고 과거 급제를 도모하는 것, 두 가지에 불과합니다. 또 "반드시 과거 급제를 도모하는 까닭은 다만 문장이 비록 성취되었더라도 사람들은 반드시 위포(韋布 선비) 가운데서 나왔다는 것으로 귀하게 여기지 않기 때문에 벼슬에 나아가기를 힘쓴다."라고 하였습니다. 다행히 이 벼슬에 힘입어 세상을 진동하고 후세에 전하는 데 유익하더라도, 과거 급제의 경우는 끝내 반드시 얻을 수 있는 것은 아닙니다. 그렇다면 또 문을 닫고 힘을 다하여 이른바 문장 잘 짓기를 더욱 구하여 자신을 드러낼 계책으로 삼는 것, 이는 그 뜻이 간절하고 지극하고 지업(志業)이 엉성하지 않다고 말할 수 있으니, 남들보다 뛰어남이 매우 원대할 수 있습니다.

저 같이 거칠어 버려진 물건은 일찍이 과거 시험을 그만두었으니 이미 거자(擧子 과거의 응시자)에 끼지도 못하고, 만년에는 더욱 지기(志氣)가 쇠하고 행동을 함부로 하여 책 읽기를 완전히 그만두었으니 또 많이 읽고 널리 보아 문사(文詞)의 사이에 치달리기를 도모할 수 없었습니다. 지금에 이르러서는 나이가 노년에 접어들이 백발이 드문드문 몇 가닥 생겨나는 것을 보았으니, 옛날에 이른바 "벌레와 개미처럼 살다가 풀과 나무처럼 썩는다.〔蟲蟻活草

木腐〕"라고 한 것이 참으로 나 같은 사람을 말하는 것입니다. 좌하의 이런 지업(志業)에 대해서는 진실로 스스로 우러러도 미칠 수 없음이 척안(斥鷃 메추리)의 대붕(大鵬)에 대한 수준 차이[53]일 뿐만이 아닙니다. 또 어찌 감히 그 옳고 그름을 의논하여 망녕되고 경솔하다는 죄를 취할 수 있겠습니까. 다만 근년 이래로 비록 공부하는 바는 없으나 구구한 저의 견해가 천 번 생각한 끝에서 터득한 것은 실로 지난날과는 다릅니다.

자신이나 타인을 따질 것 없이 만약 병통이 있다면 비록 그 치료의 방법을 알지 못하더라도 증세를 논함에 이르러서는 넉넉함이 있습니다. 지금 청컨대 먼저 좌하의 병 증세를 논하고 다음으로 저 자신에게 미쳐 서로 당세의 명의에게 약을 묻기를 구해야 하니, 부디 바라건대 곡진히 채납하고 겸허히 받아들이십시오. 대개 좌하의 병은 다른 것이 아니라 다만 명리(名利) 두 글자가 그 주된 증상이 됨은 무슨 까닭이겠습니까. 과거 급제는 한때의 이로움이며 문장도 또한 죽은 뒤의 명성에 불과합니다. 이 두 가지의

53 미칠……차이 : 차이가 매우 큼을 비유한 말이다. 《장자》 〈소요유(逍遙遊)〉에 "그 이름이 붕새인데, 붕새는 등은 태산 같고, 날개는 하늘에 드리운 구름 같아서, 회오리바람을 타고 구만 리를 올라가 구름을 벗어나고 푸른 하늘을 등에 진 다음에야 남쪽을 도모하여 남쪽으로 간다. 그가 남쪽 바다로 갈 적에는 메추리가 그를 쳐다보고 웃으면서 말하기를 '저 새는 장차 어디를 가려는 것일까. 나는 뛰어올라 봤자 고작 두어 길도 못 오르고 도로 내려와 쑥대밭 사이에서 빙빙 돌 뿐이지만, 이런 정도도 최고의 비행인데, 저 새는 장차 어디를 가려는 것일까.'라고 한다.〔其名爲鵬, 背若泰山, 翼若垂天之雲, 搏扶搖羊角而上者九萬里, 絶雲氣, 負靑天, 然後圖南, 且適南冥也. 斥鴳笑之曰, 彼且奚適也? 我騰躍而上, 不過數仞而下, 翺翔蓬蒿之間, 此亦飛之至也, 而彼且奚適也.〕"라고 하였다.

경우, 내외(內外)와 경중(輕重)의 나누어짐을 헤아려 보면, 본래 힘을 다하여 종사해야 할 일이 아닌데, 과거 급제의 이로움에 의거하여 문장으로 명성에 도움 되기를 구하고자 하는 지경에 이르렀다면 그 견해가 또 크게 잘못된 것입니다. 예로부터 글 쓰는 이가 후세에 이름을 남긴 경우는 그 문장이 어떠한가를 살필 뿐이니, 어찌 과거 급제하기를 기다린 뒤에 드러나겠습니까. 오직 그 글 쓰는 능력이 이미 지극한 까닭으로 과거에 필요한 문장을 파적(破的)[54]하지 않음이 없으며, 위포(韋布)로 명성을 날린 사람도 또한 적지 않습니다.

만약 자신의 문장이 과연 문채가 나서 옛사람에게 부끄러움이 없다면, 비록 혹 녹봉이나 지위가 없는 것 때문에 당시에 경시되더라도 천 년 뒤에는 절로 마땅히 자신을 알아주는 자운(子雲)[55]이 있을 것이니, 귀하게 여겨지지 않음을 근심할 것이 없습니다. 만약 그렇지 않고 다만 녹봉이나 지위 때문에 당세에 중시되었더라도, 비유컨대 근원이 없는 물과 같아서 아침에는 가득 찼다가 저녁에 사라져 버리니 비록 썩지 않고자 하지만 가능하겠습니까. 어찌 여기에 의지할 것이 있겠습니까. 그러나 이는 좌하의 말에 나아가 그 명성이 전해지는지 전해지지 않는지를 논함에 한결같

54 파적(破的) : 과녁에 적중시키는 것으로, 말과 글이 이치에 꼭 들어맞는 것을 말한다. 《世說新語 品藻》

55 자운(子雲) : 양웅(揚雄)의 자이다. 한유(韓愈)의 〈여풍숙논문서(與馮宿論文書)〉에 따르면, 양웅은 자신이 저술한 《태현경(太玄經)》에 대해 사람들이 모두 비웃자, "세상에서 나를 알아주지 않음이 해로울 것이 없다. 후세에 다시 양자운이 있어서 반드시 좋아할 것이다.〔世不我知, 無害也. 後世復有揚子雲, 必好之.〕"라고 하였다.

이 그 실상을 따랐을 뿐입니다.

우매한 저의 견해 같은 경우, 비록 실제로 문장을 잘 지어 후세에 그 명성을 얻는다 하더라도 또한 진정으로 원할 만한 명성이 아니니, 명(名)이라는 글자는 본래 군자가 급급할 바가 아니라고 생각합니다. 이런 까닭으로 정자(程子)가 말하기를, "명예를 가까이함에 뜻이 있으면 큰 근본을 이미 잃었으니, 다시 무슨 일을 배우겠는가. 명예를 위함과 이익을 위함은 청탁(淸濁)이 비록 똑같지 않으나 그 이로움을 탐하는 마음은 똑같다."[56]라고 하였으니, 이는 학자가 명성을 위함을 경계한 것입니다. 그러나 무릇 명성을 좋아하는 사람은 그 심술(心術)을 궁구해 보면, 이익을 위함에 귀착되지 않은 적이 없습니다. 그러므로 그 유폐(流弊)가 다만 그 자신을 해치는 데 그칠 뿐 아니라, 또한 장차 이 세상 사람에게도 화를 끼칩니다.

지금 또 좌하가 일컫는 사마천(司馬遷)과 양웅(揚雄) 두 사람의 관점으로 보자면, 사마천은 문채(文彩)가 후대에 드러나지 않음을 비루하게 여겼고, 양웅은 문장으로 세상에 이름이 이루어지기를 구하고자 하였으니, 모두 일생의 정력을 다하였습니다. 그러나 사마천의 학문에 대해서는 선유들이 그 천루(淺陋)하고 소략

56 명예를……똑같다 : 《근사록(近思錄)》 권2 〈위학(爲學)〉에 "배우는 자들은 모름지기 실제(진실)를 힘쓸 것이요, 명예를 가까이하고자 하지 말아야 비로소 옳으니, 명예를 가까이함에 뜻이 있으면 이는 거짓이다. 큰 근본을 이미 잃었으니, 다시 무슨 일을 배우겠는가. 명예를 위함과 이익을 위함은 청탁이 비록 똑같지 않으나 그 이로움을 탐하는 마음은 똑같다.〔學者須是務實, 不要近名, 方是. 有意近名則是僞也, 大本已失, 更學何事? 爲名與爲利, 淸濁雖不同, 然其利心則一也.〕"라고 하였다.

함을 꾸짖었고, 양웅의 병패(病敗)는 더욱 많습니다. 대개 잘못을 지적하여 남김이 없이 다 드러낸다면, 구구하게 자신을 드러내는 문장이 다만 만세까지 하자를 드러내는 바가 됩니다. 그리고 두 사람은 당시에 행사(行事)에 드러난 것도 또한 저와 같으니, 비록 논의할 만한 차등은 있으나 모두 대도(大道)를 듣지 못하였습니다. 만약 후인들이 그 문장을 매우 좋아하여 그가 지은 바를 본받는다면, 이치에 어긋난 논의와 절도를 잃은 행실이 장차 어떤 지경인들 이르지 않겠습니까. 이는 명성을 좋아하는 폐단이 그렇게 된 것이지만 그 명성을 좋아하는 까닭 같은 경우는 또 다른 이유가 없습니다. 그가 옛 성인과 현인이 문장을 지어 후세에 남긴 것이 이와 같이 빼어나고 빛남이 있음을 보았기에 자신의 마음에 기쁘게 사모함이 있어 사군자(士君子)의 첫 번째 사업이 이보다 훌륭한 것이 없다고 생각한 것입니다. 그러나 성현들이 문장을 지어 후세에 남긴 것이 본래 근본이 있음을 알지 못하고, 다만 문사(文辭)의 말단에만 종사하여 이것으로 주장하여 스스로 할 수 있는 일은 다했다고 여긴다면, 어찌 그 학술이 자못 편벽되어 끝내 스스로를 그르치고 남을 그르치는 결과에 이르게 되는 것을 괴이하게 여기겠습니까.

지금 좌하의 재분(才分)과 공정(功程 공부의 과정)으로 그 문장 짓는 것에 진실로 능하지 못함을 근심할 것은 없습니다. 그러나 만약 우리 유가의 정대(正大)한 지업(志業)으로 규정해 보면, 이는 다만 여사(餘事)일 뿐이며 소기(小技)일 뿐입니다. 어찌하여 이것에 급급하여 그 명성이 반드시 드러날 것을 구함이 이와 같은지요. 군자의 도는 근본이 있고 말단이 있으니, 덕행(德行)은 근본이고 문예(文藝)는 말단입니다. 옛 성인과 현인이 문장을 지어 후세에 남긴 까닭에 대해 비록 감히 망녕되이 논의할 수는 없으나, 삼가 저의 좁은 견해로는 이것은 바로 박문약례(博文約禮)[57]의 지극함과 의정인숙(義精仁熟)[58]의 여유로움이 혹 탄식하여 시(詩)로 영탄(詠歎)함에 드러나거나, 혹 기뻐하여 손과 발이 덩실대는 것에 말미암기에 스스로 깨닫지 못하는 사이에 문자(文字)에 형상화되어 또한 성학(聖學)의 심오함을 열어 보여 주지 않을 수 없으며, 후인의 혼몽(昏蒙)함을 깨우쳐 주지 않을 수 없을 것입니다. 날로 생활하는 사물(事物)의 사이와 만남에 따라 응수하는 즈음에 이르러서도 모두 마지못해 그렇게 한 점이 있음을 볼 수 있습니다. 이런 까닭으로 문장을 지음에 그 말이 순수하여 한결같이 바름에서 나오니, 문장 짓기를 기다리지 않아도 지어지며, 후세에 남기기를 기약하지 않아도 남게 됩니다. 애초에 어찌 붓을 잡아 이와 같은 문장 짓기를 배워 남들에게 자랑하여 드러냄을 구한 적이 있겠습니까. 오직 그 도리가 마음속에 가득 쌓여 영화(英華)가 절로 밖으로 드러난 것이니, 근본인 덕행(德行)이 이미 이와 같이 빼어나고 빛나는 까닭으로 말단인 문예(文藝)도

57 박문약례(博文約禮) : 박문은 학문을 널리 하여 사물의 이치를 모두 알고자 하는 것으로 도문학(道問學)에 속하고, 약례는 예로써 자신을 단속하는 것으로 존덕성(尊德性)에 속한다. 《논어》 〈옹야(雍也)〉에 이르기를 "군자가 문에 대하여 널리 배우고 예로써 요약한다면 또한 도에 크게 어긋나지 않을 것이다.〔君子博學於文, 約之以禮, 亦可以弗畔矣夫.〕" 하였다.

58 의정인숙(義精仁熟) : 의정은 의리(義理)를 정밀하게 연구하는 것으로 지(知)에 속하고 인숙(仁熟)은 인을 익숙하게 행하는 것으로 행(行)에 속한다.

또한 이와 같습니다.

지금 그 도를 구하지 않고 다만 그 문장만 배우며, 마음에 자득함이 없고 다만 말에만 힘쓰니, 설사 문장이 매우 공교롭고 말이 매우 마땅하더라도 밖으로 드러나는 것을 꾸며 사람을 기쁘게 하는 습속과 이전과 다름없이 모방만 하는[59] 태도는 이미 그 싫어할 만함을 이길 수 없습니다. 게다가 이보다 수준이 더 낮아서 다만 이른바 '문장가(文章家)'만 구하여 배우는 사람은 그 도(道)와 어긋남이 더욱 멀어지고 마음을 해침이 더욱 크니, 근거할 말이 전혀 없고 이취(理趣)의 말이 전혀 없으니, 또 어찌 남들에게 취해질 수 있겠습니까.

공자(孔子)가 말하기를, "덕이 있는 사람은 반드시 훌륭한 말을 하거니와 말을 잘하는 사람은 반드시 덕이 있는 것은 아니다.〔有德者必有言, 有言者不必有德.〕"[60]라고 하였습니다. 대개 덕이 있는 사람의 말은 참으로 알고 실지로 터득한 뒤에 드러내는 까닭으로 비록 볼만한 문채(文彩)는 없으나 절로 그 가운데 다함이 없는

59 모방만 하는 : 원문은 '화호(畫葫)'로, 옛사람이 그린 양식(樣式)에 따라서 호리병을 그리듯이, 옛사람의 것을 본뜨기만 하고 스스로 새로운 생각을 창안해 내지 못함을 이르는 말이다. 송(宋)나라 때 한림학사 도곡(陶穀)은 문한(文翰)이 당시의 으뜸이었는데, 종종 자기보다 못한 자들이 재상이 되므로 다른 사람을 시켜 황제에게 자신이 오래도록 한림원에서 국가의 문장을 담당하면서 애를 쓴 것이 많다는 것을 아뢰게 하였다. 그 말을 들은 태조가 코웃음을 치면서, "그가 지은 제문(制文)을 보면 모두 이전 사람들 것을 말만 바꾼 것에 불과하니, 이는 속담에 '다른 사람이 그려 놓은 조롱박을 본떠서 그린다.〔依樣畫葫蘆〕'라는 것인데, 뭔 수고를 했다는 것이냐." 라고 하였던 고사가 있다.《東軒筆錄 卷1》

60 덕이……아니다 :《논어》〈헌문(憲問)〉에 나오는 말이다.

맛이 있어 사람으로 하여금 씹어 먹음에 싫어함이 없게 합니다. 그러나 덕이 없는 사람의 말은 많이 아는 것을 자랑하고 화미(華美)함을 다툰 결과물에 지나지 않기 때문에 비록 아름답게 꾸며서 사람의 눈길을 빼앗더라도 실로 맛이 없음이 가장 심하니, 세상 사람들은 취하더라도 군자는 취하지 않습니다. 저는 유속(流俗)이 취하면 전할 수 있고, 군자가 취하면 전할 수 없는 것인지, 또 유속이 취하여 전하면 영화롭게 되고, 군자가 취하여 전하면 영화롭지 못한 것인지 알지 못하겠습니다. 두 가지 사이에 득실(得失)의 결과는 바로 그대가 마땅히 살피고 선택하여 취사(取舍)를 결정하는 것입니다.

과거(科擧) 문장에 대해서는 진실로 이와 다르니, 한결같이 주사(主司 과거 시험을 주관하는 시관(試官))에게 취해지는 것으로 주장을 삼으면, 과거에 응시하는 도에 있어서 때에 따라 남을 흉내 내지 않을 수 없습니다. 그러나 이 또한 천명에 달린 것입니다. 다만 마땅히 나의 재주를 다하여 하늘의 명을 들어야지 결코 자신의 지조를 바꾸어 반드시 얻고자 함을 구해서는 안 됩니다. 좌하께서 지난번에 유학한 것은 소리(素履)[61]를 바꾼 점이 없지 않은 듯합니다. 저의 생각으로 헤아려 보자면 좌하의 마음은 다만 문장을 드러내려는 계책을 하는 것일 뿐만 아니라 반드시 집안은 가난하고 어버이는 늙었으며 문호도 또한 쇠미한데도 과거에 급제하지 못함이 이와 같으니, 실로 일모도원(日暮途遠)의 근심이 있

61 소리(素履) : 본분대로 행함을 말한다. 《주역》 〈이괘(履卦) 초구(初九)〉에 "본분대로 해 나가면 허물이 없다.〔素履往, 無咎.〕"라고 하였다.

는 까닭으로 왕척직심(枉尺直尋)[62]의 계책을 내어 만에 하나라도 요행을 바라서 이 부득이한 유학을 한 것입니다.

그러나 사군자(士君子)의 출처(出處)에 대한 대절(大節)은 과거 급제가 첫 번째이며, 벼슬살이는 그 다음입니다. 구차하게 과거 급제에 대해 얻으려고 안달하는 마음이 싹터 오직 급제하기만을 도모하여 그 도를 말미암지 않는다면 훗날 벼슬살이도 또한 이와 같을 뿐입니다. 설령 경세제민(經世濟民)의 재주가 있고 포부가 매우 크더라도 입신출세(立身出世)가 한 번 어긋나면 만사가 이에 따라 어긋날 것이니, 다만 자신을 굽힐 뿐만 아니라 남도 바르게 할 수 없어서 장차 남에 의해 바르게 되기에도 겨를이 없을 것입니다. 그렇게 되면 당시에도 반드시 뭇사람들이 비판하고 대중들이 비방함을 면치 못할 것이며, 후대에 이르러서도 또한 장차 군자들의 비판에 용납되지 못할 것입니다. 그 사람이 이미 이와 같다면, 그 문장이 비록 한퇴지(韓退之 한유(韓愈))나 유종원(柳宗元)과 같더라도 세상 사람들은 이미 시험했으나 효험을 얻지 못한 것이라 여겨 읽지 않을 것입니다. 하물며 반드시 시험할 만한 것이 있지 않은 글이야 말할 것이 있겠습니까. 이는 오직 군자에게 취해지지 않을 뿐만 아니라 또한 세속의 사람에게도 취해질 수 없습니다.

좌하는 이에 문장이 드러나는 것은 과거 급제로 말미암아 벼슬을 취하는 데 달렸다고 생각하여 곧장 도를 굽혀 구하고자 합니다. 다

62 왕척직심(枉尺直尋) : 한 자〔尺〕를 굽혀서 여덟 자〔尋〕를 편다는 뜻으로, 이익을 위해서는 의리나 지조를 버린다는 뜻이다. 《孟子 滕文公下》

만 여덟 자[尋]를 굽힐 뿐만 아니라 한 자[尺]를 펴지도 못하니, 이는 제가 이른바 '그 견해가 크게 잘못됨[其見之大謬]'이라는 것이 이에 이르러 더욱 분명한 것입니다. 설령 그 뜻이 눈앞에 닥친 계책에서 나왔으나, 어버이를 영화롭게 하고 문호를 유지하는 도는 또한 여기에 달려 있지 않습니다. "나는 네가 나를 선으로 봉양할 것만 알 뿐이지, 네가 나를 녹봉으로 봉양할 것은 모른다."라는 말이 또 어찌 다만 윤화정(尹和靖)의 어머니만 그렇겠습니까.[63]

지금 다행스럽게도 좌하는 유학(遊學)을 권태롭게 여긴 나머지 크게 곤궁하여 돌아왔으니, 예전에 맹렬하게 영리를 좇던 일을 후회하고, 자취를 거두어 새로 나약한 경지로 나아가는[64] 일에 대해

63 나는……그렇겠습니까 : 윤화정(尹和靖)은 송 흠종(宋欽宗)으로부터 화정처사(和靖處士)로 사호(賜號)를 받은 유학자 윤돈(尹焞, 1071~1142)을 가리킨다. 윤돈이 젊었을 적에 진사시에 응시하였는데 시제(詩題)로 왕안석(王安石)의 신법(新法)에 반대하였던 사마광(司馬光)·소식(蘇軾)·정이·황정견(黃庭堅) 등의 선류(善類)를 주벌함을 논할 것이 출제되자, "이런 조정에서 어찌 녹을 구할 수 있으랴."라 하고 바로 나와 버렸다. 그리고 스승 정이에게 다시는 진사시에 응하지 않겠다고 말하자, 정이는 "그대는 어머니가 계시다."라고 답하였다. 윤돈이 집에 돌아가 어머니 진씨(陳氏)에게 자신의 뜻을 고하자, 어머니가 말하길, "나는 네가 선(善)으로 봉양하는 것은 알고 네가 녹으로 봉양하는 것은 모른다.[吾知汝以善養, 不知汝以祿養.]"라고 하였는데, 정이가 그 말을 듣고 이르기를 "훌륭하도다, 모친이여."라고 하였다. 윤돈은 끝내 종신토록 과거를 보지 않고 학문에만 전념하였다. 《宋史 尹焞列傳》

64 예전에……나아가는 : 저본에는 '희신나(喜新懦)'로 되어 있으나, 이 말은 당(唐)나라 한유(韓愈, 768~824)의 〈추회십일수(秋懷十一首)〉 제5수에 "자취를 거두고 나약한 경지로 나아가니, 예전에 맹렬하게 영예와 이익을 좇던 일을 후회한다.[斂退就新懦, 趨營悼前猛.]"라고 한 데서 원용한 것이기에, 원본에 의거하여 번역하였다. 이 시는 벼슬을 얻기 위하여 고위직에 있는 사람에게 아부했던 젊은 시절을 반성한 내용이다.

반드시 크게 감발(感發)하는 바가 있을 것입니다. 이는 바로 하늘이 우리 그대를 도와서 장래에 옥성(玉成)[65]해 주려는 것입니다. 정히 마땅히 이 기관(機關 인의예지의 공부)으로 인하여 자신을 깨우쳐 크게 마음을 돌려 종전의 많은 생각을 떨쳐 버리고, 몸과 정신을 되돌려 자신의 본분에서 공부하기에 급급하고 분수에 따라 본지풍광(本地風光)을 차지한다면, 이것이 바로 천하의 크게 기쁜 일입니다. 무슨 까닭으로 여전히 명리(名利)에 대한 한 가지 생각에 얽매여서 더욱 만년의 아까운 시간을 완전히 문장을 짓고 꾸미는 일로 세월을 보내 죽는 날이 되도록 산뜻하고 쾌활한 경계를 볼 수 없게 하는지 모르겠습니다.

진실로 본래 뜻을 세운 것이 이미 이에 있지 않은데, 곧바로 이 두 가지를 가지고 일대사업(一大事業)이라고 여겨 몸을 편안히 하고 명(命)을 세우는 바로 여기기 때문에 종래에 눈으로 보는 바와 의장(意匠)[66]을 고심하는 바와 필설(筆舌)로 모방하는 바가 끝내 이에서 벗어나지 못합니다. 고문(古文)을 버리면 시문(時文 과거 문장)을 짓고 시문을 버리면 고문을 지어 명예를 위하는

65 옥성(玉成) : 인격이 바람직하게 성취되는 것을 말한다. 송(宋)나라 장재(張載)의 〈서명(西銘)〉에 "그대를 빈궁하게 하고 시름에 잠기게 하는 것은, 장차 그대를 옥으로 만들어 주려 함이다.〔貧賤憂戚, 庸玉汝於成也.〕"라는 말이 나온다.

66 의장(意匠) : 원래는 화가가 그림 그리는 것을 장인(匠人)이 마음을 쓰며 구상하는 것에 비유한 것이다. 작문(作文)할 때의 창조력과 관련하여 '정교한 구상' 정도의 뜻으로 쓰이며 장심(匠心)과 같은 말이다. 두보(杜甫)의 〈단청인 조패 장군에게 주다〔丹靑引贈曹將軍霸〕〉에 "장군에게 명을 내려 흰 비단 펼치라 하자, 어떻게 그릴까 고심하며 구상하였다.〔詔謂將軍拂絹素, 意匠慘淡經營中.〕"라고 한 데서 유래하였다.

마음과 이익을 위하는 마음이 반복하여 서로 이어집니다. 그래서 독실히 좋아함과 깊이 깨우침이 드디어 자신도 모르게 일생의 고질병이 되니, 이에 좌하의 일신(一身)이 겉에서부터 속까지 병에 걸리지 않은 곳이 하나도 없음을 알겠습니다. 대개 병이 이미 고황(膏肓)에 들어가고 골수(骨髓)에 젖어 들었으니, 만약 유편(兪扁)[67]이나 화타(華佗)[68] 같은 의원이 있어 신단(神丹)과 묘제(妙劑)로 시험하여 장(腸)과 위(胃)를 씻어 수자(竪子 병마(病魔)) 둘의 소굴을 발본색원하여 더 이상 남은 빌미가 없게 하지 않는다면, 진실로 기사회생하여 그 진원(眞元 원기(元氣))을 회복하기를 바라기 어려울 것입니다. 그러나 그 몸을 사랑하지 않는 사람은 있지 않으니, 만약 그 병이 이와 같다는 것을 안다면 또한 어찌 위험을 편안히 여기고 재앙을 이롭게 여겨 가던 길을 고쳐 수레를 돌릴 바를 생각하지 않고 자신의 생명을 스스로 멸망케 할 자가 있겠습니까.

지금 고문과 시문을 짓는 해로움으로 사람을 죽이는 병에 비유한 것은 진실로 심하게 말한 듯합니다. 그러나 요컨대 두 가지 모두 그대의 분수에 털끝만큼의 이익도 없고 언덕이나 산 같은 손해가 있으니, 만약 먼저 본령(本領)을 세워 우뚝이 명리에 마음이 흔들리거나 빼앗기는 바가 되지 않아야 하는데 한결같이 이에 뜻이 빠진다면, 어버이를 욕되게 하고 자신에게 재앙이 되는 지경에

67 유편(兪扁) : 황제(黃帝) 때의 명의(名醫)인 유부(兪跗)와 주(周)나라 때의 명의인 편작(扁鵲)을 병칭한 것이다.

68 화타(華佗) : 후한(後漢)의 명의(名醫)이다.

이르지 않는 자는 대개 절대 없고 어쩌다 있을 뿐입니다. 이것으로 말해 보면, 비록 '사람을 죽이는 병'이라 말하더라도 또한 심한 말이 아닙니다.

지금 좌하가 시문에 대해서는 이미 반드시 얻지는 못할 것임을 알아 그만두려는 뜻이 있으니, 이 한 가지 병은 조금 사그라진 듯합니다. 다만 고문에 대한 병은 시간이 지날수록 더욱 심해져 거의 장차 자신의 몸과 함께 시종 한 덩어리가 될 것이니, 이 점이 제가 반복하여 말하여 아직 치료할 수 있을 때에 약을 복용하기를 바라는 까닭입니다. 또한 좌하의 재분(才分 재주와 분수)이 진실로 높고, 공정(工程 공부의 과정)이 진실로 깊으니, 그 문장에 대해서도 진실로 넉넉히 지을 수 있을 듯합니다. 그러나 제가 사사로이 근심하고 지나치게 따지고 염려하는 것은 문장 잘 짓는 것도 매우 어려운 점이 존재함을 절실하게 생각해서입니다.

지금 과거(科擧) 문장은 그 정식(程式 격식)과 혜경(蹊徑 지름길)이 본래 일정하여 근거할 만한 것이 있으니, 순월(旬月)의 공부를 조금만 더하면 그 오묘한 이치를 꿰뚫지 못함이 없어서 장옥(場屋)을 울리고 연계(蓮桂)를 취하는[69] 사람이 서로 이을 것입니다. 지금 좌하는 이 과거 문장에 종사한 것이 몇 년이 되었는데도 매번 합격하지 못하고 물러나 지금까지 한 번도 합격한 적이 없습니다. 이는 비록 시명(時命)이 그렇게 한 것이지만, 또한 반드시 끝내 뜻을 펼 날이 있을 것입니다. 그러나 일단 저의 소견으로 논

69 연계(蓮桂)를 취하는 : 과거 시험에 합격하는 것을 말한다. 생원과 진사의 소과에 급제한 것을 연방(蓮榜)이라 하고 대과에 급제한 것을 계방(桂榜)이라고 한다.

하자면 반드시 그 오묘한 이치를 얻지 못한 결과입니다.

무릇 과거 문장을 쉽게 짓는 것이 오히려 이와 같다고 여긴다면, 좌하의 재분(才分)이 감히 그렇게 과연 높다고 보장할 수 없습니다. 더구나 문장가의 기축(機軸)[70]과 궤범(軌範)이 신출귀몰하여 바라보면 앞에 있다가 갑자기 뒤에 있어[71] 다만 뜻으로 이해할 수만 있고 말로 전할 수 없는 것은 말할 것이 있겠습니까. 하늘이 그 강자(腔子)[72]를 생성해 준 것이 아닌데도, 허술한 필력으로 평범한 견해를 펴서 문장가의 수준에서 거닐기를 구하고자 한다면, 이것은 한단(邯鄲)에서 걸음걸이를 배우는 것[73]과 또 어떻

70 기축(機軸) : 쇠뇌의 방아쇠와 수레의 굴대라는 뜻으로 사물의 요긴하고 핵심적인 부분을 말한다.

71 바라보면……있어 : 문장이 말로 표현할 수 없을 만큼 너무도 아름답다는 말이다. 《논어》 〈자한(子罕)〉에, 안연(顏淵)이 스승인 공자의 덕에 대해서 "우러러볼수록 더욱 높고 뚫을수록 더욱 견고하며, 바라보면 눈앞에 있다가 홀연히 등 뒤에 있기도 하다.〔仰之彌高, 鑽之彌堅, 瞻之在前, 忽焉在後.〕"라고 칭송하였는데, 이에 대해서 주희가 "앞에 있다가 홀연히 뒤에 있다는 것은 황홀해서 어떻게 형용할 수가 없다는 말이다.〔在前在後, 恍惚不可爲象.〕"라고 해설하였다.

72 강자(腔子) : 가슴과 배 사이에 있는 빈 곳으로, 옛사람들이 심장(心臟) 부근을 지칭하던 말인데, 우리 몸의 내면을 뜻하는 말로 쓰인다. 여기서는 하늘로부터 부여받은 글 짓는 재주를 말한다.

73 한단(邯鄲)에서……것 : 한단(邯鄲)은 전국 시대 조(趙)나라의 도성이었는데, 이곳 사람들의 걸음걸이가 맵시 있었다고 한다. 《장자》 〈추수(秋水)〉에 "초(楚)나라의 수릉(壽陵)에 사는 한 젊은이가 한단에 가서 맵시 있는 걸음걸이를 3년 동안 배웠으나 제대로 배우지도 못하고 본래의 걸음걸이마저 잃어버린 채 최후에는 엉금엉금 기어서 돌아왔다." 하였다. 이 말은 남의 것을 배우다가 이도 저도 제대로 하지 못하는 상태가 되는 것을 빗대어 말할 때 사용된다.

게 다르겠습니까. 지금 좌하가 성취한 바는 진실로 견해가 얕은 제가 엿보고 헤아릴 수 있는 바가 아닙니다. 그러나 "소호와 어울리고 금석을 꺾으며, 풍성하되 한 마디도 남지 않고, 간략하되 한 마디도 잃지 않는다."[74]라는 경지의 경우는 아마 서로의 수준 차가 매우 클 것이니, 다만 문장의 화려(華麗)하고 부섬(富贍)함만으로는 미치지 못하는 것입니다.

무릇 이른바 문장이란 것이 과연 이와 같이 하여 잘 지을 수 있다면, 예로부터 총명하고 해박한 선비들이 문장 짓는 것에 모두 여유롭게 넉넉함이 있었을 것입니다. 그러나 그 모든 선비가 문장가를 손꼽는 데 들었다고 듣지 못한 것은 무엇 때문이겠습니까. 이 때문에 화려하고 부섬함은 옛 사실을 섭렵하여 문장을 꾸미는 사람이 능한 바에 불과한 것임을 알겠습니다. 이는 진실로 문장가가 그만둘 수 없는 것입니다. 그러나 초연(超然)히 홀로 마음에 터득하여 지향하는 바를 글로 쓰기만 하면 뜻처럼 되지 않음이 없는 데 이르러서는, 대개 이른바 '신이 돕고 하늘이 부여한다.'라는 것이 그 사이에 존재하기 때문이니, 진실로 쉽게 배울 수 없습니다.

또 저는 들으니, "사람이 어떤 일에 대해 반드시 전일하고 오래하는 사람은 성취하고 두세 번 중간에 그만두는 사람은 실패한다."라고 하였습니다. 그러므로 말하기를, "마음 씀이 분산되지 않

74 소호와……않는다 : 소(韶)는 순(舜)임금의 음악이고, 호(濩)는 탕(湯)임금의 음악이다. 한유(韓愈)의 〈지등주북기산양양우상공서(至鄧州北寄山襄陽于相公書)〉에 "정성은 소호와 어울리고 굳센 기운은 금석을 꺾누나. 풍성하되 한 마디도 남지 않고, 간략하되 한 마디도 잃지 않는다.〔正聲諧韶濩, 勁氣沮金石. 豐而不餘一言, 約而不失一辭.〕"라고 하였다.

아야 이에 정신에 응집된다.〔用志不分, 乃凝於神.〕"[75]라고 하였고, 또 "사람이 항심이 없으면 무당이나 의원도 될 수 없다."[76]라고 하였습니다. 옛사람 가운데 문장을 잘 짓는 사람을 두루 관찰하니, 오직 그 타고난 재주가 남들보다 뛰어날 뿐만 아니라 각고의 노력을 하는 것이 보통 사람의 만 배나 되었습니다. 다만 이태백(李太白)이 광산(匡山)에서 10년 동안 공부한 것[77]과 노소(老蘇)가 7, 8년 동안 꼿꼿이 단정히 앉아 독서한 것[78] 같은 경우도 어떤 훌륭한 근골(筋骨)을 타고났으며 어떤 훌륭한 노력을 한 결과이겠습니까.

75 마음……응집된다 : 《장자》 〈달생(達生)〉에 보인다.

76 사람이……없다 : 《논어》 〈자로(子路)〉에 "남쪽 사람이 하는 말에 '사람이 항심이 없으면 무당이나 의원도 될 수 없다.' 하였다.〔南人有言曰, 人而無恒, 不可以作巫醫.〕"라고 하였다.

77 이태백(李太白)이……것 : 이태백은 당나라 때 시인 이백(李白)을 가리킨다. 광산은 중국 사천(四川) 강유현(江油縣) 서쪽에 있는 산 이름으로 대광산(大匡山) 또는 대강산(大康山)이라 부르기도 하는데, 이백이 그곳에서 글을 읽었다 한다. 이백(李白)이 젊었을 적에 광산(匡山)에서 글을 읽다가 성업(成業)을 하지 못하고 돌아가는데, 길에서 어떤 노파가 쇠방망이를 가는 것을 보았다. 이백이 노파에게 그 까닭을 묻자 노파는 대답하기를 "바늘을 만들려고 한다." 하였다. 이백은 그 말에 감동되어 오던 길을 되돌아가서 학업을 마쳤다는 마부작침(磨斧作針)의 고사가 있다. 《李太白集注 卷36》

78 노소(老蘇)가……것 : 노소는 당송 팔대가(唐宋八大家)의 한 사람인 소순(蘇洵)을 말한다. 그가 〈구양 내한에게 올린 편지〔上歐陽內翰書〕〉에서 "지난날 지었던 글 수백 편을 모조리 불사르고, 《논어》와 《맹자》, 한유(韓愈) 및 기타 성인과 현인의 글을 취한 뒤에, 꼿꼿하게 단정한 자세로 앉아서 종일토록 독서한 것이 7, 8년이나 되었다.〔盡燒其囊時所爲文數百篇, 取論語孟子韓子及其他聖人賢人之文, 而兀然端坐, 終日以讀之者, 七八年矣.〕"라고 한 것을 말한다.

가만히 좌하가 공부한 것을 관찰하니 이와 달랐습니다. 무릇 독서한 바는 모두 여유롭고 소략하게 지나가 버리고 한 가지 책에 독실하고 전일하게 한 적이 없습니다. 그러므로 경사(經史) 백가(百家)를 따질 것 없이 비록 책을 열람하고 펼쳐 보았다 하더라도 대부분 바쁘고 급한 가운데서 엉성하게 이해하였습니다. 이미 연구하여 익숙한 문자로 근본 터전을 삼은 것이 없고, 또 신기하고 오묘한 활법(活法)으로 주장하여 운용함이 없으면서 다만 잡다한 지식만 믿고 뜻에 따라 문자를 엮어 다행히 이것으로 문장을 이루었습니다. 이는 좌하의 공정(工程)이 또한 과연 깊은지 알지 못하겠습니다.

무릇 이와 같은 재분(才分)과 이와 같은 공정(工程)을 가지고 또 쇠퇴한 노경에 총명함은 점점 쇠퇴하고 정력은 점점 피곤한데도 오히려 문장을 성취할 수 있다고 생각하니, 이는 제가 매우 어렵다는 것을 확실히 아는 바이고 삼가 좌하의 마음에도 또한 반드시 이 점에 즐거워할 수 없는 것이 있다고 생각되니, 무슨 까닭입니까.

눈으로 본 것으로 말해 보면, 저 기이하고 화려한 문장은 음란한 소리나 아름다운 여색과 같으니, 탐닉하여 완미하는 즈음에 뛸 듯이 고무되지 않음이 없어 안으로 내 마음을 감발할 수 있는 것이 없고, 밖으로 내 몸을 단속할 수 있는 것이 없습니다. 그렇다면 이는 터득한 맛이 이미 그에 근거하여 존양(存養), 성찰(省察), 정심(正心), 수신(修身)의 바탕으로 삼을 수 없습니다. 비록 감발하여 자신을 단속할 만한 것이 있더라도 나의 주된 마음이 오로지 그 문사(文詞)를 취하는 데 있어 처음부터 마음을 비우고 완미하고 연역하여 그 지극한 맛을 깊이 터득할 수 없습니다. 그러므로 외우고 말하는 것이 비록 많고, 보고 들은 것이 비록 넓더라도 다만 몸과 마음에 무익할 뿐만이 아니니, 그것이 해가 되는 바는 다 말할 수 없습니다. 좌하께서는 시험 삼아 스스로 살펴보십시오. 자신의 마음이 이 때문에 바르게 된 것이 얼마이며, 바르지 않게 된 것이 얼마입니까. 자신의 몸이 이 때문에 수양된 것이 얼마이며, 수양되지 않은 것이 얼마입니까. 이는 좌하가 홀로 아는 바여서 다른 사람이 관여할 수 있는 바가 아닙니다.

그러나 만약 주자(朱子)가 이른바 "지식이 많아질수록 마음은 더욱 막힌다."[79]라는 것으로 유추해 보면, 구구한 제가 해가 된다고 염려하는 것이 아마 너무 지나친 것은 아닐 것입니다. 본령을 이미 잃어버리고 물욕(物慾)에 의한 문제점이 날로 심해짐에 이르러서는 슬퍼하는 생각이 오히려 가슴속에 남아 있으나, 글 짓기에 급급한 사사로움은 마음에서 없어지지 않습니다. 하늘로부터 타고나지 못한 것을 원망하지 않는다면, 반드시 남들에게 부합하지 못하는 것으로 근심을 삼아 날마다 생활하는 가운데 무릇 근심한 때가 많으니, 그 유쾌하지 못함이 이보다 지나침이 없습니다. 앞서 말한 뛸 듯이 고무한다는 것은 비록 그 힘에 조금 의지

79 지식이……막힌다 : 《대학장구》 전5장에 대한 《대학혹문》에 나온다. 혹자가 격물(格物) 치지(致知)의 학문과 박학(博學) 다문(多聞)의 차이에 대해 묻자, "……반드시 그 지극한 곳을 궁구하면 지식이 넓어질수록 마음이 더욱 밝아지지만, 그 실상을 살피지 못하면 지식이 많아질수록 마음은 더욱 막힌다. 이 점이 바로 위기와 위인이 나뉘는 까닭이 되니, 살피지 않을 수 없다.〔……必究其極, 是以知愈博而心愈明; 不覈其實, 是以識愈多而心愈窒. 此正爲己爲人之所以分, 不可不察也.〕"라고 답하였다.

하여 밀어내고자 하더라도 아마 물 한 잔으로 한 수레의 땔나무에 붙은 불을 끄는 격이니, 불을 끄지 못할 뿐만이 아닙니다. 그 근본을 궁구해 보면 실로 이 '떨 듯이 고무한다.'라는 것이 이 같은 지경에 이르게 한 것입니다. 창려(昌黎 한유(韓愈))가 이른바 "가볍게 보고 문사로써 잊어버리는 것은 마치 종과 편경을 연주하여 귀뚜라미의 울음과 벌레 나는 소리를 깨뜨려 버리는 것과 같이 한다."[80]라는 것이 바로 군자가 그 스스로 취한 것이 아닌 것에 대한 환란거리가 그러함을 말하는 것입니다. 어찌 문사(文辭)를 완미하는 것으로 스스로 이르게 한 근심이 도리어 문사를 완미하여 잊어버리게 됨을 말하는 것이겠습니까. 또 이른바 '문사'라는 것은 진실로 마땅히 완미해야 할 문사이니, 완미하는 바가 진실로 그 도를 얻으면 외물에 의한 문제점〔外累〕에 대해 어찌 문사를 기다려서 잊겠습니까. 지금 잊어버리는 것은 말할 것도 없고 다만 더하고 있습니다.

손으로 짓는 것으로 말해 보면, 저 기이하고 화려한 문장은 비록 이치에는 부족함이 있으나 말을 함에 마음을 쓰기 때문에 절로 일반적인 정과는 크게 달라 경솔하게 배우지 못할 점이 있습

80 가볍게……한다 : 한유(韓愈)의 〈위시강성산십이시서(韋侍講盛山十二詩序)〉에 "유자가 환난에 대해 만일 스스로 취한 것이 아니라면,……포용하여 없애 버리는 것은 마치 물이 바다에 흘러들듯 얼음이 여름에 녹듯이 하며, 가볍게 보고 문사로써 잊어버리는 것은 마치 종과 편경을 연주하여 귀뚜라미의 울음과 벌레의 나는 소리를 깨뜨려 버리는 것과 같이 한다.〔夫儒者之於患難, 苟非其自取之,……其容而消之也, 若水之於海, 冰之於夏日, 其玩而忘之以文辭也, 若奏金石以破蟋蟀之鳴蟲飛之聲.〕"라고 하였다.

니다. 지금 좌하는 다만 그 껍데기만 얻고 그 골수는 얻지 못하였는데, 이에 축적된 풍부함으로 바야흐로 말에 멍에를 씌워 나란히 달려가고자 하니, 참으로 이른바 "찡그리는 것의 아름다움만 알고 찡그리는 것이 아름다운 까닭을 알지 못한다."[81]라는 것입니다. 이런 까닭으로 모든 저작한 바는 비록 지극히 화려하더라도 천천히 그 생각과 취지를 살펴보면, 대부분 사리에 어두워 절실하지 않으며, 산만하고 느슨하여 긴밀하지 않으니 다만 보는 사람만 그렇게 생각할 뿐만이 아닙니다.

가만히 생각건대 좌하의 마음도 또한 이 점에 시원하게 이해하지 못한 듯합니다. 바야흐로 붓을 잡아 종이에 글을 쓸 때 논의를 세운 것이 정당하지 않을까 두려워하는 것이 하나의 우환이며, 문구를 배치함이 정치하지 않을까 두려워하는 것이 하나의 우환이며, 옛 문장가의 규범에 부합하지 않을까 두려워하는 것이 하나의 우환이며, 당시 사람들의 눈에 들지 못할까 두려워하는 것이 하나의 우환입니다. 이미 글쓰기가 끝난 뒤에는 처음부터 끝까지 우환으로 여기는 것이 절로 존재하여 기리는 사람은 적고 헐뜯는 사람은 많으니, 어떻게 하면 모든 사람이 기리고 헐뜯는 사람은 없게 할 수 있겠습니까. 지금도 울리기 어렵고 뒤에도 전하기 어려우니, 어떻게 하면 지금에 울리고 뒷날까지 빛나게 할 수 있겠습니다.

81 찡그리는……못한다 : 《장자》 〈천운(天運)〉에 "월(越)나라의 미인 서시(西施)가 가슴이 아파서 얼굴을 찡그리자 그 마을의 추녀(醜女)가 이를 보고 아름답게 여겨 자기도 가슴을 쓰다듬으면서 얼굴을 찡그렸다. 그러자 이를 본 마을 사람들이 문을 닫고 나오지 않는가 하면 처자를 데리고 떠났다."라는 예화를 제시하고 평가한 말이다. 자기의 재주는 헤아리지 않고 억지로 남을 흉내 내려고 하는 것을 비유한다.

이와 같이 생각하고 이와 같이 따져도 우환이 그칠 때가 없는데 이것을 우환이라고 여길 줄 모르는 것이 바로 큰 우환입니다.

만약 좌하의 마음에 유쾌하게 여기는 바가 없음이 이와 같다면 어찌 생각을 바꾸어 내던져 버리고 저 유쾌함을 얻는 방도를 생각하지 않으시는지요. 아, 사람이 태어남에 본디 지극한 즐거움이 있으나 스스로 알지 못하고 항상 외물(外物)을 즐거움으로 여깁니다. 그러므로 즐거움이 참되지 않고 근심이 사라지지 않습니다. 대개 과거 급제와 문장은 모두 외물이니 귀하게 여길 것이 못됩니다. 그렇다면 어느 것이 안〔內〕이 되어 귀하게 여길 만하겠습니까. 아마 이른바 자신의 성분(性分 인의예지(仁義禮智))이 아니겠습니까. 어느 것이 참〔眞〕이 되어 즐길 만하겠습니까. 아마 이른바 본지(本地)의 풍광(風光)[82]이 아니겠습니까. 성현이 성현이 되는 까닭은 다른 것이 아니라 이것을 얻기 때문일 뿐이며, 중인(衆人)이 중인이 되는 까닭은 다른 것이 아니라 이것을 잃기 때문일 뿐입니다. 이는 그 설이 모두 서적에 실려 있으니, 좌하는 이미 스스로 물리도록 보고 들었을 것입니다. 다만 명예와 이익에 대한 생각이 마음속에 제멋대로 존재하여 견고하게 주재자가 되어 딱딱하게 굳어져 변할 수 없습니다. 그러므로 비록 귀하게 여길 만하고 즐길 만한 것이 이보다 좋은 것이 없음을 알고 있지만 끝내 옛 잘못을 버리고 새것을 따르며 자신의 사욕을 버리고 예(禮)로 돌아가 반드시 얻어야 하는 계책으로 삼지 못하고 있습니다. 그러

82 본지(本地)의 풍광(風光) : 선가(禪家)에서 사용하는 말로 자기 심성의 본래 모습을 가리킨다.

나 이런 점은 또 다만 좌하의 잘못만이 아니니, 실로 또한 습속(習俗)이 점점 물들어서 그렇게 만든 점이 있습니다. 대개 우리 동방에서 오늘날 숭상하는 바는 10의 8, 9가 과거 급제와 문장이니, 온 세상이 휩쓸려 가는 것이 마치 물이 더욱 아래로 흘러가는 것과 같기 때문입니다.

저의 경우 보잘것없음은 더욱 짝할 데 없으나, 청컨대 상세히 말씀드릴 수 있게 해 주신다면, 그 누적된 고질병의 증세를 낱낱이 지적하여 숨김이 없게 하자 하는데, 괜찮겠습니까. 저는 어렸을 때, 중부(仲父) 창주(滄洲 정의모(鄭義模)) 선생에게 배웠는데, 선생은 사람을 가르침에 오로지 과목(科目 과거의 시험 종목)으로만 가르치지 않았습니다. 평소 귀를 당기고 얼굴을 마주하여 말씀하신 것은 어리석음을 경계하고 깨우치는 의로운 방법이 아님이 없었으며, 불초를 사랑하심이 다른 자질(子姪)들보다 몇 곱절일 뿐만이 아니었습니다. 일에 따라 가르치고 깨우쳐 주며 곳에 따라 가리켜 이끌어 주었습니다. 훗날 저에 대해 기대한 바의 경우는 또 가학(家學)의 실마리를 간절하게 부탁하는 듯하였습니다. 이는 도에 맞고 재주 있는 중부가 도에 맞지 않고 재주도 없는 나를 재주로 기른 것[83]이니, 매우 간절하여 유감이 없는 데 이르렀다고 말할 수 있습니다.

83 도에……것 : 《맹자》 〈이루 하(離婁下)〉의 "도에 맞는 자가 맞지 않는 자를 길러 주고 재주 있는 자가 재주 없는 자를 길러 준다. 그러므로 사람은 어진 부형을 둔 것을 즐거워한다.〔中也養不中, 才也養不才, 故人樂有賢父兄也.〕"라는 구절을 원용하여 훌륭한 중부가 있었음을 말한 것이다.

돌아보건대, 이 지극히 어리석은 저는 그 당시에는 더욱 지각(知覺)이 없었기에 가르침이 매우 정성스러웠으나 듣는 것은 아득하여 알아듣지 못하였는데, 거의 성동(成童 15세)이 되어서도 여전히 그러하였습니다. 17, 18세가 되어서 스스로 그 마음을 돌아보니, 잠깐 느껴서 깨달은 것이 있는 듯하였습니다. 항상 곁에서 모시며 떠나고자 하지 않았으니, 이는 선생의 성대한 덕과 지극한 행실이 자연스럽게 저의 심지(心志)를 열복(悅服)시켰기에 직접 가르침을 받을수록 더욱 싫어함이 없었기 때문입니다. 만약 하늘이 목숨을 연장시켜 주어 지금까지 살아 계신다면, 제가 비록 용렬함이 심하지만 반드시 사람다운 사람이 될 수 있어 이같이 보잘것없는 지금의 상황에 이르지는 않았을 것입니다. 선생이 불행하게 일찍 세상을 떠나시니 울부짖으며 애통해 해도 어찌할 수 없습니다. 게다가 초상의 재앙이 거듭 가혹하였기에 약관의 나이에 집안을 이어받았습니다. 고생스러운 남은 생에 또 끝없는 세상일을 만났으니, 그 양심(良心)을 잃고 그 덕성(德性)을 잃은 것이 마땅히 어떠했겠습니까. 이로부터 한결같이 자포자기하는 데로 내버려 두었습니다. 본래 공부에 게으른 사람이었는데, 이로 인하여 드디어 그만두고 책도 읽지 않은 채 술 취한 듯 꿈꾸는 듯 흐리멍텅하게 세월을 보내니, 깨어나 정신 차리기를 기약할 수 없었습니다.

23, 24세 때가 되어서야 자못 다시 서책을 가까이할 수 있었기에 혹 한가함을 틈타 책을 보는 바가 있었으나 또한 다만 적막함을 달래기 위한 것이었습니다. 스스로 확립한 뜻이 있는 것이 아닌데도 몸과 마음을 다스리고 문장 짓는 것을 꾀하고자 하였습니

다. 저술하는 재주가 본래 없었기에 일찍이 고풍시(古風詩)를 지었을 때, 장자(長者)가 제 시를 품평한 것이 항상 다른 사람보다 아래에 있었습니다. 이 같은 노둔한 자질로 설령 글쓰기에 종사하였더라도 또한 어찌 문장의 조탁(彫琢)을 논할 수 있겠습니까. 다만 좌하와 나를 아끼는 여러 선배들이 외람되이 장려하고 허여하여 아낌없는 칭찬[84]으로 저의 명성을 세워 낙동강 좌우에 널리 드러내고자 하였습니다. 그래서 듣는 사람들이 저에 대해 문장 짓는데 혹 대략 이해하였다고 의심하였는데, 이런 경지를 얻은 실상이 없으면서도 저는 오히려 그 부끄러움을 깨닫지 못했으니, 다만 매우 부끄러워할 만한 것입니다. 그러나 이때는 오히려 문장 짓는 것의 어려움이 이와 같음을 알지 못하여 헛된 명성에 마음이 흔들리지 않음이 없었습니다.

내실을 다지고자 생각하여 시험 삼아 일을 시작하고서 관찰해 보니, 저의 재분(才分)과 공부의 과정이 문장가의 경우와 크게 차이가 나서 저 자신의 임무가 아님을 확실히 알았습니다. 그래서 마침내 다시 머뭇거리다가 물러났습니다. 스스로 그 이전의 견해가 망녕되었음을 깨달았으나 세상일의 잡다함이 한결같이 닥쳐와서 세월이 덧없이 가는 사이에 많은 좋은 시절이 갑자기 이미 지나가 버렸습니다.

84 아낌없는 칭찬 : 원문은 '치아여론(齒牙餘論)'으로, 《남사(南史)》 〈사조열전(謝朓列傳)〉에 "선비로서 명성이 아직 수립되지 못한 사람에게는 응당 모두 함께 장려 성취시켜야 할 터이니, 치아 사이의 여론을 아껴서는 안 된다.〔士子聲名未立, 應共獎成, 無惜齒牙餘論.〕"라고 한 데서 유래하였다.

지금 만년에 이르러서 설령 학문에 대한 조금의 좋아하는 의사(意思)가 있더라도, 비유하자면 파종 시기를 놓친 씨앗과 같으니 어찌 추수할 것이 있기를 바라겠습니까. 그러나 오히려 다행스럽게도 매우 노쇠함에 종래의 드날리던 객기(客氣)가 잠시 사그라지고 많은 들뜬 생각도 또한 그에 따라 조금 안정되었습니다. 스스로 돌아보건대, 가슴속에 일 푼의 안정된 형상이 있습니다. 이에 시험 삼아 옛 성현의 책을 가져와 익히고 정리하였다면, 비록 그 늙고 쇠잔한 정력으로 극심연기(極深研幾)[85]의 형세는 없을지라도 분수에 따라 천근(淺近)하고 이해하기 쉬운 글을 읽는다면, 의리가 비교적 적당(的當)함과 의미가 비교적 친절(親切)함을 깨달을 수 있을 것입니다. 다만 조각말이나 낱글자일지라도 사람으로 하여금 즐거워하며 근심을 잊게 함이 있었습니다. 무슨 까닭으로 이 좋은 책들을 가지고 책상 곁에 던져 버린 것이 몇 십 년이 되어 책이 있는 것은 익숙히 보았으나 내용을 꼼꼼히 본 적이 없다가 반드시 노쇠함이 이미 심하여 훌륭한 일을 할 수 없기를 기다린 뒤에야 비로소 이에 고개를 돌려 여기에 마음을 두었는지 모르겠습니다.

습속(習俗)에 얽매였다고 여기면, 어진 부형이 어릴 때부터 가르치고 인도함이 절실하고 지극하지 않은 것이 아니며, 명리(名利)가 마음을 빼앗는다고 여기면, 자신이 마음을 결정하여 거절함

85 극심연기(極深研幾) : 《주역》 〈계사전 상(繫辭傳上)〉에 "《주역》은 성인께서 심오하고 은미한 부분을 깊이 연구하여 그 기미를 밝혀 놓으신 책이다.〔夫易, 聖人之所以極深而研幾也.〕"라는 구절에서 나온 말이다.

이 이미 반평생에 이르렀습니다. 깊은 산속에 살아서 또 빈객의 번거로움은 없으니, 비록 세속의 일이 침범함이 많지만 무릇 한가하게 앉아 있는 때가 많아서 책을 읽을 겨를이 없는 지경에 이르지는 않습니다.

좌하는 시험 삼아 살펴보십시오. 자신의 병폐는 과연 어디에 있습니까. 이는 그 까닭이 다른 것이 없고, 다만 앞에서 말한 객기와 들뜬 생각이 빌미가 되어 그런 것입니다. 그러나 그 근본을 근원해 보면, 전적으로 애초에 뜻이 없음과 뜻이 서지 않음의 결과입니다. 무릇 사람이 온갖 일을 하는 것은 오로지 뜻에 달렸으니, 뜻의 크고 작음에 따라 하는 일도 또한 그에 따라 크기가 결정됩니다. 그러므로 바야흐로 일을 하기 전에는 근심이 그 뜻이 없음에 있고, 그 뜻이 있음에 이르면 근심이 뜻을 세우지 못함에 있습니다. 그러니 만약 뜻을 세울 수 없다면 작은 일도 오히려 할 수가 없는데, 하물며 이 일 같이 큰 것인 유학 공부에만 그치지 않는 것이야 말할 것이 있겠습니까. 어리석은 저는 진실로 시작할 때에 뜻이 없었고 마칠 때에도 뜻을 세우지 못하여 좋은 책을 읽을 수 없음에 이른 것이 이와 같습니다. 오늘날에 이르러 뒤늦게 깨달았지만 어쩔 수 없습니다.

원컨대 좌하는 나를 경계로 삼아 지금 이때에 우뚝이 큰 뜻을 세워 명성과 이익 같은 외적인 욕심〔外慕〕을 통렬히 쓸어버리고 성현의 글에서 마음을 오로지하고 뜻을 한결같이 하십시오. 《논어》·《맹자》·《대학》·《중용》 같은 글은 비록 이미 익숙히 읽고 익숙히 외우더라도 절대 더 이상 알아야 할 만한 것이 없다고 여기지 마시고, 날마다 한두 단락, 혹은 서너 단락을 익히고 정리하여 완전히 이해하여 시원해지기를 기다린 뒤에는 순서에 따라 조금 진보할 것입니다. 이연평(李延平)[86]과 주회암(朱晦庵 주희(朱熹))의 학문 절차와 법도에 의거하여 공부한다면, 엄격하게 공부하고 정밀하게 연구한 나머지에 스스로 마땅히 황홀하게 크게 깨닫는 곳이 있을 것입니다. 그래서 돌아보면 지난날 말한 외우고 문장을 꾸미는 공부가 참으로 쓸데없는 것이어서 비록 독려하여 하게 하더라도 또한 기꺼이 하려 하지 않을 것입니다. 만약 이와 같게 된다면 좌하의 대본(大本)이 설 것입니다. 조존함양(操存涵養)과 체인확충(體認擴充)의 공부에 대해 반드시 장차 날마다 새롭게 되고 또 새롭게 되면, 그만두고자 해도 그렇게 될 수 없을 것입니다.

좌하가 하늘로부터 부여받은 자질의 아름다움을 가지고 있는데다 지금의 견해와 지식 또한 심원하지 않음이 없으니, 다만 뜻을 조금 더하여 문득 스스로 넉넉히 이에 들어가게 한다면, 한 번 변하여 도에 이르는[87] 쉬움이 남들보다 매우 많을 뿐만이 아닙니다. 어찌 아름답지 않으며, 어찌 다행스럽지 않겠습니까.

86 이연평(李延平) : 송나라 학자 이통(李侗, 1093~1163)으로, 자는 원중(願中)이고, 시호는 문정(文靖)이며, 연평은 그의 호이다. 남검(南劍) 사람으로, 나종언(羅從彦)이 양시(楊時)에게 낙학(洛學)을 전수받았다는 이야기를 듣고 나종언에게 가서 배워 양시, 나종언과 함께 '남검 삼선생(南劍三先生)'으로 불렸다. 이정(二程)의 학문이 주희(朱熹)에게 이어지는 교량적 역할을 하였다. 저서로는 주희가 편찬한 《이연평집(李延平集)》이 있다.

87 한 번……이르는 : 과거의 자취를 말끔히 씻고 다시 새롭게 개혁해 나간다는 뜻으로 한 말이다. 《논어》〈옹야(雍也)〉에 이르기를, "제나라가 한 번 변하면 노나라가 되고, 노나라가 한 번 변하면 도에 이른다.〔齊一變, 至於魯, 魯一變, 至於道.〕" 하였다.

대개 천하에 지극히 귀하고 지극히 즐거운 것은 나에게 달렸고 남에게 달렸지 않으니, 구하면 얻게 되고 버리면 잃게 됩니다. 그러므로 "인을 하는 것은 자기 몸에 달려 있으니, 남에게 달려 있는 것이겠는가."[88]라고 하고, 또 말하기를, "인을 행해야 할 때에는 스승에게도 사양하지 않는 법이다.〔當仁不讓於師〕"[89]라고 하였습니다. 만약 하루아침에 분연히 이것을 힘써 공부한다면, 뜻이 이르는 바에 기(氣)도 반드시 이르러 앞에서 말한 지극히 귀하고 지극히 즐겁다는 것을 진실로 나의 마음에 나아가 얻을 것입니다. 그 외물에 대한 욕심을 봄에 도가 있고 뜻을 굽혀 얻지 않을 수 있으며, 명(命)이 있고 기필하지 않을 수 있는 사람은 그 난이(難易) 허실(虛實)이 어찌 다만 하늘과 못의 차이일 뿐이겠습니까.

공자가 말하기를, "아침에 도를 들으면 저녁에 죽어도 좋다."[90]라고 하였고, 주자(周子 주돈이(周敦頤))는 말하기를, "그 큰 것〔도(道)〕을 보면 마음이 편안해지고, 마음이 편안해지면 만족하지 않음이 없으니, 만족하지 않음이 없으면 부귀와 빈천에도 대처함이

88 인을……것이겠는가 : 《논어》 〈안연(顔淵)〉에 안연(顔淵)이 인(仁)을 묻자, 공자가 "자기의 사욕(私慾)을 이겨 예(禮)에 돌아감이 인(仁)을 하는 것이니, 하루 동안이라도 사욕(私慾)을 이겨 예에 돌아가면 천하(天下)가 인(仁)을 허여하는 것이다. 인(仁)을 하는 것은 자기 몸에 달려 있으니, 남에게 달려 있는 것이겠는가.〔克己復禮爲仁, 一日克己復禮, 天下歸仁焉. 爲仁由己, 而由人乎哉?〕" 하였다. 안연(顔淵)이 "그 조목을 묻겠습니다." 하자, 공자가 "예가 아니면 보지 말며, 예가 아니면 듣지 말며, 예가 아니면 말하지 말며, 예가 아니면 동(動)하지 마는 것이다."라고 하였다.

89 인을……법이다 : 《논어》 〈위령공(衛靈公)〉에 나온다.

90 아침에……좋다 : 《논어》 〈이인(里仁)〉에 나온다.

한결같다."[91]라고 하였습니다. 무릇 만약 도를 듣고 그 위대함을 본다면 장차 어디를 가든지 자득하지 못하겠습니까. 그러나 천지(天地)처럼 높고 넓어서 더 보탤 것이 없으니, 다만 저녁에 죽는 것이 괜찮을 뿐만 아니라 부귀와 빈천에 대처하기를 한결같이 할 수 있습니다. 설령 불행하게 환란을 만나더라도 곧 모름지기 자신을 희생하여 인을 이루고 삶을 버리고 의를 취할 수 있어서 비록 만 조각으로 잘린다 하더라도 오히려 돌아보지 않을 것입니다. 그러니 외물을 말할 것이 있겠으며, 구구하게 과거 급제하는 것을 말할 것이 있겠습니까.

옛사람은 하나의 의롭지 못한 일을 해서 천하를 얻더라도 오히려 하지 않았습니다. 지금은 과거 급제 때문에 하나의 의롭지 못한 일을 하는 데 거리끼지 않으니, 이는 실로 도를 듣지 못하고 큰 것〔道〕을 보지 못한 결과입니다. 그러나 도는 일삼는 바가 없이 스스로 들을 수 없으며, 큰 것 또한 터득한 바가 없이 스스로 볼 수 없습니다. 반드시 거경궁리(居敬窮理)해서 서로 그 공을 지극히 하여 나의 마음이 한결같이 천리(天理)에 순수하여 털끝만한 욕심도 끼어들 수 없도록 하며, 나의 지혜가 만 리(萬理)를 확실히 관찰하여 털끝만 한 물건이라도 의심함이 없게 해야 합니다. 그런 뒤라야 비로소 바야흐로 진문(眞聞)과 진견(眞見)이라 말할 수 있습니다. 그 기미 또한 오로지 자신에게 달렸으니 바라건대 좌하는 나의 말을 지나치게 고원하다고 여기지 말고 깊이 더욱 살펴서 받아들이십시오. 좌하의 병통에 대해서는 제가 이미 말한

91 그……한결같다 : 《통서(通書)》 〈안자(顔子)〉에 나온다.

바를 인하여 아직 말하지 못한 바까지 더욱 궁구하여 티끌 같은 작은 증세도 숨기거나 가리는 바가 없게 하여 잘라 없앨 바를 다 생각하십시오. 저의 병통에 대해서는 저 스스로 말한 바를 인하여 아직 말하지 않은 바를 더욱 미루어 알아서 먼지 같은 작은 증상도 숨기거나 꺼릴 수 없게 하여 함께 잘라 제거할 바를 다 생각할 것입니다. 만약 그런 방법이 있어서 스스로 능히 하여 자신에게 미칠 수 있다면 그만이지만, 만약 그런 방법이 없어서 남의 도움을 필요로 하지 않을 수 없다면, 그렇다면 우리 두 사람의 병통이 이미 깊고 또 고질이 되었으니, 죽을 날이 얼마 남지 않았다고 말할 수 있습니다. 이는 머뭇거리고 기다리며 편안하고 꾸물거릴 때가 아닙니다. 청컨대, 서로 이끌고 가서 유편(兪扁)의 집을 방문하여 이른바 장기를 씻고 위장을 씻는 약을 구하여 조제하여 복용하고 치료[92]함과 선후 완급의 마땅함을 한결같이 제시해 준 방법과 가르쳐 준 법도에 의거해서 조치한다면, 오래도록 복용하는 끝에 절로 마땅히 오랜 병이 문득 사라지고 진원(眞元)이 평상을 회복하여 비로소 다시 일어나 사람다운 사람이 되는 날이 있을 것입니다.

지금 유편(兪扁)도 또한 멀리 있지 않아서 대강(大江)의 동쪽 화산(花山)의 언저리에 그런 사람이 있다고 들었습니다. 바야흐로 시대의 사명(司命)[93]이 되어서 사람이 만약 지극한 정성으로 구하

92 치료 : 원문은 '보사(補瀉)'로, 한방에서 병을 치료하는 두 가지 중요한 원칙이다. 보(補)는 허증(虛症)을 치료하기 위해서 부족한 것을 채워 주는 것이고, 사(瀉)는 실증(實症)을 치료하기 위해 남는 것을 덜어 내는 일이다.

면 소매 안에 있는 백성을 장수하게 하는 단약과 환골탈태하는 약제와 정수리에 꽂는 침을 꺼내 보여 주지 않은 적이 없다 합니다. 한결같은 마음으로 믿고 복종하는 사람은 왕왕 자신의 병을 고칠 뿐만 아니라 혹 그 방법을 전하여 남의 병을 고치기도 한답니다. 무릇 무명지를 굽히기만 하고 펴지 못하는 것 때문에도 오히려 진(秦)나라와 초(楚)나라 사이의 길을 멀다고 여기지 않고 그 펴기를 구하는데,[94] 하물며 대체(大體)가 병듦이 이와 같고 좋은 약의 효과가 이와 같은데도 백 리를 멀다고 여겨 그 손을 치료할 바를 생각하지 않음이겠습니까.

아, 만약 좌하가 진실로 그 명리(名利)를 구하려는 병통을 제거하여 시원스레 다시 평범한 사람이 된다면, 과거 급제에 대해서는 시기적으로 가능하여 종사하는 것도 괜찮으며, 시기적으로 불가하여 종사하지 않더라도 또한 괜찮습니다. 주자(朱子)가 이른바 "과거가 사람을 얽어 매는 것이 아니라 절로 사람이 과거에 얽매이는 것이다."[95]라는 것이 진실로 지극히 합당한 가르침입니다. 만

93 사명(司命) : 전설 신화에서 사람의 생명을 맡은 신을 말한다.

94 무명지를……구하는데 : 《맹자》 〈고자 상(告子上)〉에 "지금 무명지가 굽어 펴지지 않으면 아프거나 일에 해가 되는 것이 아닌데도 만약 펴 주는 사람이 있으면 진나라 초나라 사이의 길도 멀다 여기지 않고 찾아가리니 손가락이 남들과 같지 않기 때문이다. 손가락이 남들과 같지 않으면 그것을 싫어할 줄 알되 마음이 남들과 같지 않으면 싫어할 줄 모르니 이것을 일러 유를 알지 못한다고 하는 것이다.〔今有無名之指屈而不信, 非疾痛害事也, 如有能信之者, 則不遠秦楚之路, 爲指之不若人也. 指不若人, 則知惡之; 心不若人, 則不知惡, 此之謂不知類也.〕"라고 한 것을 원용하였다.

95 과거가……것이다 : 《주자어류》 권13 〈학칠(學七)〉에 보인다.

약 과거에 얽매이게 되지 않을 수 있다면, 비록 백 번쯤 과거에 응시하더라도 또한 무슨 방해가 되겠습니까. 진실로 그 도를 가지고 과거 급제하고 이로 말미암아 벼슬한다면, 이는 그 입각(立脚 학문의 기반)이 이미 정당한 길에 들어선 것이고, 앞으로의 발걸음도 또한 장차 탄탄하게 평이하며 출발하여 향하는 바가 천하의 대도가 아님이 없을 것입니다. 이에 내 포부의 크고 작음과 시대를 만남이 깊고 얕음에 따라 경륜과 학업을 한다면, 그 빛남의 명백함이 또 마땅히 어떠하겠습니까. 설령 시대와 운명이 가지런하지 못하여 끝내 중(中)을 얻을 수 없더라도 나의 본성이 절로 곤궁하게 살면서도 손상되지 않는 것이 있다면, 밥 한 그릇과 물 한 바가지의 가난한 삶도 또한 어찌 나의 즐거움을 해칠 수 있겠습니까. 살아서는 이치에 순하고 죽어서는 편안하여 다시 남은 한이 없을 것입니다.[96]

정절(靖節 도잠(陶潛))이 이른바 "자연의 조화를 타고 죽음으로 돌아가리니, 주어진 천명을 즐거워해야지 무엇을 의심하리오.〔聊乘化而歸盡, 樂夫天命復奚疑.〕"[97]라는 것은 진실로 먼저 우리의 마음을 얻은 말입니다. 그것은 문사(文詞)에 대해 또한 마땅히 이치

96 살아서는……것입니다 : 도에 입각하여 살다가 편안한 마음으로 죽음을 맞이한다는 뜻으로, 《논어》 〈이인(里仁)〉에 나오는 "아침에 도를 들으면 저녁에 죽어도 좋다."라는 공자의 말에 대해서 주희(朱熹)가 "도는 사물의 당연한 이치이니, 참으로 이것을 얻어 듣는다면, 살아서는 이치에 순하고 죽어서는 편안하여 다시 남은 한이 없을 것이다.〔道者事物當然之理, 苟得聞之, 則生順死安, 無復遺恨矣.〕"라고 주석한 말을 원용한 것이다.

97 자연의……의심하리오 : 도잠(陶潛)의 〈귀거래사(歸去來辭)〉에 나온다.

가 분명하고 수사(修辭)가 통달하여 자연스럽게 문장을 이루어 내 가슴속에 온축한 바를 펼쳐 냄에 불과하니, 조각말이나 낱글자도 정확하지 않음이 없고 횡으로 말하고 종으로 말함에 곡진하고 합당하지 않음이 없습니다. 한자(韓子 한유(韓愈))가 이른바 "어질고 의로운 사람은 그 말이 성대한 것이다."[98]라는 것과 주자(周子 주돈이)가 이른바 "그 실체에 도타우면서 문예가 있는 자는 글 쓰는 것이 아름답다."[99]라고 한 것이 아마 이를 말하는 것입니다. 무릇 그렇게 한 뒤라야 비로소 귀하게 여길 만하여 반드시 전해짐에 의심이 없을 것입니다.

대개 문장가가 말하는 장구(章句)와 자법(字法), 조응(照應)과

98 어질고……것이다 : 훌륭한 덕을 기반으로 해서 진정 훌륭한 문장이 나온다는 뜻이다. 한유(韓愈)의 〈답이익서(答李翊書)〉에 "그대가 장차 옛 작가의 경지에 이르려고 한다면, 빨리 이루어지기를 기대해서도 안 될 것이요, 권세와 이익의 유혹에 넘어가서도 안 될 것이다. 우선 그 뿌리를 길러서 열매 맺기를 기다리고, 기름을 부어서 광채가 나기를 기대해야 할 것이니, 뿌리가 무성하게 퍼져야 열매가 여물고 기름을 부어 닦아야 광채가 나는 것이다. 어질고 의로운 사람은 그 말이 성대한 것이다.〔將蘄至於古之立言者, 則無望其速成, 無誘於勢利. 仁義之人, 其言藹如也.〕"라고 하였다.

99 그……아름답다 : 주돈이(周敦頤)의 《통서(通書)》 〈문사(文辭)〉에 나오는 말이다. 저본에는 '독기실이예자서지미(篤其實而藝者書之美)'라고 되어 있는데, 《퇴계선생문집고증(退溪先生文集攷證)》 권5 〈답정자중(答鄭子中)〉에 '독기실이예자, 서지미, 미즉애, 애즉전언.(篤其實而藝者, 書之美. 美則愛, 愛則傳焉.)'의 영향을 받은 듯하다. 원본에는 "문학이란 도를 싣는 것이다.……문사는 기술이요, 도덕은 실체이다. 그 실체에 도타우면서 문예가 있는 자가 글 쓰는 것이 아름다우면 사랑받게 되고 사랑받으면 전해지게 된다.〔文所以載道也……文辭, 藝也, 道德, 實也. 篤其實而藝者書之, 美則愛, 愛則傳焉.〕"라고 되어 있다.

관쇄(關鎖 내용의 연결), 간가(間架 문장 구성)와 포치(布置 문자의 안배), 조종(操縱 내용의 긴장과 이완)과 신축(伸縮), 개합(開闔)과 변화(變化) 같은 허다한 오묘한 곳은 또한 자연스러운 이치가 아님이 없습니다. 이런 까닭으로 이치를 밝히는 데 주장하면, 이 몇 가지 것들에 자잘하게 마음 쓸 필요 없이 뜻이 이르면 붓이 따라가서 절목과 차례가 절로 이루어지니, 그 문장이 혹 비록 담박하더라도 실제로 천하의 참문장이 됩니다. 글을 짓는 데만 주장하면, 이 몇 가지 것들을 비록 절실하게 공부하더라도 매양 법식에 어긋날까 근심하여 끝내 문장을 이룰 수가 없습니다. 설령 죽을힘을 다해 공부하여 잘할 수 있더라도 또한 이치도 없고 근거도 없는 문장이 되는 데 불과합니다. 이런 말은 실로 매우 정확하고 분명한 것입니다.

사실 과거 문장도 또한 같은 이치입니다. 만약 내가 밝히고자 하는 이치를 환하게 이해하여 털끝만큼의 의심도 없다면, 또한 마땅히 글 짓는 솜씨가 뛰어나[100] 글감을 만날 때마다 과녁을 적중하듯이 이치에 맞을 것은 분명합니다. 또 어찌 과거 급제가 도리

100 글……뛰어나 : 원문은 '회회호유인유여(恢恢乎遊刃有餘)'로 《장자(莊子)》 〈양생주(養生主)〉에 "지금 내가 칼을 잡은 지 19년이나 되었고 잡은 소만도 수천 마리를 헤아리는데, 칼날이 지금 숫돌에서 금방 꺼낸 것처럼 시퍼렇기만 하다. 소의 마디와 마디 사이에는 틈이 있는 공간이 있고 칼날은 두께가 없이 얇으니, 두께가 없는 얇은 것을 그 틈 사이에 밀어 넣으면 그 공간이 널찍하여 칼을 놀릴 적에 반드시 여유가 있게 마련이다.〔今臣之刀十九年矣, 所解數千牛矣, 而刀刃若新發於硎. 彼節者有間, 而刀刃者無厚, 以無厚入有間, 恢恢乎其於遊刃, 必有餘地矣.〕"라고 하였다. 요령을 잘 알아서 쓸데없는 수고를 들이지 않고 쉽게 일을 처리하는 것을 비유하는 말이다.

어 빨리 벼슬에 나아가는 방법[101]이 되지 않겠습니까. 이는 문장 짓는 것과 과거 급제하는 것을 장차 한꺼번에 모두 얻는 것입니다. 그러나 이는 다만 그 효과가 이와 같음이 있음을 말했을 뿐, 좌하가 반드시 이를 위하여 학문해야 함을 말하는 것은 아닙니다. 만약 제가 진실로 그 혼매하고 게으른 증상을 제거하여 시원스레 참으로 병이 없는 사람이 될 수 있다면, 아마 책을 읽어 허물을 적게 하는 방법에 혹 실제의 공부를 더할 것입니다. 그래서 본디 가지고 있는 성분(性分)은 그 만분의 일이라도 알 수 있으며, 마땅히 해야 할 직분은 그 만분의 일이라도 행할 수 있어서 헛되이 이 세상 사람이 되는 데 이르지는 않고, 대략 저 삼십 년간 자포자기하며 미혹되어 탐닉한 죄를 속죄한다면, 비록 마른 나무처럼 죽더라도 또한 유감이 없을 것입니다. 이는 그 훌륭한 약이 우리 두 사람에게 효험이 있는 것이 어떠한데, 급급하게 구하지 않을 수 있겠습니까. 공자(孔子)가 말하기를, "바르게 해 주는 말을 따르지 않을 수 있겠는가. 자신의 잘못을 고치는 것이 중요하다. 완곡하게 해 주는 말을 기뻐하지 않을 수 있겠는가. 그 실마리를 찾는 것이 중요하다.〔法語之言, 能無從乎? 改之爲貴. 巽與之言, 能無說乎? 繹之爲貴.〕"[102]

101 빨리……방법 : 원문은 '속화지술(速化之術)'로 원뜻은 빨리 벼슬에 나가 교화하는 방법을 말한다. 한유(韓愈)의 〈진생에게 답하는 편지〔答陳生書〕〉에 "족하께서는 빨리 교화하는 방법을 알맞은 사람에게서 구하지 않고, 바로 저를 찾아오시니, 이것은 이른바 '귀머거리에게 들어 주기를 바라고, 장님에게 길을 묻는다.'라는 것입니다.〔足下求速化之術, 不於其人, 乃以訪愈, 是所謂借聽於聾, 求道於盲.〕"라고 한 데서 인용한 말이다.

102 바르게……중요하다 : 잘못을 고치지 않고 겉으로만 따르는 것을 경계한 말로,

라고 하였으니, 지난날 어리석은 저의 마음 씀이 또한 그릇되어 문장 짓는 데 자못 뜻을 두고 있었을 때, 황경초(黃景初)[103] 형이 편지를 보내 절실하게 경계함이 없었더라면, 거의 스스로 깨달을 수가 없어 지금까지도 이로 인하여 잘못 들어가게 된 것을 또한 알 수 없었을 것입니다. 이는 벗의 한마디 충고의 말이 실로 얕지 않은 것입니다. 그러나 바야흐로 편지를 받은 날은 또한 그 말이 과연 완전히 옳은 것인지 알지 못했으나, 다만 항상 기억하면서 마음에서 잊지 않았습니다. 때때로 그 말이 뜻하는 바가 어디에 있는지를 꼼꼼히 연역하니, 점차 그 말에 매우 맛이 있음을 깨달아 진실로 저 자신에게 약석(藥石)이 되었습니다.

지금 어리석은 저의 말에 스스로 알지 못하겠습니다만, 바르게 해 주는 말〔法言〕입니까, 완곡하게 해 주는 말〔巽言〕입니까. 아니면 두 가지에 모두 해당함이 없고 너무 경솔하거나 너무 번다한 말[104]에 불과한 것입니까. 이는 그대가 간파(看破)하는 바에 달렸으니, 한 번 천 마디의 말을 쏟아 내는 가운데 혹 도에 가까

《논어》〈자한(子罕)〉에 나온다.

103 황경초(黃景初) : 황계희(黃啓熙, 1727~1785)로, 경초는 그의 자이다. 본관은 장수(長水), 호는 심기당(審幾堂)이다. 영의정을 지낸 황희(黃喜)의 13대손이며, 이상정의 문인이다. 문집으로 4권 2책의 《심기당집(審幾堂集)》이 있다.

104 너무……말 : 원문은 '상이상번(傷易傷煩)'으로, 정이천(程伊川)의 〈언잠(言箴)〉에 "너무 경솔하면 허탄하고 너무 번거롭게 하면 지리하다.〔傷易則誕, 傷煩則支.〕"라고 한 데서 따온 것이다. 조급해서 말을 경솔하게 하면 허황 방자해서 제대로 살피지 못하게 되고, 망녕되이 지나치게 말을 많이 하면 말이 지리하여 실상에서 멀어진다는 뜻이다. 《二程文集 卷9》

운 말이 한 마디도 없지는 않을 것입니다. 바라건대 지루하고 허탄한 말로 보지 말고, 기뻐하며 연역하고 따르며 고쳐서 저와 함께 서로 수양하고 함께 진보한다면, 구구한 저의 절차탁마하는 이로움이 아울러 마땅히 힘이 있어 마침내 함께 대도(大道)의 경지에 올라갈 수 있을 것입니다. 좌하는 어떻게 생각하시는지 모르겠습니다.

권상후 직 에게 답한 별지
答權相后 稷 別紙

질문하신 그대 친족 집의 담사(禫事 사후 27개월 만에 지내는 담제(禫祭))는 바야흐로 아내의 상중이면서 아직 장례를 치르지 않은 상태이니 아마 시행할 수 없을 듯합니다. 그러나 이미 승중(承重 아버지가 죽고 손자가 할아버지의 복을 입는 것)한 손자가 있어 그 제사를 주관하고 또 각자 떨어져 살고 있으니, 아마 지자(支子) 별궁(別宮)의 상(喪)[105] 때문에 그만두기는 어려울 듯합니다.

또 이른바 '상중에 담제를 지내지 않는다.'란 것은 본래 재참(齊斬)[106]의 중함이 바야흐로 자신에게 있어 길복(吉服 평상복)을 입을 수 없기 때문입니다. 그러나 아내의 상은 가볍기 때문에 이미 상을 주관하는 사람이 있고, 또 과행(過行 의례를 치름)할 점이 있지만 담제(禫祭)는 하지 않습니다. 비록 평상의 정으로 헤아려 보더라도 아마 이런 이치는 없을 것입니다. 설령 승중한 사람이 각자 따로 살지 않더라도, 또 막내 집에서 담제를 시행할 수 있겠습니까. 정성스러운 부탁을 어기기 어려워 감히 어리석은 의견을 진술하였으니, 바라건대 널리 물어보고 처리하게 하는 것이 어떻겠습니까.

105 지자(支子) 별궁(別宮)의 상(喪) : 지자(支子) 장남이 아닌 지차(之次) 자식을 가리키는 것으로, 분가하여 장남과 따로 살던 중 어버이 상을 당한 경우를 가리킨다.

106 재참(齊斬) : 상복(喪服)의 참최(斬衰)·재최(齋衰)를 말한다. 재최는 거친 베로 짓되 아랫단을 좁게 접어 꿰맨 것으로 어머니는 3년, 조부모는 1년, 증조부모는 5개월, 고조부모는 3개월을 입는다. 참최는 아랫단을 접어서 꿰매지 않은 것으로 아버지의 상에만 입는다.

황맹경 신로 에게 답한 별지
答黃孟耕 莘老 別紙

그대가 논한 '발(發)' 자의 뜻은 진실로 곧바로 끝까지 궁구했다고 말할 수 있습니다. 그러므로 앞의 편지에서 진실로 찬미하고 감탄해 마지않았습니다. 그러나 지금 이와 같이 말한다면, 공자(孔子)는 안자(顏子)가 나아와 뵐 때 그의 사람됨을 아는 것이 이미 자세하였을 것인데, 또 어찌 "물러나와 그가 사적으로 하는 행동을 살펴보았다.〔退而省其私〕"라고 말할 필요가 있었겠습니까. 결국 물러나 살핀다는 뜻에는 오히려 말로 다하지 못한 점이 있는 듯합니다.

또 공자가 칠조개(漆雕開)로 하여금 벼슬하게 한 것은 다만 그의 재주가 벼슬할 만하였기 때문이었는데, 칠조개의 대답은 이 이치에 털끝만큼의 의심이 없을 수 없는데도 벼슬하기에 부족하다고 생각한 것[107]을 말합니다. 이는 비록 자신을 아는 것이 분명하여 그 뜻이 매우 독실한 것이지만, 성인〔공자〕은 또한 이 때문에 기뻐하였던 것입니다. 공자가 취한 바는 재주에 있었던 반면 칠조개가 사양한 바는 학문에 있었기에 벼슬하도록 한 것과 대답한 것이 비록 서로 호응하지 못했으나, 집주에서 "칠조개가 자신을

107 공자가……것 : 《논어》〈공야장(公冶長)〉에서, "공자가 칠조개로 하여금 벼슬을 하라 하자 칠조개가 대답하기를, '저는 벼슬에 대해서 자신이 없습니다.'라 하므로 공자가 기뻐했다.〔子使漆雕開仕, 對曰, '吾斯之未能信', 子說.〕"라고 하였다.

아는 것이 분명하다."라고 말한 것은 성인이 미치지 못함이 있다고 여긴 듯하니, 그 설도 또한 지나침이 되는 듯합니다.

성인의 총명과 예지로 칠조개의 학문이 이와 같음에 대하여 어찌 알지 못할 리가 있겠습니까. 삼가 칠조개가 물러남에 공자가 사적으로 하는 행동을 살펴본 것이 또한 안자(顏子)와 같았으며, 아울러 스스로 믿지 못한다는 것은 오래전에 이미 성인의 감식안에 들어왔을 것으로 생각한 적이 있습니다. 보내신 편지는 이 점에 대해 또 말한 것이 미진한 점이 있는 듯하니, 바라건대 모쪼록 다시 몇 마디 말을 보내 주시어 곧 원만하게 하는 것이 어떻겠습니까.

자공(子貢)이 비유한 자신〔賜〕의 담장과 집과 부자(夫子)의 담장, 종묘의 아름다움과 백관의 성대함[108]은 분명히 차이가 나서 환히 알 수 있는 것입니다. 그러므로 가설하여 비유한 것이 이와 같으니, 이는 어찌 상정(常情)이 엿보고 헤아려 형용할 수 있는 것이겠습니까. 다만 비슷한 것에 나아가 억지로 말해 보고자 하

108 자공(子貢)이……성대함 : 《논어》 〈자장(子張)〉에 자복경백(子服景伯)이 숙손무숙(叔孫武叔)의 말을 빌려 자공이 공자보다 낫다는 말을 전하자 자공이 "집에다 비유하자면 나의 담장은 어깨 높이라 나의 살림을 엿볼 수 있지만, 부자의 담장은 몇 길이라 문을 통해 들어가 보지 못하면 종묘의 아름다움과 백관의 성대함을 알 수가 없소. 그런데 그 문으로 들어가 본 이도 드무니 숙손무숙의 말이 또한 당연하지 않은가.〔譬之宮牆, 賜之牆也及肩, 窺見室家之好, 夫子之牆數仞, 不得其門而入, 不見宗廟之美、百官之富. 得其門者或寡矣, 夫子之云, 不亦宜乎?〕"라고 한 말에서 인용한 것이다.

니, 사(賜)의 궁장(宮牆)은 일단 논할 것이 없고, 부자의 궁(宮)은 곧 성인 신명사(神明舍)[109]요, 도덕(道德)이 있는 곳입니다. 이 궁은 진실무망(眞實无妄)[110]으로 터를 삼고, 집희경지(緝熙敬止)[111]로 공정(工程)을 삼으며, 유심현원(幽深玄遠)[112]으로 침소를 삼고, 광명정대(光明正大)로 당(堂)을 삼고, 신묘불측(神妙不測)으로 창문을 삼고, 평백탄이(平白坦夷)로 뜰을 삼았습니다. 그 기둥은 팔조목(八條目)이며, 그 들보는 삼강령(三綱領)이니, 그 재목(材木)이 지극히 순수하고 그 체재가 지극히 완비되었습니다. 멀리서 바라보면 몇 천, 몇 만 칸이 되는지 알지 못하며, 가까이서 보면 몇 천, 몇 만 집이 되는지 알지 못합니다. 그러나 그 담장의 사방 둘레로 말미암아 우러러볼수록 더욱 높고 뚫을수록 더욱 견고합니

109 신명사(神明舍) : 신명(神明)의 집이란 뜻으로, 송(宋)나라 면재(勉齋)가 "심(心)이란 신명의 집이니, 허령 통철(虛靈洞徹)하여 뭇 이치를 갖추고서 모든 사물을 수응(酬應)하는 것이다." 하였다.

110 진실무망(眞實无妄) : 성(誠)을 말하는 것으로, 《중용》 제16장 "무릇 미세한 것이 나타나니, 정성을 가릴 수 없는 것이 이와 같다.〔夫微之顯, 誠之不可揜, 如此夫!〕"라고 하였는데, 주자(朱子)가 '성(誠)' 자를 풀이하면서 "진실하여 허망함이 없는 것이다.〔眞實无妄〕"라고 하였다.

111 집희경지(緝熙敬止) : '집희(緝熙)'는 계속하여 밝히는 모양으로 《시경》 〈문왕(文王)〉에 "심원하신 문왕이여 아, 끊임없이 경을 밝히셨도다.〔穆穆文王, 於緝熙敬止.〕"라고 하였다.

112 유심현원(幽深玄遠) : 《중용장구》 제33장에서 "《시경》에서는 '드러나지 않는 덕을 백벽(百辟)들이 본받는다.'라고 하였다. 이 때문에 군자는 공손함을 돈독히 함에 천하가 태평해지는 것이다.〔詩曰 : 不顯惟德, 百辟其刑之. 是故君子, 篤恭而天下平.〕"라고 하였는데, 주자(朱子)가 '불현(不顯)'이란 두 글자를 인용하여 '깊고 그윽하며 현원하다.〔幽深玄遠〕'라는 의미로 풀이하였다.

다.[113] 그러므로 그 밖에 있는 사람은 어디에서도 안을 볼 수 없습니다.

담장이 이와 같은 까닭은 또 성인이 일부러 이처럼 높고 견고하게 하여 사람들이 넘을 수 없게 한 것이 아닙니다. 도의 크기가 커서 밖이 없기 때문에 그 규모가 넓기를 기약하지 않아도 절로 넓어지며, 덕의 쌓임이 다함이 없기 때문에 그 돈후함이 높기를 기약하지 않아도 절로 높아진 것입니다. 빛을 감추고 드러내지 않음은 옥을 품은 산보다 훌륭하며, 채색을 거두고 드러내지 않음은 진주를 갈무리한 연못보다 훌륭합니다. 대개 비단옷 입고 겉옷을 덧입은 것[114]과 대략 같으니, 그 어렴풋하지만 날마다 드러나는 실상을 끝내 쉽게 볼 수 없는 것입니다. 비록 이름난 도읍과 큰 고을에 백 길, 천 길의 성곽이 있어 그 궁부(宮府)를 호위하고 있더라도 또한 공자의 담장이 주밀(周密)함에 비유할 수는 없습니다. 종묘(宗廟)의 아름다움 같은 경우는 성인과 귀신이 그 길흉을 합하는 곳이니, 대개 재계하여 제향한 것이 오래되었습니다. 그러나 그 이른바 '아름다움'이란 것이 또 어찌 다만 제도(制度)가 그 숭상하고 꾸밈을 지극히 하며 모상(貌像)이 그 존중하고 엄숙함

113 우러러볼수록……견고합니다 : 《논어》 〈자한(子罕)〉에 안연(顔淵)이 크게 탄식하며 "부자(夫子)의 도(道)는 우러러볼수록 더욱 높고 뚫을수록 더욱 견고하며, 바라볼 때 앞에 있더니 홀연히 뒤에 있도다.〔仰之彌高, 鑽之彌堅, 瞻之在前, 忽焉在後.〕"라고 한 말이 있는데, 이를 원용하였다.

114 비단옷……것 : 군자의 도리가 날로 은은하게 빛남을 비유한 말이다. 《중용장구(中庸章句)》 제33장에 "《시경》에 말하기를 '비단옷을 입고 홑옷을 덧입는다.〔衣錦尙絅〕' 하였으니, 그 문채가 드러남을 싫어한 것이다." 하였다.

을 극진히 하여 그 조고(祖考)를 받드는 도일 뿐이겠습니까.

부자는 삼황(三皇)을 조(祖)로 하고 오제(五帝)를 종(宗)으로 하며, 이대(二代 하(夏)와 은(殷))를 살피고 선진(先進)을 따랐으니, 무릇 이 사당에 타유(妥侑 제향(祭享))된 사람은 요·순(堯·舜), 우·탕(禹·湯), 문·무(文·武), 주공(周公)이 그들이며, 이 사당에 상설(象設)[115]된 것은 하대(夏敦),[116] 은이(殷彝),[117] 주정(周鼎),[118] 노례(魯禮 노나라 주공의 예)가 그것들입니다. 이러하기에 그 이치가 모두 신명사(神明舍)[119]의 안에서 찬란히 빛이 납니다. 백관의 풍성함은 그 명칭에 또한 말할 만한 것이 있으니, 천관총재(天官冢宰)는 마땅히 건(健)이라 해야 하고, 지관사도(地官司徒)는 마땅히 순(順)이라 해야 하며, 춘관종백(春官宗伯)은 마땅히 인(仁)이라 해야 하고, 하관사마(夏官司馬)는 마땅히 예(禮)라 해야 하며, 추관사구(秋官司寇)는 마땅히 의(義)라 해야 하고, 동관사공(冬官司空)은 마땅히 지(智)라 해야 합니다. 삼공(三公)은 마땅히 생지(生知 태어나면서부터 앎), 안행(安行 편안히 행함), 무식(無息 쉼이 없음)이라 하며, 삼소(三少)는 마땅히 학지(學知 배워서 앎),

115 상설(象設) : 능(陵)이나 원(園)에 만들어 놓은 여러 가지 석물(石物)과 시설이다.

116 하대(夏敦) : 대(敦)는 서직(黍稷)을 담는 그릇이다.

117 은이(殷彝) : 이(彝)는 종묘에 비치하는 술 그릇이다.

118 주정(周鼎) : 주(周)나라의 솥으로, 나라를 상징하는 보정(寶鼎)이다. 원래 우(禹)임금이 구주(九州)의 쇠를 모아 만들었다.

119 신명사(神明舍) : 신명(神明)의 집이란 뜻으로, 송(宋)나라 면재(勉齋)가 "심(心)이란 신명의 집이니, 허령 통철(虛靈洞徹)하여 뭇 이치를 갖추고서 모든 사물을 수응(酬應)하는 것이다." 하였다.

이행(利行 이롭게 여겨 행함), 자강(自强 스스로 힘씀)이라 하고, 삼소의 아래에 또 그 부관이 있으니, 호학(好學 학문을 좋아함), 역행(力行 힘써 행함), 지치(知耻 부끄러움을 앎)입니다. 이 밖에 모든 관직으로 일컬을 수 있는 것은 손가락으로 다 셀 수 없습니다. 그러나 이는 모두 성인이 하늘의 뜻을 이어 법을 세우며, 관직을 설치하여 직분을 나누어서 재성보상(財成輔相)[120]의 도와 미륜참찬(彌綸參贊)[121]의 공을 극진히 한 것입니다.

무릇 부자의 그 궁(宮)이 이와 같이 깊고 그 담장이 이와 같이 높은데다 종묘와 백관이 아름답고도 풍부한 것이 또 이와 같습니다. 그러나 이에 문이 있으니, 만약 들어가지 못하면 또한 끝내 그 안을 볼 수 없습니다. 청컨대 다시 그 문에 나아가 대략 열거하고자 하는데, 괜찮겠습니까. 대개 입덕문(入德門)이란 것이 있으니 《대학》의 지행(知行)이며, 입도문(入道門)이란 것이 있으니 《논어》의 박약(博約)[122]입니다. 몽교관(夢覺關)이란 것이 있으니

120 재성보상(財成輔相) : 지나친 것을 억제하고 모자란 것을 보충해서 천지간에 조화가 이루어지도록 하는 것이다. 《주역》 〈태괘(泰卦) 상(象)〉에 "천지가 사귀는 것이 태이니, 임금은 이것을 본떠 천지의 도를 재성(財成)하며 천지의 의(宜)를 보상(輔相)하여 백성을 인도한다.〔天地交泰, 后以財成天地之道, 輔相天地之宜, 以左右民.〕"라고 하였다. 여기에 대한 주자의 본의(本義)에 "재성은 지나침을 제재하고, 보상은 부족함을 돕는 것이다." 하였다.

121 미륜참찬(彌綸參贊) : '미륜(彌綸)'은 천지를 모두 다스리는 것이다. 《주역》 〈계사전 상(繫辭傳上)〉 4장에 "역은 천지와 대등하다. 그러므로 천지의 도를 미륜한다.〔易與天地準. 故能彌綸天地之道.〕"라고 하였다. '참찬(參贊)'은 천지 만물의 화육(化育)에 참여하여 돕는다는 뜻으로, 제왕(帝王)의 덕화(德化)가 자연과 부합됨을 일컫는 말이다.

격물치지를 극진히 하였는지 극진히 하지 못하였는지를 가지고 이름한 것이며, 인귀관(人鬼關)이란 것이 있으니 성의(誠意)를 능히 할 수 있는지 할 수 없는지를 가지고 이름한 것입니다.[123] 반드시 이 두 관문을 통과할 수 있은 그런 뒤라야 비로소 도덕에 들어갈 수 있습니다. 그렇다면 이 두 관문은 실로 도덕문(道德門)에 들어가는 외문(外門)입니다. 이런 까닭으로 성인(聖人)의 궁(宮)과 종묘 백관의 성대함을 알고자 하는 사람은 반드시 이 외문을 말미암아 들어가야 합니다. 이미 한 겹을 통과하고 또 한 겹을 통과한 뒤라야 비로소 도덕문(道德門)에 들어가 참된 견득(見得)함이 있을 것입니다. 그 당시 이와 같이 할 수 있는 사람은 자공(子貢)이 아니라면 누구였겠습니까. 오직 그 견득함이 있는 것이 이와 같은 까닭으로 가설하여 비유한 바가 이와 같습니다.

그러나 형체가 있는 물건으로 형체가 없는 물건을 형상화하여 그 뜻이 묵묵히 이해하는 가운데 약여(躍如)[124]하게 된다면, 배우

122 박약(博約) : 박문약례(博文約禮)의 줄임말이다. 《논어》 〈옹야(雍也)〉에 "군자는 글을 널리 배우고 예로써 단속해야 한다.〔君子博學於文, 約之以禮.〕"라고 한 데서 인용한 것이다.

123 몽교관(夢覺關)이란……것입니다 : 주자는 "치지(致知)와 성의(誠意)는 배우는 자들이 통과하여야 할 두 개의 관문이다. 치지 공부는 꿈을 꾸느냐 깨느냐의 관문〔夢覺關〕이며, 성의 공부는 선한 사람이 되느냐 악한 사람이 되느냐의 관문〔善惡關〕이다. 치지의 관문을 통과했으면 꿈을 깬 것이요 그렇지 못하면 꿈을 꾸고 있는 것이며, 성의의 관문을 통과했으면 선한 사람이요 그렇지 못하면 악한 사람이다." 하였다. 또 격물은 몽교관(夢覺關)이고 성의는 인귀관(人鬼關)이라고 했다. 성의의 관문을 통과하면 사람이요 그렇지 못하면 귀신이라는 의미이다. 《朱子語類 卷15 大學 85條》

124 약여(躍如) : 분명히 드러난다는 뜻으로, 《맹자》 〈진심 상(盡心上)〉에 "군자

는 자는 진실로 그 담장이 높음을 근심하지 않고 그 문에 들어갈 수 없음을 근심할 것입니다. 힘써 부지런히 노력하여 들어갈 수 있은 뒤에 그만둔다면, 공부가 지극하여 저 종묘의 아름다움과 백관의 풍성함을 비록 의거해서 소유하여 자신의 것으로 삼는 것도 가능할 것입니다. 어떻게 생각하시는지요.

득실(得失)을 세 번 말했는데,[125] 삼득실(三得失)이라 말해도 타당하고, 일득실(一得失)이라 말해도 타당하니, 무엇 때문입니까. 대개 〈문왕(文王)〉 시(詩)로써 득실을 말하였으니, 이는 대중을 얻는 것과 대중을 잃는 것으로 말한 것입니다. 〈강고(康誥)〉를 인용하여 득실을 말하였으니, 이는 천명을 얻는 것과 천명을 잃는 것으로 말한 것입니다. 군자 운운한 곳에서 득실을 말하였으니, 이는 큰 도를 얻고 큰 도를 잃음으로 말한 것입니다. 이와 같

는 활을 당기고 쏘지 않으나, 약여하여 중도에 서 있거든 능한 자가 따르는 것이다.〔君子引而不發, 躍如也, 中道而立, 能者從之.〕"라는 구절을 원용한 표현이다. 약여(躍如)는 발꿈치를 앞으로 살짝 내미는 것이란 설도 있지만, 목표물이 뚜렷하게 다가오는 듯한 모습을 형상화한 것으로 보는 것이 대체적인 견해이다.

125 득실(得失)을……말했는데 : 《대학장구》 전(傳) 10장에 득(得)과 실(失)을 말한 곳이 세 곳 나온다. 《시경》 〈문왕(文王)〉을 인용한 뒤, "백성을 얻으면 나라를 얻고, 백성을 잃으면 나라를 잃음을 말한 것이다.〔道得衆則得國, 失衆則失國.〕"라고 하였고, 《서경》 〈강고(康誥)〉를 인용한 뒤, "선하면 얻고, 선하지 못하면 잃음을 말한 것이다.〔道善則得之, 不善則失之矣.〕"라고 하였고, "군자는 큰 도가 있음〔君子有大道〕"을 말한 뒤, "반드시 충과 신으로써 얻고, 교만함과 방자함으로써 잃는다.〔必忠信以得之, 驕泰以失之.〕"라고 하였다. 주자는 마지막 구절의 주석에서 "이 장에서 득실을 세 번 말하였는데 말이 더욱더 간절하니, 이에 이름에 천리(天理)가 보존되고 멸망되는 기틀이 결판난다."라고 하였다.

이 나누어서 보면, 삼득실(三得失)이라 말해도 괜찮습니다. 그러나 그 실로 충성스럽고 미덥게 하여 큰 도를 얻는 것은 바로 이른바 '선(善)'이란 것이니, 선하면서 천명은 얻는 것은 바로 이른바 '대중을 얻어서 나라를 얻는다.'라는 것입니다. 교만하고 방자하여서 큰 도를 잃는 것은 바로 이른바 '불선(不善)'이란 것이니, 불선하면 천명을 잃는 것은 곧 이른바 대중을 잃어서 나라를 잃는다는 것입니다. 이와 같이 관통해서 보면, 비록 일득실(一得失)이라 말하더라도 또한 괜찮을 것입니다.

다만 애초 득실을 말할 때, 다만 대중을 얻고 대중을 잃음만 말하고 대중을 얻는 까닭과 대중을 잃는 까닭이 어떠한 것인지를 말하지 않았습니다. 그러므로 다시 득실을 말하여 그 대중을 얻는 까닭이 오직 선에 달렸고, 대중을 잃는 까닭이 오직 불선에 달렸음을 밝혔으니, 이에 이미 절실합니다. 그러나 또 이른바 '선'이란 것과 이른바 '불선'이란 것이 어떤 것인지를 알지 못합니다. 그러므로 또 이를 위해 득실을 세 번 말하여 이른바 '선'이란 것이 오직 충성스럽고 미덥게 하여 큰 도를 얻는 데 달렸으며, 이른바 '불선'이란 것이 교만하고 방자하여서 큰 도를 잃는 데 달렸음을 밝혔습니다. 대개 이에 이르면, 천리 존망의 기미가 결정되니, 이는 그 말이 더욱 절실함을 더하는 것이 아니겠습니까.

황차야와 숙황에게 답하다

答黃次野叔璜

지난달의 은혜로운 편지는 받고서 지금까지도 위로가 됩니다. 지난번에 바빠서 그대의 족숙(族叔) 편에 답장을 쓰지 못하였기에 지금도 한이 됩니다. 뜻하지 않은 그대의 편지는 완연히 직접 얼굴을 뵙는 듯합니다. 또 화창한 봄에 어버이를 모시며 지내는 형제간의 건강이 진중하고 복된 줄을 알았으니 어찌 그리도 지극히 축하되고 위로되던지요.

저는 구차하게 목숨을 이어 가는 것이 예와 같은데, 근래에는 정신이 날로 더욱 혼미하여 멍하니 하나의 텅 빈 껍질이 됨을 깨닫겠습니다. 노쇠함이 이에 이르니, 오히려 다시 무엇을 하겠습니까. 다만 스스로 가여워하며 탄식할 뿐입니다.

이번 경과(慶科)는 이미 다른 과거 시험과 다르고 그대들이 또 용(龍)을 잡는 솜씨가 있으니, 여러 사람들을 따라 과거 보러 가는 것은 본래 그만둘 수 없을 것입니다. 그러나 이는 또한 천명이 있으니, 다만 마땅히 자신의 재주를 다해야 하고 하늘에 기필하기를 취할 수는 없습니다. 만약 그 가운데 절로 초연(超然)한 점이 있을 수 있다면, 또한 다시 과거 합격에 무슨 얽매임이 있겠습니까.

공자(孔子)의 진덕(進德)[126] 차례는 보낸 편지에서 말한 것이

126 공자(孔子)의 진덕(進德) : 충신(忠信)을 말하는 것으로, 공자(孔子)가 이르기를 "군자는 덕을 증진하고 업을 다스리나니, 충과 신은 덕을 증진하는 것이요, 말

또한 실제(實際)를 볼 수 있었다고 말할 수 있을 것입니다. 그러나 어리석은 저의 생각으로는 성인이 성인이 되는 까닭은 비유하자면 천지가 천지가 되는 까닭과 같으니, 천지는 본래 인위적으로 하는 것이 없어도 조화하며, 쌓아 두는 바가 없어도 이루어집니다. 그러나 저 태극이 움직여 양이 되고 고요하여 음이 되는 것으로부터 무릇 만여 년을 지나 하늘이 비로소 열리고, 또 만여 년을 지나 땅이 비로소 열렸으니, 이른바 양의(兩儀 음양(陰陽))라는 것이 이에 이르러 비로소 생겨났습니다. 또 만여 년을 지나서 만물이 비로소 생겨났으니, 이른바 오행(五行)이란 것이 이에 이르러 비로소 조화의 공을 펼쳐, 이때에 위로는 해와 달, 별들이 밝지 않음이 없고, 아래로는 양자강과 황하, 산악들이 형상을 드러내지 않음이 없었으나, 이른바 '조화의 공'이라는 것이 또 어찌 그 재주를 다 드러낼 수 있었겠습니까.

이로부터 또 몇 만 년을 지나서야 비로소 삼황(三皇)의 시대가 되고, 또 얼마의 세월이 지나서야 비로소 오제(五帝)의 시대가 되었습니다. 반드시 이에 이른 그런 뒤에 해와 달, 별들이 더욱 이 때문에 빛나고 화려하며 찬란하게 밝았고, 양자강과 황하, 산악들이 매우 빼어나고 아름다웠습니다. 조화가 만물을 발육하는 것이 더욱 이 때문에 신묘하면서도 기이하였으니, 천지가 천지가 되는 까닭은 이에서야 비로소 그 지극함을 다하였습니다. 이것으로 말해 보면, 성인(聖人)이 태어나면서부터 알고 편안히 행하는 것은

을 하는 데 있어 성실을 다하는 것은 업을 보유하는 것이다.〔君子進德修業, 忠信, 所以進德也. 修辭立其誠, 所以居業也.〕"라고 한 데서 온 말이다. 《周易 乾卦 文言》

진실로 억지로 힘써 하기를 기다리지 않아도 점차 진익(進益)하여 끝내 귀가 순해지고 법도를 넘지 않는 지경에 이른 것이니, 또 어찌 천지와 더불어 같아진 것이 아니겠습니까.

오직 이 천지는 마음이 없으나 성인은 마음이 있습니다. 그러므로 매양 변화가 지극하고 매양 진익한 곳에서 절목에 따라 재단할 줄 알아서 도(道)와 비슷한 것으로 인해 입언(立言)하여 사람을 면려한 것은 이 때문입니다. 그러나 어리석은 나의 말이 너무 아득하여 반드시 사람들에게 미덥게 되지는 못할까 두렵습니다. 부디 바라건대 시험 삼아 깊이 생각하여 가부를 결정하는 것이 어떻겠습니까.

황차야와 숙황에게 답한 별지

答黃次野叔璜別紙

성인(聖人) 진덕(進德)의 차례에 대해 어리석은 제가 천지가 절로 조화하는 바는 또한 점차로 더욱 더하는 바가 있다는 것으로 비유하였습니다. 그러나 다만 생각한 것이 이미 갑작스럽게 그렇게 되었고, 말한 것도 또한 갑작스럽게 그렇게 한 것입니다. 그러므로 그 반드시 잘못된 견해에서 벗어나지 못해 어지러이 말했다고 생각하였습니다. 그래서 다음 편지에서 운운함이 있었습니다. 그대가 보여 준 편지의 내용을 받아 보고서야 과연 그렇지 않고 그대의 이 말이 진실로 옳다고 여겼습니다. 그러나 다만 근래에 시험 삼아 다시 연역해 보니, 비루한 나의 말이 이치가 있는 것이어서 문득 그릇되다고 여겨 배척할 것이 아님을 깨달았으니, 무슨 까닭이겠습니까.

성인의 진덕(進德)은 진실로 천지가 스스로 조화하는 것과 마찬가지입니다. 또 다만 천지만 그러할 뿐만이 아니라 모든 사물이 생겨남에 모두 그렇지 않음이 없습니다. 체(體)가 비록 그 시작할 때에 갖추어져 있더라도 성대(盛大)함은 반드시 그 끝날 때에 있습니다. 대나무라는 물건의 경우, 그 둘레와 그 길이와 그 마디는 이미 그 처음 1년 사이에 정해져 있으니, 그 밖에서부터 보면 몇 년이 지나도 진실로 증가하는 바가 없으나 그 육(肉)이 안에서 두터워지는 것과 그 기(氣)가 안에서 굳세어지는 것을 자못 알지 못합니다. 그러나 절로 해마다 문득 증가하여 곧바로 충실함이 이미 극진함에 이른 뒤에야 그치게 되니, 이것이 어찌 결단코 바꿀 수 없는 이치와 자연스러워 막을 수 없는 형상이 아니겠습니까.

성인의 덕은 본래 완전하게 갖추어져 있어서 이미 처음 태어날 때에 정해져 있으니, 그 밖에서부터 보면 일생 동안에 진실로 그 옛 상태에서 증가함이 없는 듯합니다. 그러나 성인의 지극히 청명(淸明)한 기운과 지극히 순수(純粹)한 자질은 오직 저 태극(太極)의 체(體)를 완전히 하여 순수한 본연의 모습[127]입니다. 천리(天理)라는 것은 지극히 성(誠)하여 쉼이 없고 굳세고 또 굳세어 일생을 다해 오래도록 하는 데 이르는 것이니, 그렇게 되면 반드시 청명(淸明)한 기운이 그 안에서 더욱 청명해지고, 지극히 순수(純粹)한 자질이 그 안에서 더욱 순수해져서 초년(初年)과 왕년(往年)에 비교해서 그 넓고 돈후함이 점점 증가하는 것을 스스로 깨달을 것이니, 이 또한 이치와 형세가 반드시 있는 바입니다.

대개 성인이라도 바야흐로 그 나이가 아직 젊을 때는 그 아는 바와 행하는 바가 오히려 살펴봄에 아직 두루 다하지 못함이 있고 실천함에 아직 극진하지 못함이 있음을 벗어나지 못합니다. 비유하자면, 불이 막 타오를 때에 그 밝음이 천지를 밝힐 수 없는 것은 아니지만 이때는 아직 천지를 밝히는 데는 미치지 못하며,

127 순수한 본연의 모습 : 원문은 '적골립(赤骨立)'인데, 《주자어류(朱子語類)》 권29 〈논어 안연계로시장(顔淵季路侍章)〉에 "자로는 비유하자면 겉의 더러운 옷 두 벌을 벗은 수준이며, 안연은 또 그 안에 있는 속옷을 벗은 수준이고, 공자는 몸에 붙은 한삼조차도 벗고서 알몸으로 선 수준이다.〔子路譬如脫得上面兩件鏖糟底衣服了, 顔子又脫得那近裏面底衣服了, 聖人則和那裏面貼肉底汗衫都脫得赤骨立了.〕"라고 한 것에서 유래한 말로, 섞이거나 가려진 것 없이 순수한 본연의 모습이라는 뜻이다.

물이 막 흘러갈 때에 그 물길이 사해(四海)에 도달할 수 없는 것은 아니지만 이때는 아직 사해(四海)에 도달하는 데는 미치지 못한 것입니다. 나이가 점점 성장함에 이르면, 그 앎이 점점 살피지 못하는 바가 없게 되며 그 행함이 점점 실천하지 못하는 바가 없게 됩니다. 비유하자면, 불이 점점 성대해져서 바야흐로 천지를 비추며, 물이 점점 성대해져서 바야흐로 사해에 도달하는 것입니다. 비록 그것이 앞에서 말한 것과 동일한 불이고 동일한 물이라 하더라도 이때에 그 불타는 빛과 물 흐르는 형세가 지난날에 비해 과연 어떠하겠습니까.

또 어리석은 제가 천지의 조화로 성인의 덕에 비유한 것은 천지가 만물을 화육하는 것이 마치 성인이 만민을 교화하여 이루어 주는 것과 같음을 말하는 것이 아니라, 바로 천지가 절로 조화시키는 곳에 나아가 말하여 성인이 절로 변화시키는 바가 또한 천지와 마찬가지임을 밝힌 것입니다. 그러나 말은 뜻을 다 표현할 수 없어 그대가 이 말을 제대로 이해할 수 없게 하였으니, 청컨대 거듭 설명하겠습니다.

무릇 하늘은 진실로 만여 년 만에야 비로소 열렸으며, 땅도 또한 만여 년 만에 비로소 열렸습니다. 그러나 천지가 개벽된 이전은 말할 필요가 없습니다. 개벽 이후 몇 만 년 사이에 하늘이 위에서 선회(旋回)하고 땅이 아래에서 회전하여 그 혼륜하고 광박한 형세를 이룬 것은 반드시 수많은 시간이 흐른 바가 있다고 생각됩니다. 곧바로 삼황오제(三皇五帝)의 시대에 이르러 일월성신(日月星辰)이 저같이 빛나서 화려하고 찬란하며, 강하산악(江河山嶽)이 저같이 맑고 빼어나서 아름다우며, 조화옹이 만물을 발육함이 저같이 신묘하면서도 기이하니, 그렇다면 비록 천지가 절로 조화하는 것이지만 또한 모름지기 점차적으로 진익(進益)하여 이에 이르렀습니다. 성인이 스스로 변화된 까닭도 이로부터 알 수 있으니, 공자가 15세가 되어 학문에 뜻을 두었던 것부터 70세가 되어 마음에 하고자 하는 바를 따라도 법도를 넘지 않았던 것에 이른 것이 어찌 그 실상은 전혀 없으면서 다만 이런 말만 한 것이겠습니까. 그 또한 점차적으로 진익하여 이에 이르렀을 뿐입니다.

다만 천지는 마음이 없기 때문에 비록 변하는 바가 있더라도 스스로 알 수 없으며, 성인은 마음이 있기 때문에 그 변하는 바에 따라 스스로 깨닫지 못함이 없어서 문득 절목에 따라 입언하여 배우는 자를 가르친 것입니다. 면재(勉齋 황간(黃榦, 1151~1221))가 이른바 "성인은 십 년마다 바야흐로 스스로 믿는다."[128]라는 것이 또한 이 뜻을 이해한 것이라고 말할 수 있습니다. 그대가 이른바 "만약 하늘이 마음이 있다면 또한 반드시 일원(一元)[129]의 끝에 이르러야 비로소 스스로 믿는다."라는 것은 진실로 또한 잘 형용한 명언입니다. 그러나 끝내 그 점차적으로 진익하는 곳에 대해서는

128 성인은……믿는다 : 출전이 자세하지 않다. 이 말은 공자가 30세, 40세, 50세, 60세, 70세에 자신의 진덕(進德) 상태가 어떠했는지에 대한 확신을 가졌음을 말하는 것이다.

129 일원(一元) : 이 세계가 생겨서부터 소멸할 때까지의 한 주기를 말한다. 송(宋) 소옹(邵雍)이 《황극경세(皇極經世)》 〈관물편(觀物篇)〉에서 "일원에 12회가 있고, 일 회에 30운이 있고, 일 운에 12세가 있고, 일 세에 30년이 있다. 그러므로 일원은 모두 12만 9600년이다.〔一元有十二會, 一會有三十運, 一運有十二世, 一世有三十年. 故一元共有十二萬九千六百年.〕"라고 했다.

환히 이해하여 의심이 없는 데 이르지 못했으니, 이 점이 탄식할 만합니다. 부자(夫子) 같은 성인은 진실로 태어나면서부터 알아서 편안히 행하는 사람입니다. 그러나 바야흐로 아이로서 장난칠 때에 제기를 진설하고 예의 있는 모습을 갖춘 것 때문에 문득 귀가 순해지고 법도를 넘지 않는 경지[130]를 가지고 반드시 능히 할 수 있도록 요구하는 것이 옳겠습니까. 이 두 가지는 막론하고 비록 30세에 스스로 섬과 40세에 미혹되지 않는 경지도 또한 결코 능할 수 없는 바가 있습니다.

이런 점으로 보자면, 공자가 반드시 15세에 학문에 뜻을 두었음을 알 수 있습니다. 15세에 학문에 뜻을 두었던 것이 이미 분명하다면 그 나이가 점점 많아짐에 따라 점차적으로 진익하여 70세가 되어 법도를 넘지 않은 데 이른 것도 또한 알 수 있습니다. 그러므로 어리석은 나는 '부자는 진실로 태어나면서 아는 사람이지만 태어나면서 아는 가운데 또한 배워서 아는 것이 존재하지 않음이 없으며, 진실로 편안히 행하는 사람이지만 편안히 행하는 가운데 또한 힘써 행하는 것이 존재하지 않음이 없다.'라고 생각한 적이 있습니다.

지금 부자가 스스로 했던 말로써 살펴보면, "나는 태어나면서부

130 귀가……경지 : 공자가 나이별로 덕에 나아간 순서를 스스로 서술한 말 중 60세와 70세에 해당하는 말이다. 《논어》 〈위정(爲政)〉에 "나는……60세에 귀가 순하였고, 70세에 마음이 하고자 하는 대로 따라도 법도에서 벗어나지 않았다.〔吾……六十而耳順, 七十而從心所欲不踰矩.〕"라고 한 데서 인용하였다. 귀가 순해졌다는 것은 무슨 말을 들어도 귀에 거슬리지 않으며, 그 말의 미묘한 뜻까지 곧바로 이해하게 되었다는 뜻이다.

터 안 자가 아니라, 옛것을 좋아하여 민첩하게 구한 자이다.〔我非生而知之者, 好古敏以求之者.〕"[131]라고 말한 것이 있고, 또 "나는 일찍이 하루 종일 먹지 않고 밤새도록 자지 않고 생각해 보았으나 모두 무익하였으니, 배우는 것만 못하다.〔吾嘗終日不食・終夜不寐以思, 無益, 不如學也.〕"[132]라고 말한 것이 있고, 또 "진리를 터득하지 못하면 발분하여 먹는 것도 잊어버리고, 진리를 터득하면 즐거워서 걱정도 잊어버린 가운데 늙음이 장차 닥쳐오는 것도 알지 못한다.〔發憤忘食, 樂以忘憂, 不知老之將至.〕"[133]라고 말한 것이 있고, 또 "덕을 닦지 않는 것과 학문을 강마하지 않는 것, 의를 듣고서도 실천하지 못하는 것과 불선을 고치지 못하는 것, 이것이 바로 나의 걱정거리이다.〔德之不修、學之不講、聞義不能徙、不善不能改, 是吾憂也.〕"[134]라고 말한 것이 있고, 또 "나가서는 공경을 섬기고, 들어와서는 부형을 섬기며, 상사(喪事)를 감히 힘쓰지 않음이 없고, 술로 인해 곤란을 겪지 않는 것, 이 네 가지 중에 어느 것이 나에게 있겠는가.〔出則事公卿, 入則事父兄, 喪事不敢不勉, 不爲酒困, 何有於我哉.〕"[135]라고 하였으니, 무릇 이 같은 것들은 다 기록할 수 없습니다. 이는 진실로 성인이 자신을 겸손히 하여 남을 가르친 일입니다. 그러나 태어나면서부터 알 수

131 나는……자이다 : 《논어》 〈술이(述而)〉에 나온다.

132 나는……못하다 : 《논어》 〈위령공(衛靈公)〉에 나온다.

133 진리를……못한다 : 《논어》 〈술이(述而)〉에 나온다.

134 덕을……걱정거리이다 : 《논어》 〈술이(述而)〉에 나온다.

135 나가서는……있겠는가 : 《논어》 〈자한(子罕)〉에 나온다.

있는 것의 경우, 의리(義理)만 해당할 뿐입니다. 예악(禮樂)과 명물(名物), 고금 일의 변화 같은 데 이르러서는 또한 반드시 배움이 필요한 뒤에 아는 것입니다. 그러므로 시험 삼아 한두 가지를 들어 보면, 노자(老子)에게 예를 물은 것,[136] 담자(郯子)에게 관제(官制)를 물은 것,[137] 사양(師襄)에게 거문고를 배운 것,[138] 그리고 하은(夏殷)의 문물제도를 보고자 하여 기송(杞宋)으로 간 것과 같은 것[139]이 모두 이것입니다. 자공(子貢)이 이른바 "선생님이 어찌 배우지 않았으며, 또 어찌 일정한 스승을 두었겠는가.〔夫子焉不學, 而亦何常師之有?〕"[140]라는 것이 바로 이를 말하는 것입니다.

136 노자(老子)에게……것 : 《사기》 〈공자세가(孔子世家)〉와 《공자가어(孔子家語)》 〈관주(觀周)〉에 보인다.

137 담자(郯子)에게……것 : 담자는 춘추 시대 담(郯)나라 군주인데, 노 소공(魯昭公)에게 관직을 새의 이름으로 명명한 이유에 대한 질문을 받고는, 이에 대하여 자세히 설명하자, 공자가 이 소식을 듣고 찾아가서 고대의 관제에 대하여 배웠다고 한다. 《春秋左氏傳 昭公17年》

138 사양(師襄)에게……것 : 《사기》 〈공자세가(孔子世家)〉에 "공자가 사양에게 금을 배우고 문왕의 곡조를 터득한 뒤 말하기를 '그 곡을 익히고 그 수를 익혀서 거의 문왕을 보는 듯하다.' 하였다.〔孔子學琴於師襄, 得文王操曰, 習其曲, 習其數, 殆得其爲人焉.〕"라고 하였다.

139 하은(夏殷)의……것 : 기는 하나라 후손의 나라요, 송은 은나라 후손의 나라이다. 《예기》 〈예운(禮運)〉에 공자가 말하기를, "내가 하나라의 도를 보고자 하여 이 때문에 기나라에 갔으나 충분히 징험할 수가 없었고 내가 《하시(夏時)》를 얻었으며, 내가 은나라의 도를 보고자 하여 이 때문에 송나라에 갔으나 충분히 징험할 수가 없었고 내가 《곤건(坤乾)》의 역을 얻었을 뿐이니, 《곤건》 역의 의리와 《하시(夏時)》의 역법 등을 내가 이 때문에 보았노라.〔我欲觀夏道, 是故之杞而不足徵也, 吾得夏時焉, 我欲觀殷道, 是故之宋而不足徵也, 吾得坤乾焉, 坤乾之義、夏時之等, 吾以是觀之.〕"라고 하였다.

그러나 《주역》을 읽음에 이르러서는 책을 묶은 가죽 끈이 세 번 끊어지고 쇠바늘이 세 번 부러질 지경[141]에까지 이르렀으니, 만약 성인인 공자가 천하의 이치에 대해 모두 생각하지 않고도 알았다면, 저 문왕(文王)의 괘사(卦辭)와 주공(周公)의 효사(爻辭)가 본래 많은 분량이 아니니, 문득 한 번 보자마자 분명히 알 수 있었을 것인데 무슨 까닭으로 읽기를 오래도록 하여 저런 지경에까지 이르렀겠습니까. 오직 생각했으나 이해하지 못한 점이 있었기 때문에 이해하기를 기약하여 읽었으며, 이해함에 극진하지 못한 점이 있었기 때문에 극진하기를 기약하여 읽었던 것입니다. 그 극진함에 이르러서는 또 매우 기뻐하고 지극히 즐거워하여 읽음에 차마 그만둘 수 없어 자신도 모르게 저와 같이 된 것입니다. 그 배워서 아는 것이 이미 이와 같다면 힘써 행하는 것도 또한 어찌 이와 같지 않겠습니까.

대개 이른바 "나처럼 배우기를 좋아하는 사람이 없다."[142]라는

140 선생님이……두었겠는가 : 《논어》 〈자장(子張)〉에 나온다. 저본의 '상(嘗)'은 원본에 의거하여 '상(常)'으로 수정하여 번역하였다.

141 책을……지경 : 공자가 《역(易)》의 연구에 매진한 것을 말한다. "공자가 만년에 《역》을 좋아하여, 가죽끈이 세 번 끊어지고 쇠바늘이 세 번 부러지고 옻칠한 글자가 세 번 지워졌다.〔孔子晩善易, 韋編三絶, 鐵擿三折, 漆書三滅.〕"라는 고사를 인용한 것이다. 이 말은 《태평어람(太平御覽)》 권616에 《사기(史記)》를 인용한 말로 나오는데, 현행 《사기》의 〈공자세가(孔子世家)〉에는 뒤의 두 구절이 빠져 있다. 철과(鐵擿)는 죽간(竹簡)에 구멍을 내어 책을 엮을 때 쓰는 철침(鐵針)인데, 철적(鐵擿) 혹은 철적(鐵摘)이라고도 한다.

142 나처럼……없다 : 《논어(論語)》 〈공야장(公冶長)〉에 공자(孔子)가, "열 집이 모여 사는 마을에도 반드시 나처럼 충성스럽고 신실한 사람이 있겠지만, 나처럼 배

것은 본래 사실을 말할 것인데 후세에는 오직 장횡거(張橫渠)와 자주자(子朱子)만이 이 점을 알았습니다. 그러므로 공자는 온갖 고생을 겪었다고 생각하거나, 부자(夫子)가 일상생활에서 반드시 홀로 그 진보함을 깨달았으나 남들은 미처 알지 못하는 것이 있다고 생각하였습니다. 무릇 이미 "온갖 고생을 겪었다."라고 말한다면, 곳곳마다 통쾌하게 터득한 것이 있은 뒤에 그만두는 것이 그 가운데 있을 것이며, 이미 "홀로 그 진보함을 깨달았다."라고 말한다면, 절절하게 문득 이전보다 나은 것이 그 가운데 있을 것입니다. 이것이 아마 시종을 관통하여 다만 한결같지만 특히 그사이에 세월이 오래되어 문득 스스로 믿음이 이와 같은 뒤에 그만둔 것이겠지요. 사람들은 매양 성(聖)이란 것은 조예가 지극함을 이름한 것이고, 이미 이런 지위에 있으면 반드시 다시 공부를 더할 것이 없기 때문에 그 보취(步趣)가 문득 이에 그쳤다고 의심합니다. 그러나 성인이 되는 까닭은 그 성(性)을 홀로 하늘에서 부여받아 애초에 기품(氣禀)과 물욕(物欲)이 조금도 막거나 가림이 없기 때문에 그 밝음이 알지 못하는 바가 없을 수 있으며, 그 굳셈이 능하지 못하는 바가 없을 수 있습니다. 비유하자면, 밝은 거울을 여기에 걸어 두면 만상을 환히 비추는 체(體)가 있으며, 날카로운 검을 여기에 걸어 두면 만물을 시원하게 자르는 용(用)이 있습니다. 그러므로 이는 하늘로부터 타고난 것이지 사람의 힘으로 미칠 바가 아니라고 생각합니다.

우기를 좋아하는 사람이 없다.〔十室之邑, 必有忠信如丘者焉, 不如丘之好學也.〕"라고 하였다.

그러나 실로 밝은 거울은 또한 모름지기 면면(面面)마다 비춘 그런 뒤라야 비로소 만상을 환히 비출 수 있어서 옛날에 비추지 못한 것을 지금 비로소 반드시 비출 수 있으며, 날카로운 검도 또한 모름지기 조각조각 자른 그런 뒤라야 비로소 저 만물을 두루 자를 수 있어서 옛날에 자르지 못한 것을 지금 비로소 다 자를 수 있습니다. 그래서 만물 가운데 가장 그윽하고 심오한 것을 만나면, 비록 밝은 거울이라도 그 반드시 더욱 곱절로 밝음이 있은 그런 뒤라야 비로소 환히 비출 수 있고, 사물 가운데 가장 강하고 질긴 것을 만나면, 비록 날카로운 검이라도 그 반드시 더욱 곱절로 날카로움이 있은 그런 뒤라야 비로소 시원하게 자를 수 있습니다. 그러니 어찌 비추지 않고 만상을 수용하며 자르지 않고 만물을 재단하는 이치가 있겠으며, 또 어찌 그 밝음이 곱절이 되지 않는데도 가장 그윽하고 심오한 것을 스스로 다 드러낼 수 있으며, 그 날카로움이 곱절이 되지 않는데도 가장 강하고 질긴 것을 스스로 다 자를 수 있는 이치가 있겠습니까. 이것으로 말해 보면, 공자가 학문에 뜻을 둔 것은 그 시작점으로 밝은 거울이면서 더 나아가 만상을 비추고, 날카로운 검이면서 더 나아가 만물을 자르는 것입니다. 30세에 뜻이 확고히 섰다는 것은 거울로 비추고 검으로 자르는 것이 그 힘을 얻은 것입니다. 40세에 미혹되지 않은 것은 면면마다 반드시 비추어서 남긴 형상이 없는 것입니다. 50세에 천명을 안 것과 60세에 귀가 순해진 것은 가장 그윽하고 은미하고 심오한 곳에 바야흐로 비로소 환히 비추어 앞에 터럭만한 작은 것이 지나가더라도 문득 그것이 어떠한 것인지를 아는 것입니다. 70세에 마음이 하고자 하는 바를 따라도 법도를 벗어나지 않은 것은 날카로운 검이 조각조각 다 자르지만 자르는 것이 더욱 경쾌하여 뜻에 따라 휘두르는 것이 모두 마땅함에 맞아 더 이상 털끝만큼의 힘도 쓰지 않는 것입니다.

지금 그대의 논의는 다만 거울과 검에서 취하여 그 밝음과 날카로움이 처음부터 끝까지 한결같음을 밝혔습니다. 그러나 그 날카로움과 밝음이 더욱 곱절이 됨과 비추고 자르는 곳에 그 효과를 거두고 공을 봄에 선후가 같지 않음을 알지 못하였습니다. 그러므로 성인이 실로 점차적으로 진익하는 곳에 대해서는 끝내 환히 이해하지 못했습니다. 만약 그대의 말과 같다면 한자(韓子)가 이른바 "성인은 더욱 성스러워진다.〔聖益聖〕"[143]라는 것이 과연 무엇을 말하는 것입니다. 만약 일단 성인이 된 뒤에는 더 이상 더욱 성스러워지는 이치가 없다면, 공자가 평소에 많이 스스로 면려한 것, 예를 물은 것, 관제를 물은 것, 하은(夏殷)의 예(禮)를 고찰한 것, 주(周)나라 문왕(文王)의 역을 읽은 것이 모두 쓸모없는 군더더기 공부가 됩니다. 문왕이 백 가지를 안 것[144]도 또한 가르침을 하나도 기다리지 않고 능할 수 있었다면, 도(道)에 대해 또한 마땅히 겸손하게 바라보면서 보지 못한 듯하지는 않았을 것이니, 어찌 이런 이치가 있겠습니까.

맹자가 말하기를, "성인이 천도에 있어서는 명(命)이나, 본성

143 성인은 더욱 성스러워진다 : 한유(韓愈)의 〈사설(師說)〉에 나온다.

144 문왕이……것 : 《소학(小學)》 〈계고(稽古)〉에 "태임은 문왕의 어머니이다.…… 태임이 하나를 가르치면, 백 가지를 알았다.〔太任, 文王之母.……太任教之以一而識百.〕"라고 하였다.

(本性)이 있기 때문에 군자는 명이라 이르지 않는다."[145]라고 하였습니다. 이로 말미암아 보면, 성인이 천도에 있어서 또한 그 지극함을 극진히 하지 못한 점이 혹 있습니다. 예를 들면, 탕무가 본성으로 돌이킨 것[146]과 대우(大禹)가 성(聖)으로 넉넉하지 못한 것[147]이 어찌 명(命)이 아니겠습니까. 그러나 그 본성이 있음으로 말미암아 배우기에 그 힘을 다한다면, 마침내 그 지극함을 극진히 할 수 있을 것입니다. 때문에 군자는 명이라 이르지 않고 그 높은 수준에 나아가는 공부를 더욱 지극히 합니다. 이것은 공자에게 적용할 수 있는 말이 아닌 듯합니다. 그러나 무릇 이미 성인이지만 더욱더 성스러워지는 이치가 있다는 것은 절로 분명하여 매우 명백한 것입니다.

또 성인을 하늘에 비교해 보면, 하늘과 성인은 본디 한 가지인 듯합니다. 그러나 끝내 하늘과 사람의 차이가 있으니, 하늘이 하는 바는 성인이 진실로 미칠 수 없는 것이 있습니다. 그러므로 주

145 성인이……않는다 : 《맹자》 〈진심 하(盡心下)〉에 "인(仁)이 부자간에 있어서와 의(義)가 군신 간에 있어서와 예(禮)가 빈주 간에 있어서와 지(智)가 현자에 있어서와 성인이 천도에 있어서는 명(命)이나, 본성(本性)이 있기 때문에 군자는 명이라 이르지 않는다.〔仁之於父子也, 義之於君臣也, 禮之於賓主也, 智之於賢者也, 聖人之於天道也, 命也, 有性焉, 君子不謂命也.〕"라고 하였다.

146 탕무가……것 : 《맹자》 〈진심 하(盡心下)〉에 "요순은 성품대로 한 분이고, 탕무는 돌이킨 사람이다.〔堯舜性者也, 湯武反之也.〕"라고 한 것을 두고 말한다.

147 대우(大禹)가……것 : 《한서(漢書)》 〈가연지전(賈捐之傳)〉에 "신이 들으니, 요임금과 순임금은 성인 중에 가장 훌륭한 분이요, 우임금은 성인의 경지에 들어갔으나 충분하지는 못하다고 하였습니다.〔臣聞堯舜, 聖之盛也, 禹入聖域而不優.〕"라고 하였다.

자(周子)는 또 "성인은 하늘처럼 되기를 바란다."[148]라는 말을 두었으니, '바란다'는 것은 거의 도달할 바가 있고자 함을 말하는 것입니다. 무릇 이미 거의 도달할 바가 있고자 하면, 또한 어찌 다만 나의 총명과 예지만 믿고 일상생활에서 일삼는 바가 없으면서 문득 내가 이미 하늘에 거의 도달하였다고 생각할 수 있겠습니까.

대개 대순(大舜) 같은 성인 때부터 이미 "오직 정밀하고 오직 전일해야 한다.〔惟精惟一〕"라는 배움이 있었으며, 그것을 우(禹)에게 말해 준 것[149]은 실로 자신이 일찍이 득력(得力)한 바를 가지고 정성스럽게 알려 준 것이 저와 같았습니다. 그렇다면 바야흐로 그 득력할 때에 또 어찌 홀로 그 진보함을 알고 남들이 미처 알지 못하는 것이 그사이에 존재하지 않았겠습니까. 밭 갈고 씨 뿌리며, 도자기 굽고 물고기 잡을 때부터 제왕이 되었을 때까지를 살펴보면, 다른 사람에게서 취하여 선(善)을 하지 않음이 없었으니, 배우기를 좋아하고 성찰하기를 좋아하여 그 양단(兩端)을 잡아 중(中)을 씀에 정밀하게 하고 전일하게 하는 배움이 아님이 없습니다. 그렇다면 정밀하게 하여 정밀하지 않은 바가 없는 데 이르며, 전일하게 하여 전일하지 않은 바가 없는 데 이르는 것은 그사이에 진실로 점차적으로 진익(進益)함이 있기 때문입니다. 결코 다박머리를 늘어트린 어린 시절에 이미 이런 지위에 이르러

148 성인은……바란다 : 주돈이(周敦頤)의 《통서(通書)》 〈지학편(志學篇)〉에 나온다.

149 대순(大舜)……것 : 《서경》 〈대우모(大禹謨)〉에 순임금이 우(禹)에게 제위(帝位)를 물려주려 하면서 "인심은 위태롭고 도심은 미묘하니, 오직 정밀하게 살피고 오직 전일하게 지켜야 진실로 중도(中道)를 잡을 수 있다.〔人心惟危, 道心惟微, 惟精惟一, 允執厥中.〕"라고 한 것을 가리킨다.

문득 스스로 다시 더할 수 없는 성인의 경지가 된 것이 아님은 또한 분명합니다.

또한 어리석은 제가 성인도 또한 배워서 알고 힘써 행하는 것이 없지 않다고 생각한 것에 대해 갑작스럽게 들으면 의아하여 놀랐었을 듯합니다. 그러나 다만 이는 이른바 "배워서 알고 힘써 행한다."라는 것이 성인의 분수에서 또한 절로 이와 같을 수 있는 것이지 남들이 권하는 바가 있는 것은 아닙니다. 대개 완전히 변하고 또 변함에 순수하여 또한 그만둘 수 없는 일입니다. 어찌 저 평범한 사람이 배워서 알고 힘써 행하는 것과 마땅히 같은 예(例)로 말할 수 있겠습니까. 또 공자가 15살에 뜻을 두었던 학문은 진실로 대학(大學)의 도(道)로 대순(大舜)부터 이하로 우탕(禹湯), 문무(文武), 주공(周公)에 이르기까지 모두 하였던 것입니다. 그러나 15세 이전에는 혹 이것이 있는 줄 알지 못했으며, 비록 이것이 있는 줄 알았더라도 혹 미처 뜻을 두지는 못했을 것입니다. 이에 이른 연후에야 비로소 대순 이하 우탕, 문무, 주공이 한 것도 저와 같음을 보고 자신도 또한 따라 하여 반드시 저와 같은 뒤에야 그만두기를 기약한 것입니다. 만약 애초에 대순 이하 여러 성인들이 저와 같음을 알지 못했다면, 부자 또한 어디를 따라 학문에 뜻을 둘 수 있었겠습니까. 이미 학문에 뜻을 두고 반드시 저와 같기를 기약하여 정밀하게 하는 기술과 전일하게 하는 방법을 얻어 확고하게 바꿀 수 없게 될 것입니다. 그렇다면 이런 수준을 뛰어넘어 귀신을 궁구하고 조화를 알아 천명에 이른바는 천기(天機)가 절로 움직여 그만두고자 해도 그렇게 될 수 없습니다. 그래서 반드시 올해가 지난해보다 나으며, 지난해가 지지난해보다 나음이 있어 기묘년의 중니(仲尼)는 더 이상 갑자년의 중니가 아니며, 기미년·기유년의 중니는 더 이상 기해년·기축년[150]의 중니가 아닙니다.

아, 이 어찌 평범한 마음을 가진 사람이 엿보고 헤아려 의논할 수 있는 바이겠습니까. 비록 당시 사람들이라도 만약 부자가 스스로 이와 같이 말하지 않았다면, 다만 옛날의 중니만 알고 오늘의 중니가 된 것은 알지 못한 것이 도도하게 모두 이와 같습니다. 하물며 지금 천년 뒤에 온 세상 사람들이 모두 궁극에 나아가는 것으로 성(聖)이라 이름할 뿐, 더 이상 궁극에 나아간 뒤에 또 그 궁극에 더욱 나아가는 오묘함이 있는 줄을 알지 못합니다. 비록 부자가 스스로 말한 것이 이와 같이 정성스럽고, 장횡거(張橫渠 장재(張載))와 주자(朱子)의 말도 또한 이같이 분명한데도 또한 믿지 못합니다. 그러니 저의 말에 대해 더욱 어찌 취할 만하다고 여기겠습니까. 다만 저의 얕은 견해가 이미 그러하기 때문에 감히 숨기지 않았으니, 그대는 끝내 어떻게 생각하시는지 모르겠습니다.

150 기묘년의……기축년 : 《논어》 〈서설(序說)〉에 의하면, 공자는 경술년(기원전 551)에 태어났으니, 기묘년은 10세, 갑자년은 15세, 기미년은 70세, 기유년은 60세, 기해년은 50세, 기축년은 40세 때이다.

황맹경, 차야, 숙황에게 주다
與黃孟耕 次野 叔璜

지난번 차야(次野)[151]와 함께 순망(旬望 열흘에서 보름 정도) 동안 단란하게 지냈으니, 이는 이전에는 있지 않았던 것으로 위로됨과 만족함을 이길 수 없습니다. 다만 숙황(叔璜)[152]은 이미 오랫동안 이별하였고 맹경(孟耕)[153]은 만나 보지 못한 것이 거의 몇 년이 되었으니, 생각함에 그리움이 간절합니다. 근래에 그대들 중 중씨와 계씨의 편지를 차례로 보고서 형제간에 학문하며 지내는 생활이 진중한 줄 알았으니, 기쁘고 위로됨이 끝이 없습니다.

어느덧 한 해가 이미 다 지났는데, 근심스레 텅 빈 서재에 앉아 있으니 감회가 절로 절실합니다. 나의 엄자산(崦嵫山)[154] 같은 노년은 다시 말할 만한 것이 없으나, 그대들의 성대한 시절 같은 경우도 또 다시 오지 않으니, 어찌 이때에 미쳐 학문에 매진하여

151 차야(次野) : 황암로(黃巖老, 1759~1812)의 자이다. 본관은 장수(長水), 자는 차야 또는 자야(子野), 호는 정재(正齋)이다.

152 숙황(叔璜) : 황번로(黃磻老, 1766~1840)의 자이다. 본관은 장수(長水), 호는 백하(白下)로 상주 모동에 거주하였다. 1789년(정조13)에 생원시에 합격하여 성균관에서 공부하였다.

153 맹경(孟耕) : 황신로(黃莘老, 1755~1792)의 자이다. 본관은 장수(長水)이고 호는 양와(懹窩)이며, 정종로의 문인이다.

154 엄자산(崦嵫山) : 옛날에 해가 들어가는 곳이라 생각했던 산의 이름으로, 만년(晩年) 또는 노년의 비유로 쓰인다.

진보와 유익을 구하지 않고 범범히 세월만 보내며 허소(虛疎 허망하고 거칢)의 단서가 있게 해서야 되겠습니까.

근래에 이런 일을 언급하는 사람도 또한 없으니, 반드시 내가 늙어 정신이 흐릿하여 찾아오기에 부족하다고 여겨 그런 것이겠지요. 그러나 위기(爲己)의 학문을 하는 바탕에 있어서는 또한 이 때문에 게으른 뜻이 싹터서는 안 됩니다. 어떻게 생각하시는지요. 부질없이 글이 여기에까지 이르렀으니, 굽어 헤아려 주신다면 매우 다행이겠습니다.

강청지에게 답하다

答姜淸之

돌처럼 모진 마음으로 차마 내 몸의 반쪽을 잘라 관 속에 넣었으니,[155] 천지를 돌아봄에 의지할 바가 없는 듯하였습니다. 바야흐로 이에 눈물을 닦으며 앉아 있었는데, 그대가 진중한 편지로 위로하고 안부를 물었으며, 유명(幽明)을 모사한 것이 그림 같을 뿐만이 아니었습니다. 편지를 받들어 읽은 뒤 글자마다 눈물이 나게 하니, 형처럼 나를 아낌이 깊지 않다면, 누가 이와 같이 할 수 있었겠습니까. 편지를 통해 건강이 최근에 점차 평상을 회복하시는 줄 알았고 또 조만간 저를 방문하신다는 말씀이 있었으니, 감사하고 또 위로됨에 사례할 바를 알지 못하겠습니다.

저는 애가 타고 슬퍼 허둥대는 나머지에 질병이 생기는 것은 면할 수 있었으나, 오직 노년의 쇠잔한 나이에 문득 지극한 슬픔을 만났습니다. 이전에는 두 명의 사촌[156]이 나에게 형제 있음을 부러워하였는데, 지금은 이 물건〔정종로 자신〕이 형에게 형제 있음을 부러워하니, 사람의 일을 알 수 없음이 곧 이와 같은지요. 그대의 계씨(季氏)[157]가 임금의 부름에 달려가 북으로 올라가느라

155 내……넣었으니 : 정종로의 아우 재로(宰魯)가 1812년 8월 26일에 죽어 장례를 치른 일을 말한다.

156 두 명의 사촌 : 정종로의 중부 정의모는 익로(翼魯), 태로(泰魯), 명로(明魯) 등 삼남(三男)을 두었으나, 숙부 정예모는 두 아들이 요절하고 막내 성로(成魯)뿐이었고, 계부 정지모는 외아들 영로(榮魯)뿐이었다.

잠깐 만났다가 곧바로 헤어진 한스러움이 없지 않음을 알았습니다. 그러나 제 동생이 죽은[158] 비통함이 천고토록 영원히 결별함에 비하면, 크게 차이가 있을 뿐만이 아닙니다. 훗날 그대 형제들이 적막한 물가로 저를 나란히 방문해 주신다면, 저 같은 사람이 마땅히 더욱 어찌 기쁜 마음을 가눌 수 있겠습니까. 황차야(黃次野)의 초상은 우리 유학의 운기(運氣)에 관계됩니다. 노쇠한 내가 세상에 살아 있으면서 애석히 여길 만한 훌륭한 후배들을 차례로 곡하니, 애통하고 애통합니다.

157 계씨(季氏) : 강세륜(姜世綸, 1761~1842)으로, 호는 지원(芝園) 또는 지포(芝圃)이며, 자는 문거(文擧)이다. 정종로의 문인이며, 1783년(정조7)에 문과에 급제하여 규장각 강제문신(講製文臣)에 뽑혔다. 벼슬이 병조 참판에 이르렀다. 저서로는 1821년(순조21)에 종성 부사로 임명되어 임지로 가는 도중에 지은 시를 모은 시집 《북정록(北征錄)》이 있다.

158 동생이 죽은 : 원문 '금망(琴亡)'은 벗의 죽음을 뜻하나 여기서는 아우의 죽음을 말한다. 왕자유(王子猷)는 왕자경(王子敬)과 절친하였는데 왕자경이 죽자 생전에 연주하던 거문고를 땅에 던지면서 "자경이여, 자경이여, 사람과 거문고가 함께 망했구나.〔子敬子敬, 人琴具亡.〕" 하고 통곡한 고사에서 유래하였다. 《世說新語 傷逝》

지은이 **정종로(鄭宗魯)**

1738년(영조14)~1816년(순조16). 본관은 진주(晉州), 자는 사앙(士仰), 호는 입재(立齋)이다. 우복(愚伏) 정경세(鄭經世)의 6대손으로, 외가인 함창(咸昌 : 지금의 문경군 영순면)에서 태어나 상주 우산(愚山)에서 살았다. 그는 가학을 전수받는 한편 당시 영중삼로(嶺中三老)로 불리던 대산(大山) 이상정(李象靖), 남야(南野) 박손경(朴遜慶), 백불암(百弗菴) 최흥원(崔興遠)의 문하에 나아가 영남학파의 학통을 계승하였다. 그중에 특히 이상정에게 배운 호문삼종(湖門三宗 : 鄭宗魯, 李宗洙, 金宗德)에 속하는 사람으로, 영남학파의 퇴계학통을 잇는 데 중추적인 역할을 하였다. 관직에 뜻이 없어 학문에만 매진하다가 만년에 천거로 광릉참봉(光陵參奉)과 함창 현감 등을 역임하였다. 이후 벼슬에서 물러나 향리에서 성리학 연구와 후학 양성 및 저술에 힘썼다. 그는 또 상주(尙州) 지역에서 일정한 학맥을 세웠는데, 서애와 우복에서 내려오는 학맥을 서애의 후손인 강고(江皐) 유심춘(柳尋春)→낙파(洛坡) 유후조(柳厚祚)→계당(溪堂) 유주목(柳疇睦)으로 잇게 하는 중추적인 역할을 하였다. 사후에 우산서원(愚山書院)에 배향되었으며, 저서로는 《입재집》이 있다.

옮긴이 **김숭호(金崇浩)**: **별집 권1~권2**

1969년 대구의 속칭 갓바위에서 태어났다. 한문학 전공으로 박사학위를 받았다. 현재 한국고전번역원 권역별거점연구소 경북대학교 영남문화연구원 선임연구원으로 재직하고 있다. 한문 공부 모임인 주덕회(周德會) 회원이다. 역서로 《전쟁은 속임수다》가 있고, 《주자대전》, 《목재집》, 《구사당집》, 《입재집》 등의 번역에 참여하였다. 편서로 《초결가·초천자》가 있다.

옮긴이 **이미진(李美珍)**: **권47~권48**

경북대학교 한문학과를 졸업하고, 동 대학원에서 〈조선후기 잡체시(雜體詩) 창작에 대한 연구〉로 박사학위를 받았다. 전근대 사회에서의 한시의 기능과 역할에 관심을 두고 연구하고 있으며, 주요 논문으로 〈《동경잡기(東京雜記)》와 시적(詩的)공간으로서의 경주(慶州)〉, 〈이름을 품은 한시 – 조선조 잡명시(雜名詩)의 종류와 창작 실상〉, 〈연구시(聯句詩)의 창작방식과 배경 고찰〉 등이 있다.

한국고전번역원 권역별거점연구소협동번역사업
경북대학교 영남문화연구원 연구진

연구책임자 정병호(경북대학교 한문학과 교수)
공동연구원 황위주(경북대학교 한문학과 교수)
책임연구원 송희준
선임연구원 김영옥
김승호
보조연구원 이미진
자문 이갑규(한국국학진흥원 대구강원 주임교수)
박대현(한국고전번역원 번역위원)

입재집 12

정종로 지음 | 김승호 · 이미진 옮김

2020년 12월 31일 초판 1쇄 발행

편집 · 발행 경북대학교출판부 | 등록 1973년 10월 10일 ㉣97호

주소 대구시 북구 대학로 80

전화 053-950-3830 | 팩스 053-953-4692 | 이메일 press@knu.ac.kr

값 30,000원

ISBN 978-89-7180-549-7 94810
978-89-7180-469-8 (세트)